국제주의 전통 자료집

I-2. 마르크스주의의 기초와 그 고전적 전통

알렉스 캘리니코스, 크리스 하먼 외 지음

이정구 엮음

국립중앙도서관 출판예정도서목록(CIP)

마르크스주의의 기초와 그 고전적 전통 / 지은이: 알렉스 캘리니코스, 크리스 하먼 외 ; 엮은이: 이정구. -- 서울 : 책갈피, 2018
        p. ;   cm. -- (국제주의 전통 자료집 ; 1-2)

원저자명: Alex Callinicos, Chris Harman
ISBN 978-89-7966-140-8 04300 : ₩12500
ISBN 978-89-7966-155-2 (세트) 04300

노동자 계급[勞動者階級]
마르크스 주의 [--主義]

332.64-KDC6
305.5620941-DDC23   CIP2018026138

국제주의 전통 자료집

I-2. 마르크스주의의 기초와 그 고전적 전통

알렉스 캘리니코스, 크리스 하먼 외 지음

이정구 엮음

책갈피

차례

I-2. 마르크스주의의 기초와 그 고전적 전통

I. 마르크스주의의 기초와 그 고전적 전통 전체 목차

I-1. 마르크스주의의 기초와 그 고전적 전통

엮은이 머리말

이 자료집에 실린 글들은 노동자연대와 그 유관단체들이 발간한 신문과 잡지 등에서 일반성이 비교적 높은 글들을 추려 내어 주제별로 묶은 것이다.

자료집이 지닌 장점은 시간이 흘러도 그 진가가 사라지지 않을 좋은 글들을 선별하여 묶어 놓았다는 것인데, 이 자료집에 실린 글들도 그런 것이기를 바란다. 독자들은 이 자료집을 참고 자료나 교육 자료 등으로 유용하게 활용할 수 있을 것이다.

이 자료집은 이런 장점 외에, 독자들이 염두에 둬야 할 약점도 있다. 첫째, 자료집에 실린 글들이 발표된 때의 맥락을 설명하지 못했다. 물론 글을 읽어 보면 글이 작성된 취지를 대체로 파악하거나 짐작할 수 있을 것이다.

둘째, 많은 글들을 자료집으로 묶다 보니 용어의 통일, 맞춤법, 띄어쓰기 등에서 오류가 많을 수도 있다. 예를 들어, 예전에는 동성애자라는 표현을 많이 사용했지만 지금은 동성애자보다는 성소수자라는 용어를 쓴다. 특정 시기에 사용된 용어는 그 나름의 역사성을 지니고 있으므로 이 자료집에서는 오늘날 사용하는 용어로 일괄적으로 바꾸지 않았다. 또, 맞춤법이나 띄어쓰기도 세월이 지나면서 바뀌었다. 그래서 현재의 것으로 교정돼야 할 어구들이 많다. 그러나 바로잡지 못하고 놓친 부분이 많을 것이다. 독자들의 너그러운 양해를 부탁드린다.

셋째, 같은 주제의 글들을 모았기 때문에 여러 글의 내용이 중복되는 경우도 적지 않다. 이런 중복의 문제에 대해서는 엥겔스의 방식을 따랐다. 엥겔스는 마르크스의 초고를 모아 《자본론》 3권으로 편집하면서 이렇게 밝혔다. "반복도 주제를 다른 각도에서 파악하든지 다른 방법으로 표현한 경우에는 그 반복을 버리지 않았다."(《자본론》 3권 개역판 서문)

넷째, 혁명가들이 혹심한 탄압을 받던 시기에 작성된 글 중에서 필자를 확인하지 못해 필자를 명시하지 못한 경우가 있다. 이것은 엮은이가 의도한 것이 결코 아니라는 점을 밝혀 둔다.

그 외에도 다른 오류들이 편집 과정에서 있을 수 있는데, 이것들은 엮은이의 잘못이다.

이 자료집이 나오기까지 몇몇 동지들이 도움을 줬다. 인쇄된 문서를 타이핑해 파일로 만들어 준 박충범 동지와 책을 디자인해 준 장한빛 동지에게 감사드린다. 방대한 양의 원고를 나와 함께 검토해 준 책갈피 출판사 편집부에도 감사드린다.

2018년 7월 10일
엮은이 이정구

제5부
고전적 마르크스주의 전통 3 : 트로츠키

트로츠키는 누구였는가?

레온 트로츠키는 옛 소련의 독재자 스탈린에게 암살당한 혁명가이
자 마르크스주의자였다. 트로츠키는 불평등과 억압에 반대하는 투
쟁과 진정한 사회주의를 위한 투쟁에 자신의 전 생애를 바쳤다. 살해
당하기 불과 몇 달 전인 1940년 2월에 그는 이렇게 썼다. "내가 다시
시작할 수만 있다면 이런저런 실수를 피하려고 노력할 것은 물론이
지만, 내 인생의 큰 줄거리는 바뀌지 않을 것이다. 인류의 공산주의적
미래에 대한 나의 신념은 조금도 식지 않았으며, 오히려 오늘날 그것
은 나의 젊은 시절보다 더욱 확고해졌다." 트로츠키는 인생의 대부분

최일붕. 월간 〈다함께〉 13호, 2002년 6월 1일. https://wspaper.org/article/414.
5월 초 프랑스에서는 나치의 위협에 저항하기 위한 대규모 시위가 프랑스 곳곳에서 일어
났다. 이 시위는 대통령 선거 1차 투표에서 나치들인 장-마리 르 펜과 브뤼노 메그레가
모두 합해 거의 20퍼센트에 육박하는 표를 얻은 것에 대한 응답이었다. 또 그 투표에서
는 은행 노동자 출신인 아를렛트 라기예르와 우체국 노동자 출신인 브장스노가 모두 합
해 거의 11퍼센트 가까이 득표했다. 그런데 둘은 모두 트로츠키주의자들이다. 그래서
프랑스는 물론 우리 나라에서도 트로츠키가 누군가에 대한 호기심이 촉발됐다.

을 자신의 신념과 혁명적 활동 때문에 탄압받으며 살았다. 1897년에 그는 18살의 나이로 러시아의 전제 군주(차르) 체제에 반대해 싸우다 처음으로 투옥당했다. 그는 시베리아로 유형간 뒤에 외국으로 탈출했다.

권력자들은 언제나 스탈린의 공포 통치가 러시아 혁명의 필연적인 결과라고 주장하면서 러시아 혁명을 비방한다. 그들은 혁명이 반드시 독재로 이어진다고 말한다.

그러나 트로츠키의 사상과 투쟁은 이러한 주장이 거짓임을 보여 준다. 스탈린 체제는 트로츠키가 쟁취하려 했던 것과 완전히 정반대였다. 트로츠키의 사상과 투쟁의 핵심은 노동 계급이 스스로 해방될 수 있다는 신념이다.

1905년 러시아에서 혁명의 불길이 타오르면서 트로츠키는 혁명운동의 지도부로 떠올랐다. 겨우 스물 여섯의 나이에 그는 페트로그라드 소비에트 — 혁명 과정에서 생겨난 민주적으로 선출된 노동자 위원회들 가운데 하나 — 의 의장으로 선출됐다.

1905년 혁명이 패배하자 제정 정부는 다시금 트로츠키를 투옥했다. 감옥에 있는 동안 그는 소책자와 평론을 써서 몰래 밖으로 내보냈다. 그는 제정 러시아 같은 경제적 후진국에서도 노동자들이 사회주의 혁명을 일으킬 수 있다고 주장했다.

그는 비록 제정 러시아의 인구가 주로 농민이지만 러시아 노동자들은 4만 명을 고용한 페트로그라드 소재 푸틸로프 공장 같은 초대형 공장들에 집중돼 있다는 사실에 주목했다. 트로츠키는 1905년 혁명 패배 뒤 법정에서 이러한 혁명적 신념을 밝혔다.

다시 한 번 그는 시베리아로 유형갔다. 그는 해외에서 혁명 운동을 건설하기 위해 다시 한 번 얼어붙은 황무지를 가로질러 해외로 망명했다.

트로츠키의 신념이 옳았음은 1917년 혁명으로 입증됐다. 노동자들은 옛 제정 체제를 분쇄하고 그들 자신의 국가를 세웠다.

노동자들은 공장·은행·사무실·교통수단 등에 대한 통제력을 장악했다. 농민은 귀족 영주들에게서 농지를 몰수했다. 레닌과 트로츠키가 지도하는 볼셰비키 당은 새 사회를 건설하기 위한 노동자 투쟁을 이끌 수 있었다.

이번에도 트로츠키는 페트로그라드 소비에트 의장으로 선출됐고 마침내 봉기를 조직했다. 또 새로운 노동자 국가를 건설하는 데서도 중요한 구실을 했다. 신생 노동자 정부가 제1차세계대전의 대학살을 거부했을 때 그는 평화협정 체결을 위한 협상을 벌였다.

그는 국제 공산주의 조직들을 총괄하는 기구로서 전 세계 수많은 사람들의 지지를 받은 제3인터내셔널(코민테른)의 지도자가 됐다. 그리고 그는 5백만 명의 적군을 지도해 14개 외국 군대와 반혁명 세력들에 맞서 혁명을 수호하는 전쟁을 벌였다.

트로츠키는 혁명이 살아남기 위해서는 무엇보다도 그것이 국제적으로 확산돼야만 한다고 주장했다. 불행히도 트로츠키가 옳았음이 입증됐다. 비록 적군이 제국주의 열강의 침략과 반혁명 세력을 패퇴시키기는 했지만, 러시아 노동자 정부는 경제 파탄과 국제적 고립을 면하지 못했다.

스탈린은 이 같은 경제 파탄과 국제적 고립이라는 상황을 배경으로 권력을 장악했다. 1920년대가 지나는 동안 권력은 스탈린을 중심으로 성장하던 관료층에 넘어갔다. 스탈린의 "일국 사회주의" 노선은 혁명의 확산에 대한 희망을 짓밟았다.

1920년대 말에 스탈린은 서구와 경쟁하기 위한 대규모 공업화 계획을 밀어붙이기 시작했다. 노동자들은 무자비하게 착취당했다. 자신의 지배력을 굳히기 위해 스탈린은 1917년의 기억과 혁명을 주도한 세대를 물리적으로 제거할 필요가 있었다. 1930년대에 그는 여론조작용·전시용으로 공개 재판의 형식을 빌어 혁명 지도자들을 모두 처형했다. 1917년에 레닌의 중앙위원회에 속해 있던 20여 명의 지도자들 가운데 오직 한 사람만이 목숨을 건졌는데, 스웨덴 대사로 나가 있던 알렉산드라 콜론타이가 그 사람이었다.

다른 사람들은 하나같이 총살·사망·실종·자살한 것으로 기록돼 있다. 스탈린은 트로츠키를 역사에서 지워 버리려 했다. 혁명기의 사진들에 찍힌 트로츠키의 모습도 필름 조작으로 사라졌다.

트로츠키는 그가 "혁명의 무덤을 파는 자"라고 부른 스탈린에 맞서 사생결단의 투쟁을 벌였다. 결국 트로츠키는 1927년에 당에서 축출당했고 1929년에는 러시아에서 추방돼 이 나라 저 나라로 도망 다녔다. 스탈린은 트로츠키의 가족들도 박해했다.

그의 첫째 아내는 시베리아의 강제 노동 수용소에서 사망했다. 그의 네 자녀들 가운데 둘은 스탈린이 보낸 자객에게 살해당했고 한 명은 자살했다. 남은 딸 한 명은 남편이 유배지로 끌려간 뒤 건강 악화로 사망했다. 트로츠키의 사위들과 며느리들과 심지어 손주들까지 처형당하거나 "실종"됐다.

그러나 트로츠키는 이처럼 엄청난 불행에도 굴하지 않고 끝까지 스탈린에 맞서 싸웠다. 그는 《러시아 혁명사》, 《배반당한 혁명》 등의 탁월한 저작을 통해 스탈린주의가 진정한 볼셰비키 전통과는 아무런 공통점이 없음을 역설했다.

강제 공업화에 대해 그는 "노동에 지급되는 임금의 불평등에서 소련은 자본주의 나라들을 이미 따라잡았을 뿐 아니라 한참 앞질렀다"고 썼다. 트로츠키는 이러한 "절멸의 과정"이 소련 사회의 모든 분야에서 자행되고 있다고 주장했다.

부르주아적 가족이 복원되고 미화되면서 여성 억압과 매춘이 부활했다. 트로츠키에 따르면, 스탈린의 혁명 교살은 "비슷한 방식으로 집단 수용소, 과학적 농업, 그리고 음악에까지 영향을 미쳤다." "마르크스·엥겔스·레닌이 꿈꾼 노동자 국가와 현재 스탈린이 수반으로 있는 국가 사이에 존재하는 차이만큼 극명한 대조를 상상하기는 힘들다." "공개 재판"의 광기가 극에 달했을 때 트로츠키는 "현재의 숙청으로 이제는 단지 피의 경계선이 아니라 거대한 피의 강물이 볼셰비즘과 스탈린주의를 갈라 놓았다"고 썼다. 트로츠키는 터키 변방의 섬에서든, 노르웨이의 마을에서든, 마침내 멕시코에서든 어느 망명지에서나 항상 러시아 혁명의 진정한 유산을 이어받는 혁명적 전통을 건설하기 위해 부단한 노력을 기울였다.

사건 현장에서 멀리 떨어져 있었는데도 트로츠키는 1930년대에 대공황과 파시즘의 등장 등등을 포함해 제2차세계대전을 향하는 사건 전개에 대해 가장 훌륭하고 중요한 저작들을 남겼다. 불행히도 트로츠키에게는 사건의 흐름에 영향을 미칠 수 있는 세력이 존재하지 않았다.

　그러나 트로츠키의 저작은 우리를 진정한 마르크스주의 전통과 연결시켜 주는 귀중한 끈이다. 스탈린의 자객들이 6대륙을 누비면서까지 트로츠키를 추적해 결국 그를 살해한 것은 바로 이 때문이었다. 트로츠키를 직접 살해한 라몬 메르카데르는 스탈린의 지령을 받고 행동했다. 그는 트로츠키의 지지자 행세를 했었다.

　하지만 스탈린은 트로츠키가 표상하는 혁명적 전통마저 살해할 수는 없었다. 트로츠키의 투쟁과 그의 글들은 1917년에 그토록 눈부시게 실현된 아래로부터의 사회주의 전통을 새 세대의 사회주의자들이 되찾을 수 있게 해줬다.

　다음 번에 일어날 혁명에서 민중은 스탈린이 아니라 트로츠키의 이름을 외칠 것이다. 트로츠키 자신이 1927년에 썼듯이, "역사의 복수는 가장 강력한 [공산당] 총서기보다도 더 무서운 것이다."

트로츠키가 물려준 진정한 전통

우리 국제 노동자 운동의 위대한 인물들 가운데 트로츠키만큼 박해받았거나 중상모략을 받은 사람은 없었다.

그의 삶은 영웅적 사건과 비극적 사건이 뒤얽힌 삶이었다. 트로츠키 자신이 스탈린의 부하에 의해 살해당했을 뿐 아니라 그의 첫째 부인도 시베리아에서 살해당했다. 그의 네 자녀들도 모두 살해당했거나 자살을 강요받았다. 그의 손자들 가운데 오직 둘만이 생존했다.(둘 다 현재 트로츠키주의 운동에 투신하고 있다.)

트로츠키는 20세기 전반부에 활동했는데, 그의 엄청나게 많은 저작들은 주된 국제적 사건을 빠짐없이 다루고 있다. 그의 저작들은 어느 것이나 번뜩이는 영감으로 가득 차 있다.

금세기 초에 그는 이렇게 썼다. "내가 살아 숨쉬는 한, 나는 희망을 간직할 것이다. 내가 살아 숨쉬는 한, 나는 미래를 위해 투쟁할

최일붕. 이 글은 《사회주의 노동자》 창간호(1992년 3월)에 실린 것이다.

것이다. 인간이 급류처럼 흐르는 역사의 주인이 되고, 그 역사의 물줄기를 아름다움과 환희와 행복이 끝없이 펼쳐진 땅으로 돌리게 될 그 찬란한 미래를 위해서."

그로 하여금 40여 년에 걸친 위대한 승리와 참담한 패배를 뚫고 계속 전진, 전진하게 했던 것은 바로 이 정신이다. 그러나 그에게 영감을 불어 넣은 것이 무엇이었는지를 논하는 것만으로는 충분하지 않다. 참으로 중요한 것은 그가 그러한 영감에 힘입어 무엇을 산출했는가이다.

그는 스물여섯 살 되던 해에 세계 최초의 노동자 평의회인 페트로그라드 소비에트의 의장이 되었다. 그와 동시에 그는 그의 가장 중요한 이론적 공헌인 **연속혁명론**을 내놓았다.

좀더 진보한 나라는 좀더 낙후된 나라의 미래를 보여 준다는 생각이 마르크스 이래로 당연하게 여겨져 왔다. 그래서 독일은 영국의 발전을 뒤따를 것이고, 러시아는 다시 독일의 발전을 뒤따를 것이라고들 여겼다.

트로츠키는, 각 나라는 진공 속에서 발전하는 것이 아니라 국제적인 세계자본주의체제의 한 부분으로서 발전한다고 지적했다. 각국은 이러한 세계체제의 일부이므로, 각국의 발전은 두 가지 요소에 영향을 받는다.

하나는 트로츠키가 불균등 발전이라고 부른 것이다. 이것이 뜻하는 바는 아주 간단하다. 나라마다 서로 다른 속도로 발전한다는 것이다.

하지만, 그것은 한 나라는 빨리 달리고 다른 나라는 늦게 달리는 식으로 평행선을 이루며 발전한다는 뜻은 결코 아니다. 즉, 각국의 발전에 영향을 미치는 둘째 법칙인 **결합 발전**을 생각해야 하는 것이다. 어느 나라든 세계체제의 일부이므로, 각국은 '함께' 발전한다.

이것이 뜻하는 바는, 각국이 자기 나름의 일국적 조건을 가지고 있기는 하지만 거기에다 국제적 조건과 압력이 이식·접목된다는 것이다.

예컨대, 조선은 산업혁명을 거쳐서 증기기관차와 철도와 전기에 다다른 것이 아니다. 조선은 단계를 건너뛰어, 예로부터 스스로 이룬 발전에 일본(서구 문명)에서 도입한 증기기관차 등을 결합시켰다.

마찬가지로, 1905년의 러시아는 어떤 면에서는 후진 경제였지만 다른 면에서는 선진적이었다. 몇 백만의 농민이 나무 쟁기를 사용하며 땅을 파는 등 중세처럼 산다는 점에서는 후진적이었다. 하지만, 세계에서 가장 큰 공장들도 있었다. 푸틸로프 공장에서는 4만 명의 노동자들이 일했다. 미국이나 영국이나 독일에는 결코 그런 공장이 없었다.

이러한 상황은 노동자들의 열망과 관념에 반영되었다. 그들은 자신들의 낙후된 조건에 당시의 가장 선진적인 사상을 결합시켰다.

영국에서는 몇 세대가 지나서야 비로소 노동자들이 1일 8시간 노동제를 요구했다. 러시아의 갓 배출된 노동자 계급은 경험이 없었는데도 곧바로 8시간 노동제라는 생각으로 건너뛰었다.

이뿐이 아니다. 러시아 노동자들은 영국 노동자들의 생각을 넘어서기까지 했다. 1905년 페트로그라드 소비에트의 슬로건은 "8시간 노동과 총을!"이었다.

영국에서는 여러 해가 지나서야 비로소 여성이 노동조합에 가입할 수 있었다. 1852년에 설립된 영국 금속노동조합연합은 1943년에야 비로소 여성의 가입을 허용했다. 그 사이에 91년의 세월이 흘렀고, 두 번의 세계대전이 있었다.

러시아에서는 여성이 처음부터 노동조합에 가입할 수 있는 자격을 누렸다.

바로 이러한 불균등하고 결합된 발전 때문에 트로츠키는 다가올 러시아 혁명에서는 두 가지 것 — 자본주의 발전의 두 극단 — 이 결합될 것으로 보았다.

자본주의가 시작된 때는 농민봉기의 때였다. 러시아에서는 자본주의의 시작이 농민봉기를 촉발했다. 그와 동시에 프롤레타리아 혁명은 자본주의의 종말을 뜻했다.

하지만 농민은 노동자가 아니다. 그들은 삶에 대해 노동자와 다른 태도를 보였다. 그들은 집산화를 원하지 않고 토지를 사유재산 단위로 나누길 원했다.

그 반면에, 노동자들은 "자, 이제 푸틸로프 공장을 4만 조각으로 나눠 그 조각들을 집으로 갖고 갑시다."라고 말하지 않았다.

그러므로 혁명은 두 가지 것이 결합된 성격을 띨 터이고 도시로부터, 노동자들에 의해 지도될 것이다.

1917년 10월혁명은 연속혁명론을 완벽하게 확인해 주었다. 트로츠키는 바로 그 이론에서 출발하여 '일국사회주의'론이 반동적인 사상이라는 결론에 이르렀다.

자본주의 체제가 전세계적이라는 사실은 그것을 피해 도망갈 수 없음을 뜻한다. 그러므로 '일국사회주의'론에 대한 트로츠키의 반대는 연속혁명론의 국제주의에서 도출되는 것이다.

그런데 트로츠키 삶의 비극은, 사상은 그것이 단순히 옳다고 해서 승리하는 것은 아니라는 데 있었다. 몇 백만 인민에게 받아들여질 때에야 비로소 사상은 물질적인 힘이 된다.

여러 해 동안 트로츠키의 입지는 강화되어 10월 봉기를 이끌었고, 500만의 적군을 이끌었으며, 코민테른도 지도했고, 그래서 몇 백만의 세계공산주의운동 지지자들의 추앙도 받았다.

그 뒤, 1923년 독일 혁명이 패배하고 러시아 혁명도 고립되었다. 이로 말미암아 노동자 계급의 자신감은 땅에 떨어졌고 트로츠키의 사상도 이제 더는 노동자들의 당면한 상황과 연결되지 못했다.

하지만 뭐니뭐니 해도 노동계급 운동의 최악의 패배는 1933년 히틀러의 집권이었다. 이 사건은 1917년의 승리만큼이나 중요했다. 그 사건이 있기 여러 해 전에, 트로츠키는 독일 노동자들이 힘을 합해 히틀러를 저지하지 못하면 히틀러가 그들을 살해하고 그들의 조직들을 궤멸시킬 것이라고 주장했다.

그 당시, 좌익은 저항운동을 조직할 수 없었던 사회민주당(이하 사민당)과, 사민당과 나치(파시즘)는 쌍둥이라는 스탈린의 노선을 따르던 공산당 사이에서 분열되어 있었다.

트로츠키는 사회민주주의가 자본주의 성장의 산물인 반면에 파시즘은 자본주의 쇠퇴의 산물이라고 주장했다. 둘째로, 스탈린은 사회민주주의와 파시즘이 둘 다 똑같은 주인 — 자본주의 — 을 섬기므로 둘은 서로 친근한 사이라고 주장한 반면에, 트로츠키는 한 종은 다른 한 종을 배척한다고 지적했다.

트로츠키가 반나치 **통일전선**을 요구한 것은 완전히 옳았다. 하지만 그의 비극은 위대한 목적과 빈약하기 그지없는 수단 사이의 격차(갭)에 있었다. 히틀러가 승리하기 직전에 독일에는 단지 100명의 트로츠키주의자들만이 있었다. 100명 가지고 통일전선을 강제하기란 어림도 없는 일이었다.

트로츠키는 갈수록 더 고립되었다. 500만의 적군과 몇 백만의 코민테른 멤버들을 지도했던 그 트로츠키가 이제는 겨우 소그룹들이나 이끌게 되었던 것이다.

이 소그룹들은 고립을 탈피할 수 없었다. 왜냐하면 히틀러의 승리가 스탈린의 입지를 엄청나게 강화해 주었기 때문이다. 사기가 떨어질 대로 떨어진 노동자들이 무언가 의지할 것을 찾기 시작했던 것이다. 스탈린주의는 마치 종교와 같은 것이 되어 버렸다.

하지만, 바로 이때야말로 트로츠키의 탁월함이 가장 돋보였던 때였다. 1905년도, 1917년도, 적군을 이끌던 때도 아니었다. 그가 자신의 훌륭함을 유감 없이 발휘했던 때는 바로 1930년대, 즉 혁명전통을 출발점에서부터, 제로에서부터 홀로 재건하고자 모색했던 때였다.

그 시기에 트로츠키를 그리도 위대하게 만들었던 것은 고난을 극복하는 그의 힘, 즉 온갖 분야에 걸친 문제들을 다룬 눈부신 저작을 집필함으로써 고난을 오히려 전화위복의 계기로 삼을 수 있었던 그의 능력이었다.

스페인 혁명, 1920년대의 패배 뒤에도 계속 진행된 중국의 투쟁, 미국 계급투쟁, 소련 정권의 변화, 철학 등등 생애의 마지막까지 그는 탐구하고 또 탐구했다. 바로 그러한 선각자적 노력이 있었기에 오늘날의 우리가 개량주의와 스탈린주의의 안개를 투시해 그 저편의 현실을 직시할 수 있는 것이다. 또한, 트로츠키는 그러한 분석을 혁명조직 건설을 위한 끊임없는 노력과 결합시켰다.

트로츠키는 1930년대의 분석에서나 판단에서나 많은 잘못을 범했다. 물론 우리는 그러한 오류들에 대해 토론함으로써 무언가를 배울 수 있고 또 그래야 한다.(그 가운데 대표적인 것이 그가 스탈린주의 소련을 "관료적으로 타락한 노동자 국가" ― 국가자본주의가 아니라 ― 라고 본 것이다.) 하지만 그의 오류는 그가 이룬 공헌들에 비하면 정말이지 아무것도 아니다.

그는 전세계에 걸쳐 사람들을 찾아 내서는 그 새 세대를 마르크스주의 전통으로 훈련시켰다. 그리고 단순히 마르크스주의 사상을 흡수하는 데서 한걸음 더 나아가 계급투쟁에 실천적으로 투신하는 법을 가르쳤다.

그의 사상은 우리에게 꼭 필요한 예지의 샘이다. 왜냐하면 남한뿐 아니라 전세계에 걸쳐 스탈린주의가 붕괴되는 한가운데서 혁명적 사회주의의 전통을 다시 세워야 할 오늘날, 그의 사상은 우리가 시도하려 하는 모든 것의 출발점이 되기 때문이다.

혁명가가 된다는 것은 인류의 미래를 위한 가능성들에 대해 생각한다는 뜻이다.

트로츠키는 오랫동안 역사의 뒤안길에 가리워져 왔다. 그러나 50여 년의 스탈린주의를 겪고도 그의 사상은 여전히 살아 있다. 트로츠키는 미래에의 가교(架橋)이다. 앞으로 다가올 시기는 그의 것이다.

트로츠키 — 시대의 암흑기에 더욱 빛난 혁명가

레온 트로츠키는 1879년에 태어났다. 그는 처음에 나로드니즘을 받아들였으나 작은 학습 써클에서 만난 여성 마르크스주의자 — 나중에 트로츠키와 결혼한 소콜롭스카야 — 의 영향으로 마르크스주의자가 되었다. 그 때부터 죽을 때까지 트로츠키는 혁명 활동을 위해 자신의 모든 삶을 바쳤다.

트로츠키는 혁명 운동에 많은 공헌을 했다.

이 글은 《사회주의 평론》 5호(1995년 9~10월)에 실린 것이다.

이 글은 트로츠키의 혁명적 삶을 중심으로 다루었다. 따라서 아쉽게도 트로츠키의 중요한 이론적·실천적 공헌 — 특히 연속혁명 이론과 코민테른을 통해 발전시킨 뛰어난 전략과 전술 들, 제4인터내셔널의 건설 — 을 다루지 못했다. 여기서 다루지 못한 주제들에 관심이 있는 독자들은 다음의 책을 꼭 볼 것을 권한다. 던컨 핼러스의 《트로츠키 사상의 이해》(책갈피)[지금은 《트로츠키의 마르크스주의》(책갈피) — 엮은이], 존 몰리뉴의 《마르크스주의와 당》(책갈피)[지금은 《마르크스주의와 정당》(책갈피) — 엮은이에서 "제5장 트로츠키의 두 가지 유산", 트로츠키의 《연속혁명 및 평가와 전망》(신평론)[지금은 《연속혁명, 평가와 전망》(책갈피) — 엮은이], 알렉스 캘리니코스의 《트로츠키주의의 역사》(백의).

특히 그의 연속혁명 이론은 마르크스주의적 사고를 발전시키는 데 크게 공헌했다. 트로츠키가 연속혁명의 이론적 기초를 세울 무렵에는 어느 누구도 러시아가 세계 최초로 사회주의 혁명을 일으키고 프롤레타리아 독재를 수립할 수 있다고 생각하지 않았다. 심지어 레닌까지도 말이다. 트로츠키를 제외한 모든 마르크스주의자들은 산업이 발전한 서유럽에서만 사회주의 혁명이 가능할 것이라고 믿었다. 러시아가 직면한 과제는 차르 체제를 분쇄하고 봉건 잔재를 철폐함으로써 자본주의 사회로 이행하는 것이라고 생각했다. 연속혁명 이론은 제2인터내셔널의 숙명론을 받아들이고 있던 사람들에게 청천벽력과도 같은 것이었다. 그 이래로 연속혁명 이론은 수많은 혁명가들에게 무한한 영감을 주었다.

트로츠키는 1905년에 26살의 나이로 세계 역사에서 최초로 등장한 소비에트(노동자 평의회)의 의장이 되었고 1917년에는 10월 무장봉기를 실질적으로 조직했다.

트로츠키와 레닌의 관계는 혁명이 다가오고 무르익어 갈수록 긴밀해졌다. 트로츠키는 1902년에 처음으로 레닌과 만났다. 그러나 그는 1년 뒤에 레닌과 정치적으로 갈라섰다. 토니 클리프는 트로츠키의 삶에서 1906~1914년까지를 "무위의 나날들"이라고 지적했다. 반면 레닌은 같은 기간 동안 혁명적 당의 기초를 놓았고 이를 갈고 닦았다. 트로츠키는 1917년 5월에야 볼셰비키에 합류했다. 5월에서 10월에 이르는 5개월 동안 레닌과 트로츠키는 매우 긴밀한 협력 관계를 유지했다. 볼셰비키 당과 노동자 계급이 혁명을 향해 나아가는 결정적인 시기에 말이다.

볼셰비키 당은 종종 레닌과 트로츠키의 당으로 불렸다. 소비에트 정부와 공산주의 인터내셔널(코민테른)도 마찬가지였다. 트로츠키는 레닌과 함께 코민테른에서 수백만 대중에게 전략과 전술을 가르쳤다.

그러나 뭐니뭐니해도 트로츠키가 10월 혁명 직후에 한 일 가운데 가장 독보적인 것은 적군을 창설한 것이다.

러시아 공식 역사가들은 트로츠키가 내전 동안 적군을 건설하는 데 어떠한 역할도 하지 않았다고 말한다. 적군 건설의 모든 성과는 레닌(과 스탈린)에게 있다는 것이다. 그러나 적군을 지도하는 데서 레닌이 한 역할은 트로츠키가 한 것과 비교해 볼 때 오히려 부차적이었다.

적군의 창설

트로츠키가 적군을 창설한 것은 거대한 성과였다. 트로츠키는 어떠한 기초도 없는 상태에서 서로 대립하는 요소들을 적절히 결합하여 강력한 군대를 만들었다.

제국주의 군대와 전쟁을 하기 위해서는 레닌이 《국가와 혁명》에서 제시한 이상적인 노동자 민병대와는 거리가 먼 정규군을 창설해야 했다. 레닌은 권력을 장악한 며칠 후에 이렇게 말했다. "정규군을 폐지하고 전(全)인민의 무장으로 대체하는 것이 중요하다." 그러나 내전 때문에 볼셰비키는 민주적으로 구성되는 군대라는 이상에서 후퇴해 매우 급속하게 적군을 창설해야 할 필요에 직면했다. 1918년 3월 13일 트로츠키는 전쟁인민위원으로 임명되었다. 그는 곧바로 소비에트

공화국 군대를 조직하는 데 착수했다.

트로츠키는 먼저 노동자들이 자원할 것을 호소했다. 오직 노동자계급이 군대의 중심으로 확고히 설 때에만 농민에 대한 모병이 가능했기 때문이다.

그러나 병사들에게 군사는 정치의 연장이지만 정치 그 자체는 아니라는 사실을 무시하는 경향이 있었기 때문에 적군의 건설은 순탄하지 않았다. 군대를 건설하기 위해서는 규율과 권위가 필요했다. 그렇지만 자유와 환희의 생생한 경험인 10월 혁명의 기억을 간직하고 있는 대다수 병사들은 규율과 권위의 필요성을 이해하지 못했고 종종 이에 저항하려 했다. 트로츠키는 체계 없는 병사위원회로는 전투를 승리로 이끌 수 없다는 결론에 이르렀다. 그래서 트로츠키는 볼셰비키가 이전에 선전했던 것과는 모순되지만, **군대에 형식적 규율과 집중화가 필요함**을 강조했던 것이다.

또 노동자 혁명을 방어하기 위해서는 적절한 군사 전략이 필요했다. 트로츠키는 이전 차르 장교들을 활용해야 한다고 주장했다. 그러나 차르 장교들과 열정적이고 자기희생적인 적군 병사 사이에 가로놓인 사회적으로 뿌리 깊은 적대감이 서로 협력하는 것을 가로막았다. 10월 혁명 직전에 차르 군대의 병사들은 바로 이 장교들에 대항해서 반란을 일으켰던 것이다. 장교와 사병 사이의 갈등은 지주와 농민 사이의 갈등과 마찬가지였다.

트로츠키는 혁명을 방어하는 데에 용기와 혁명적 열정만으로는 충분하지 않음을 강조했다. "산업에서 엔지니어가 필요한 것과 마찬가지로 혁명을 방어하기 위해서는 군사 전문가가 반드시 필요하다."

트로츠키는 병사들의 열정적인 지지와 전문가들의 기술이 모두 있어야 적군이 승리할 수 있음을 거듭해서 강조했다.[*]

적군 병사들 사이의 이질적인 성격이 어려움을 더했다. 노동계급은 농민이라는 바다 한가운데 떠 있는 작은 섬에 지나지 않았다. 적군의 중추는 프롤레타리아적 요소였지만 대다수는 농민이었다. 농민은 내전 동안 불안정했고 동요했다. 그들은 땅을 준 볼셰비키는 좋아했지만, 곡물을 징발하고 강제 징발 정책을 도입한 소비에트 정부는 미워했다. 농민들이 적군에서 탈영하는 것은 흔한 일이었다.

옛 차르 장교에 대한 통제와 병사들에 대한 정치적 지도를 유지하기 위해 정치인민위원 제도를 도입했다. 정치인민위원들은 장교들을 정치적으로 감시하고, 군대 내에서 당의 활동을 수행했으며, 정치 선전과 교육을 했다. 적군에서 정치인민위원은 반드시 필요한 프롤레타리아트 통제 기구였다.[**]

적군에서 가장 큰 어려움은 트로츠키에 대한 군사반대파('파르티잔 반대파')의 부상이었다. 군사반대파는 중앙집중화된 규율 자체를 거부하는 세력이었다. 그들은 적군이 창설되기 전에 고립분산된 소규모 게릴라 그룹의 지도자들이었다. 그런데 이제 옛 차르 장교들에

---

[*] 심지어 레닌조차 오랫동안 옛 차르 장교 고용 문제에 대해 판단을 유보했다. 레닌은 1919년 3월 8차 당 대회 전날에야 비로소 트로츠키의 비판과 설명을 듣고 군사 전문가를 활용해야 할 필요를 분명히 인식했다.

[**] 그러나 적군에서 중심적인 역할을 한 프롤레타리아트의 혁명적 정신과 공산주의자들의 영웅적 헌신에도 불구하고 적군이 레닌과 트로츠키가 이상적인 것으로 생각했던 노동자 민병대와는 거리가 멀었다는 사실을 부인할 수는 없다.

게 지시를 받는 처지에 놓이게 된 것이다. 그들은 전문가들을 극도로 혐오했다. 군사반대파에는 스탈린과 오르조니키제도 포함돼 있었다. 아직 훈련이 충분하지 않으면서도 오만함으로 가득찬 그들은 일반으로 문화에 대한 트로츠키의 태도와 특히 군사론을 비판했다. 그들은 '부르주아 군사 전략'과 구분되는 '프롤레타리아 군사 전략'이 있어야 한다고 주장했다. 그들의 논리는 '프롤레타리아 예술'과 '프롤레타리아 과학'을 주장하는 것으로까지 나아갔다.

트로츠키는 혁명 이후 문화나 예술, 과학 그리고 군사 분야에서 등장한 이러한 주의주의(voluntarism)적 태도를 단호히 비판했다.

부르주아 문화나 예술을 프롤레타리아 문화나 예술과 대립시키는 것은 근본으로 잘못된 것이다. 프롤레타리아 문화나 예술은 결코 존재하지 않는다. 왜냐하면 프롤레타리아 독재는 사회주의로 가는 일시적이고 과도적인 이행기이기 때문이다. 프롤레타리아 혁명의 역사적 중요성과 도덕적 우아함은 그 혁명이 계급을 뛰어넘고 진정 인간적인 최초의 문화가 될 그러한 문화의 토대를 놓았다는 데에 있다.[번역은 문맥에 맞게 고쳤음. 강조는 인용자]*

부분적인 전투에서 적군이 패배할 때마다 군사반대파는 점점 더 공격적으로 되었다. 러시아공산당 제8차 대회(1919년 3월)에서 트로츠키가 쓰고 레닌이 지지한 군사 정책에 관한 공식 테제는 광범위한 저항에 직면했으나 가까스로 통과됐다.

———

* 트로츠키, 《문학과 혁명》, 과학과 사상사, 17쪽.

적군 내에서 생겨난 군사반대파는 나중에 스탈린 분파의 핵심을 이루게 된다. 참으로 역설적이게도 트로츠키 자신이 창설하고 지도하였던 적군에서 자신을 파멸로 몰고갈 반대파의 씨앗이 처음 등장했던 것이다.

관료의 부상

전쟁은 소비에트 정부와 적군의 운명에 결정적인 영향을 미쳤다. 다른 한편 전쟁은 미래 관료가 부상할 토대를 엄청나게 확대시켰다. 적군 내에 존재했던 위계 구조는 불가피하게 관료적 경향을 강화시켰다. 보통 관료의 힘은 대중의 힘에 반비례한다. 내전은 관료의 힘을 더욱 강화시키는 조건이었다. 트로츠키 자신도 이 점을 인정했다. 그는 내전 말기에 쓴 글에서 이렇게 말했다. "5백만 적군의 발전은 관료를 형성하는 데 커다란 역할을 했다."

내전 동안 사회·정치적 변화가 있었다. 프롤레타리아트의 수가 엄청나게 줄고 해체되고 원자화되었다. 직접 선출된 노동자 평의회인 소비에트가 그 기능을 제대로 발휘하지 못했다. 당과 국가는 하나로 융합되었다. 이 모든 것이 관료의 부상을 부추겼다.

레닌은 항상 관료의 위험성을 걱정했다. 레닌은 죽는 그 순간까지 관료에 맞서는 투쟁을 요구했고, 관료에 맞설 필요성을 강력하게 주장했다. 관료에 맞선 투쟁, 대러시아 국수주의에 맞선 투쟁, 스탈린에 맞선 투쟁에서* 레닌과 트로츠키는 그 어느 때보다도 밀접한 관계를 맺었다. 레닌과 트로츠키는 다가오는 당 대회에서 스탈린에 맞서 강력히 투쟁할 계획이었다.

그러나 1923년 3월 7일 레닌은 심각한 쇼크를 일으켜 반신이 마비되었다. 그리고는 다시 말을 할 수 있을 정도로 회복되지 않았다. 레닌의 정치 생명이 끝난 것이다. 이 쇼크로 스탈린은 살아났다.

레닌이 병으로 쓰러지자 트로츠키는 1923년 4월에 열린 12차 당 대회 — 레닌이 참석하지 않은 최초의 당 대회 — 에서 스탈린에 맞서 싸우는 것을 자제했다. 트로츠키는 레닌이 회복되기를 바랐기 때문에 혼자 싸우는 것보다 레닌이 회복된 후 함께 싸우는 것이 훨씬 유리할 것이라고 믿었다. 그는 때를 기다리려 했던 것이다.

그러나 트로츠키의 바람과는 달리 레닌은 끝내 회복되지 않았고, 12차 당 대회가 끝난 후 스탈린의 힘은 더욱 강화되었다. 12차 당 대회는 소비에트 체제의 발전에서 하나의 분수령이었다. 대회 직후에 스탈린과 지노비에프, 부하린은 트로츠키를 비난하는 거대한 대중적 캠페인을 시작했다.

스탈린주의 관료에 맞선 투쟁

1923년은 대단히 의미심장한 해였다. 레닌은 반신마비가 된 채 활

---

* 자세한 내용을 알고 싶은 사람은 《레닌의 반스탈린 투쟁》(신평론)을 보시오.

동 무대에서 완전히 사라졌다. 10~11월 독일 혁명은 패배했다. 이것은 1918년말부터 시작된 전세계의 혁명적 물결이 끝나고 있음을 보여주는 것이었다. 1923년은 히틀러가 처음 등장한 해이기도 하다. 또한 그 해 12월에는 트로츠키의 좌익반대파가 형성되었다.

1923년을 기점으로 트로츠키의 힘과 영향력은 매우 달라졌다.

혁명과 내전의 나날들 동안 트로츠키는 수백만 대중을 지도했다. 레닌과 함께 그는 볼셰비키 당과 소비에트 정부 그리고 코민테른의 지도자였다. 그러나 1927년말에 트로츠키는 당에서 축출되고 소련 극동 지방에 있는 알마 아타로 유배되었다. 그 다음 그는 국경 밖으로 추방되었다. 1927년부터 1940년에 암살되기 전까지 트로츠키는 전세계를 통틀어 아주 작은 지지자 그룹만을 외롭게 지도했다. 1923~1927년에 상황이 이토록 바뀌었던 것이다. 이 시기에 트로츠키는 부상하는 스탈린주의 관료에 맞서 반대파를 이끌었다.

혁명과 내전 시기에 트로츠키는 자신의 역량을 마음껏 펼칠 수 있었다. 그의 목소리는 투쟁하는 혁명적 노동자들의 열망을 담고 있다.

혁명의 나날들 동안 스탈린은 아주 작은 역할만 했다. 문필적 재능도 없었고 연설 능력도 빈약했고, 대중의 열정에 불을 지피는 데 필요한 불꽃 같은 상상력도 없었던 스탈린은 거대한 혁명적 사건의 나날들 동안 아주 희미한 존재에 지나지 않았다.

존 리드가 10월 혁명을 생생하고 훌륭하게 묘사한 책인 《세계를 뒤흔든 10일》에는 스탈린의 말과 행동에 관한 얘기가 단 한 마디도 나오지 않는다.

많은 사람들은 스탈린이 조직가의 능력이 탁월해서 트로츠키를 이길 수 있었다고 말한다. 이것은 터무니없는 말이다. 트로츠키가 10월 혁명을 지도하고 수백만 적군을 창설하고 이끄는 과정에서 보여준 탁월한 능력을 보더라도 이런 주장이 진실이 아님은 분명하다.

스탈린이 부상할 수 있었던 것은 객관적 조건의 변화, 즉 혁명의 후퇴 때문이었다. 마르크스주의는 역사에서 개인의 역할이 중요함을 인정한다. 그러나 그러한 개인의 역할을 객관적 조건이라는 전체 사슬과의 연관 속에서 본다. 스탈린은 반동의 시기에 꼭 들어맞는 인물이었다. 만약 스탈린이 존재하지 않았다면, 아마도 그와 비슷한 다른 사람이 그런 역할을 했을 것이다.

반동의 시기는 항상 우두머리를 필요로 한다. 왜냐하면 반동은 오래된 사상의 관습들과 노동자들의 자신감 저하, 그리고 국가 관료의 보수주의 등에 의존하기 때문이다. 그러나 혁명의 시기에는 역사가 위대한 인물을 만들어낼 때까지 단지 기다릴 수만은 없다.

러시아혁명의 관료적 타락과 스탈린의 부상은 러시아의 경제·사회적 후진성과 혁명의 고립 때문이었다. 내전은 러시아 노동자 계급을 해체시키고 원자화시켰다. 이런 상황은 1918년과 1923년 독일 혁명, 1926년 영국총파업, 1925~1927년 중국혁명 같은 국제 노동계급 운동이 패배하면서 더 악화되었다. 노동자들은 완전히 고갈되고 사기 저하되었다. 이러한 조건들이 스탈린을 우두머리로 한 관료가 부상할 수 있었던 배경이다.

노동자들이 탈진했기 때문에 스탈린의 '일국 사회주의' 교리가 받아들여질 수 있었다. 또한 그것은 대중의 안정과 평화에 대한 갈망에 꼭 들어맞았다. 바로 똑같은 이유 때문에 트로츠키의 연속혁명론은 수난을 겪어야 했다. 트로츠키의 연속혁명론은 모험주의적 실험을 요구하는 것으로 보였다.

트로츠키는 노동계급 소수의 지지만으로는 승리하기 힘들었다. 트로츠키는 적극적이고 의식적인 **대중의 지지**가 필요했다. 그러나 대중이 수동적이고 순종하는 상태는 스탈린이 승리하기에는 충분한 조건이었다.

이러한 러시아의 주·객관적 조건은 스탈린 반동에 맞서 트로츠키가 싸울 수 있는 능력을 커다랗게 제약했다. 또한 노동자들의 후퇴는 자본주의 반동의 위험성을 동반했다. 신경제정책(NEP)이 실행되는 동안 쿨락과 네프맨의 힘이 증가했다. 쿨락과 네프맨의 위협은 대단히 실제적이었다. 노동 대중의 허약함과 쿨락의 부상 때문에 트로츠키가 행동할 여지가 대단히 제한되었다. 트로츠키는 당의 분열이 반혁명을 조장할 수도 있음을 심각하게 걱정했다.

화해주의

부상하는 스탈린주의 관료에 맞서 싸우는 과정에서 트로츠키의 위대함은 심각한 약점과 함께 존재했다. 그의 약점은 한마디로 화해주의라고 요약할 수 있다.

트로츠키의 위대함은 그가 이 시기에 쓴 수많은 글들에서 확연히 볼 수 있다. 그는 국내외의 모든 사건들을 다루었다. 특히 전략과 전술에 관해 트로츠키는 매우 뛰어난 역량을 발휘했다. 우리는 이 시기에 마르크스주의를 풍부히 발전시킨 비할 바 없이 훌륭한 저작들을 유산으로 물려받았다. 그는 또한 스탈린주의에 대한 탁월한 역사 유물론적 분석을 최초로 시도하기도 했다.

그러나 트로츠키는 스탈린 분파에 맞서 통합반대파를 꾸리기 위해 지노비에프와 카메네프에게 많은 타협을 했다. 지노비에프·카메네프와 타협하는 것은 당과 국가 내의 관료들과 타협하는 것을 뜻했다.

혁명적 원칙에 대한 비타협성과 머뭇거림이 함께 존재했던 것이다. 이것은 트로츠키가 1917년 볼셰비키에 결합하기 전의 초기 시절을 연상시킨다. 그 때도 트로츠키의 뛰어난 혁명적 정치와 이론 ─ 무엇보다도 연속혁명 이론 ─ 은 멘셰비키에 대한 타협과 공존했다. 당시에 트로츠키가 멘셰비키와 타협했던 것은 혁명적 상황이 오면 멘셰비키가 혁명의 방향으로 이끌릴 것이라고 잘못 판단했기 때문이었다.

1923~1927년 동안 나타난 화해주의는 러시아 공산당과 코민테른이 여전히 미래의 프롤레타리아 혁명을 이끌 기구라고 믿었기 때문이다.

코민테른 3기 정책이 나치의 승리라는 엄청난 재앙을 초래했을 때조차도 트로츠키는 개혁을 통해 소비에트 체제와 당과 코민테른을 바꿀 수 있을 것이라고 믿었다.

1933년이 돼서야 트로츠키는 생각을 바꿨다. 그 때서야 그는 러시아 당과 코민테른을 내부에서 바꿀 수 있으리라는 믿음을 버렸다.

지난 몇 년의 경험을 거친 결과, 스탈린주의 관료를 당 대회나 소비에트 대회를 통해 제거할 수 있다고 믿는 것은 정말 유치한 생각이 되었다. 현실에서 마지막 볼셰비키 당 대회는 1923년초에 열린 제12차 당 대회이다. 그 이후의 모든 대회들은 단지 관료적 거수기 역할만을 했을 뿐이다. 심지어 오늘날에는 그런 형식적인 대회조차 열리지 않는다. 정상적이고 '대의적'인 방법으로 지배 분파를 제거한다는 것은 몽상이다. 오직 프롤레타리아 전위의 무력을 통해서만 관료의 수중에서 권력을 빼앗아 올 수 있다.[*]

만약 1933년에 스탈린주의 관료를 무력을 통해서만 제거할 수 있다고 말하는 것이 옳다면, 몇 년 전에도 그것은 똑같이 옳을 수밖에 없다. 일찍이 1927년에 스탈린은 트로츠키의 통합반대파에 대해 이렇게 말했다. "이러한 조직[반대파]은 오직 내전을 통해서만 제거할 수 있다." 스탈린은 진실을 말했다.

오늘날 우리가 보기에는 이런 관점이 너무나 당연하지만, 당시에는 결코 그렇지 않았다. 상황은 극도로 복잡하고 혼란스러웠다.

가장 어려운 문제는 훨씬 발전한 자본주의 국가들의 공격에 둘러싸인 후진적인 노동자 국가가 어떻게 살아남아 정치·경제·문화적 변화들을 이루어낼 것인가 하는 점이었다. 노동자 국가가 전국에 걸쳐 수립되기는 역사상 처음 있는 일이었다. 마르크스주의 이론은 실천에서 나온다. 그것은 과거 인류의 경험을 일반화한 것이다. 트로츠키가 혁명의 타락과 스탈린주의 관료의 부상에 맞서 가차없이 싸우는

---

[*]   Trotsky, *Writings 1933~34*, New York, 1972, pp.117~118.

동안 그가 의존할 수 있는 역사적 경험은 거의 없었다.

이전의 유일한 노동자 국가, 즉 파리코뮌은 단지 한 도시에서만 존재했고, 그것도 74일만에 분쇄되었다. 노동자 국가의 타락은 완전히 새롭고 전례없는 현상이었다. 트로츠키는 마치 눈보라가 치는 칠흑 같은 어둠 속에서 사방에 덫이 놓인 땅을 아무런 불빛도 없이 걷는 것과 같았던 것이다.

관료에 대한 잘못된 이해

트로츠키는 스탈린과 스탈린 관료 분파가 조성한 위협을 대단히 과소평가했다. 한편 네프맨과 쿨락이 성장하면서 자본주의적 질서가 복원될 위험을 대단히 심각하게 걱정했다. 그러나 자본주의적 반동은 트로츠키가 예상한 대로 이루어지지 않았다. 현실에서 자본주의적 반동은 국가 소유에 바탕을 둔 관료 자신이 수행했다.

트로츠키는 스탈린주의 관료가 노동계급과 농민 모두에 반대해 자신의 독립적 이해를 추구하는 데 열중하는 하나의 계급임을 이해하지 못했다. 그는 스탈린주의 관료를 노동조합이나 사회민주당 관료와 마찬가지 개념으로 사용했다. 노동조합 관료는 자본주의 사회의 주요한 두 계급인 고용주와 노동자 사이에서 중재하는 세력이다. 그렇기 때문에 노동조합 관료는 무엇보다도 둘 사이에서 동요하는 게 가장 큰 특징이다. 그래서 노동계급의 압력이 거세면 왼쪽으로 이동하고, 자본가들의 압력이 거세면 오른쪽으로 이동하는 아슬아

슬한 줄타기를 한다. 트로츠키는 이와 비슷하게 스탈린주의 관료를 러시아 노동계급의 열망과 쿨락과 네프맨의 열망 사이에서 동요하는 '중도주의'로 규정했던 것이다. 그는 궁극으로 소비에트 사회의 운명은 쿨락과 네프맨에 맞선 노동자 계급의 투쟁이 결정할 것이라고 생각했다. 관료는 단지 부차적이고 중재하는 역할만을 할 뿐이라고 판단했다.

트로츠키는 스탈린이 우파(부하린*, 리코프, 톰스키 등)에 항복할까봐 걱정했다. 그의 모든 노력과 희망은 바로 여기에 맞춰져 있었다. 그는 노동계급과 좌파(트로츠키와 통합반대파 등)의 압력이 스탈린이 우파에 투항하는 것을 막을 것이라고 생각했다. 그러나 사태는 트로츠키가 생각했던 대로 되지 않았다. 스탈린 관료는 잇달아 우파와 좌파 모두를 격퇴했다. 2년 안에 관료는 노동계급과 쿨락과 농민 모두를 완전히 분쇄하고 가장 사악한 착취 체제를 세웠다.

스탈린 관료는 근본으로 자본주의 아래의 노동조합 관료와 다르기 때문에 이런 일을 할 수 있었다. 노동조합 관료는 생산수단과의 관계라는 계급 정의에 비추어 볼 때 그 자체로 하나의 계급일 수 없다. 그러나 소비에트 관료는 상당한 생산수단을 직접 통제했고, 1928~1929년에는 노동자 계급이나 쿨락 또는 네프맨으로부터 독립적으로 행동했다. 노동조합 관료주의와는 달리 소비에트 관료주의는 노동자와 농민을 잔인하게 억압했고, 경제·사회·정치권력을 다른

---

* 부하린은 볼셰비키의 가장 보수적인 우파였다. 그러나 스탈린은 중도파가 아니라 볼셰비즘의 파괴자였다.

세력에게 넘겨 주기를 거부했다. 5개년계획이 시작되면서 스탈린주의 관료는 하나의 지배계급으로 변신한 것이다.

트로츠키는 스탈린주의 관료가 지배계급으로 변신할 수 있는 가능성을 보지 못했다. 부르주아지가 결정적으로 분쇄되고 모든 생산수단에 대한 실질적 통제를 국가가 하는 사회에서 국가 관료는 노동계급의 통제로부터 완전히 자유로워질 수 있다는 사실을 간과한 것이다.

트로츠키는 스탈린 분파가 테르미도르 반동에 의해 몰락한 자코뱅의 길을 걸을 것이라고 전망했다. 스탈린주의 관료 분파가 자코뱅과는 달리 국가 경제 전체를 소유하고 있음을 보지 못했던 것이다.

스탈린 분파에 대한 트로츠키의 분석은 답변할 수 없는 문제에 직면할 수밖에 없다. 스탈린의 관료주의는 어느 계급 위에 등장했나? 노동자 계급인가, 프티 부르주아인가? 스탈린 관료주의는 어느 계급의 이익을 위해 행동하나?

이러한 문제는 트로츠키가 부르주아 국가에 대한 분석 방법을 노동자 국가에 적용하면서 생긴 것이다. 일반으로 부르주아는 사적 재산의 형태로 생산수단을 소유한다. 그래서 부르주아지는 지배계급의 지위 ─ 생산수단에 대한 통제 ─ 를 유지하면서도 정치권력은 다른 세력에게 넘겨줄 수 있다. 나치의 독일이 대표적인 경우이다.

그러나 노동자 계급은 자신의 국가를 통해 집단으로만 생산수단을 소유할 수 있다. 따라서 정치권력의 손실은 곧바로 생산수단에 대한 통제력 상실로 이어질 수밖에 없다.

만약 트로츠키의 분석이 현실에 적용되려면, 스탈린주의 관료가 당·정부·군대·경찰·법원 등을 통제하는 반면 노동자 계급은 공장·광산·수송 등을 장악하고 있어야 한다. 따라서 생산수단을 장악하고 있는 노동계급의 힘이 국가의 경제계획에 핵심적으로 반영돼야 한다. 그러나 현실은 그렇지 않았다.

또한 스탈린 관료주의가 쿨락(부농)에 의해 패배할 것이라고 가정한 것도 잘못이다. 트로츠키는 일찍이 1906년에, "역사적 경험은 농민이 절대로 독립적인 정치적 역할을 할 수 없음을 보여 주었다. 자본주의 역사는 농촌이 도시에 종속되는 역사다."고 썼다. 그렇다면 원자화되고 분산된 농민이 어떻게 고도로 집중된 국가 관료들을 패배시킬 수 있을까? 결국 국가 관료와의 투쟁에서 농민은 필연적으로 패배할 수밖에 없다.

이것이 1928~1929년에 벌어진 실제 현실이었다. 트로츠키의 예측과는 달리 국가 관료는 정치권력뿐 아니라 생산수단을 소유하고 통제했다. 간단히 말해 노동자들의 고용주, 즉 새로운 착취계급이 된 것이다.

혁명적 마르크스주의의 핵심인 정치적 비타협성은 계급투쟁에서 부르주아지와 프롤레타리아트의 계급 적대가 근본으로 화해할 수 없다는 데 바탕을 두고 있다. 트로츠키는 이러한 기본 원칙이 부족하지는 않았다. 그러나 스탈린 관료에 대한 잘못된 판단이 그를 전략에서 혼란스럽게 만들었고, 정치적 칼날을 무디게 했다. 그리하여 러시아 공산당과 코민테른이 혁명을 매장하는 것을 보지 못하게 만들었던 것이다.

딜레마

트로츠키는 일당 국가라는 규정도 받아들였다. 일당 국가를 받아들인 결과 당연하게도 당 내 분파금지를 거부할 수가 없었다.

트로츠키는 딜레마에 빠졌다. 분파주의라는 비난을 피하면서 어떻게 관료에 맞서 싸울 것인가? 이런 딜레마 때문에 그는 계속 지노비에프와 스탈린·부하린 그룹의 압력에 굴복해야 했다.

지노비에프와 카메네프가 통합반대파에 결합한 것은 양날의 칼이었다. 그것은 힘을 보태준 것임과 동시에 허약함의 원천이었다.

지노비에프와 카메네프의 압력 때문에 트로츠키는 1926년 10월 4일에 정치국과 협정을 맺었다. 분파주의라는 죄를 범했으므로 분파를 해산한다는 조건으로 말이다. 그러나 트로츠키의 타협은 부질없는 것으로 끝났다. 스탈린은 단호한 공격을 계속했다.

트로츠키는 1926~1927년에는 반대파가 깨질까봐 두려워 더욱더 지노비에프주의자들에게 양보를 했다.

스탈린에 맞선 투쟁에서 보여 준 트로츠키의 동요는 자신의 지지자들을 약화시킬 수밖에 없었다. 트로츠키 자신은 그러한 타협에도 불구하고 자신감과 혁명적 정신을 유지할 수 있었지만 지지자들은 달랐다. 그들에겐 끊임없는 행동을 통한 훈련이 필요했기 때문이다. 1923~1927년 동안 트로츠키는 관료 정치와 관료 체제에 대한 비판을 멈추지 않았다. 비록 많은 부분에서 모호하고 암시적인 말들을 썼지만 말이다. 그러나 트로츠키 지지자들은 즉각적인 투쟁 없이는 정치적으로 살아남을 수 없었다.

노동 대중에게 호소하는 것, 즉 당 밖의 투쟁에 지지자들을 연루시키지 않고 어떻게 간부들을 훈련시킬 것인가? 분파금지를 어기지 않고 어떻게 당내 투쟁을 할 수 있을까? 이것은 트로츠키에게 심각한 딜레마였다.

트로츠키는 지친 노동자들의 반동적 분위기가 반영되지 않은 혁명이 필요함을 명확히 알고 있었다. 그는 레닌처럼 살아서 승리를 보게 되든, 리프크네히트처럼 비극적 최후를 맞게 되든 간에 기꺼이 투쟁을 계속하려고 했다.

그러나 그의 화해주의는 이러한 생각을 약화시켰다. 좌익반대파의 일원이었던 아돌프 요페는 트로츠키의 허약함을 알고 있었다. 요페는 자살하기 몇 시간 전에 트로츠키에게 쓴 편지에서 이렇게 말했다.

당신[트로츠키]은 레닌의 불굴의 의지, 옳다고 믿는 것을 굽히지 않는 용기, 홀로 남더라도 미래에는 다수가 자신의 생각을 지지할 것이라는 믿음, 다수의 사람들이 자신의 노선이 옳았다고 확신할 것이라는 신념이 부족합니다. … 당신은 크게 과장된 타협을 위해 당신의 올바름을 포기하곤 했습니다.

그러나 트로츠키가 결의가 부족해서 타협한 것은 아니었다. 무엇보다 러시아 경제의 후진성, 프롤레타리아트의 허약함, 쿨락과 네프맨과 관료의 부상, 그리고 결정적으로 국제 혁명의 패배와 같은 객관적 조건들이 트로츠키의 힘을 약화시켰다.

트로츠키의 진정한 비극은 그가 당 밖에 있는 노동 대중이나 심지어 평당원에게조차 호소하려 하지 않은 것이다. 트로츠키는 당원이 아닌 사람들을 동원하기를 두려워했다. 왜냐하면 그들 가운데 많은 사람들이 멘셰비키나 사회혁명당 또는 네프맨처럼 볼셰비키에 반대하는 자들의 영향을 받고 있었기 때문이다. 트로츠키는 여전히 공산당이 혁명정당이라고 여겼으며, 무슨일이 일어나더라도 그 당은 자신의 당이라고 생각했다. 크룹스카야가 죽었을 때 트로츠키는 사망 광고에다 이렇게 썼다. "그녀의 혁명적 본능은 당의 규율을 지키려는 정신과 갈등을 겪었다." 사실 이것은 트로츠키 자신의 곤혹스러움을 그대로 드러낸 것이었다.

어쨌든 트로츠키가 1923~1927년 동안 많은 타협과 동요를 한 것은 사실이다. 그러나 다른 한 가지 사실 또한 분명하다. 트로츠키는 스탈린의 반동에 맞서 싸웠다. 트로츠키는 상황이 아무리 어렵더라도, 노동자들의 분위기가 아무리 침체해 있더라도 혁명가들은 그런 상황에 굴복하지 말아야 한다고 주장했다. 다른 많은 사람들이 스탈린한테 투항하고 투쟁을 포기할 때조차 트로츠키는 끝까지 싸웠다. 투항하도록 만드는 신체적·정신적 압력이 엄청났는데도 그는 투쟁을 포기하지 않았다. 이것은 거대한 역사적 성과이다.

1927년말이 돼서야 트로츠키는 스탈린 범죄의 극악무도함을 이해했다. 그는 지노비에프·카메네프와의 동맹이 깨졌을 때, 스탈린을 "혁명의 무덤을 파는 자"라고 불렀다. 이것은 청천벽력과 같은 말이었다. 심지어 트로츠키주의자들조차 엄청난 충격을 받았다. 그 이후로 트로츠키는 단 한 번도 타협적이지 않았다.

원대한 이상과 빈약한 수단 사이의 간극 때문에 고통을 겪을 때조차도, 노동계급의 의식이 프롤레타리아 해방을 위한 객관적 필요를 충족시키지 못하고 훨씬 뒤처져 있는 상황에서도 그는 올바른 정치적 결론을 이끌어내는 데 결코 주저하지 않았다. 1927년 이래로 그는 매우 명확한 전망을 갖고 있었다. 그러나 목적과 수단의 불일치가 그의 삶을 비극적으로 만들었다. 그러나 이것은 비참한 몰락이 아니라 원대하고 장엄한 비극이다.

생지옥

혁명적 대의에 대한 트로츠키의 믿음은 참으로 비극적인 사건들을 겪는 과정에서도 결코 흔들리지 않았다. 스탈린은 역사에서 지금까지 있었던 그 어떤 것보다도 가장 혹독하게 트로츠키를 비방하고 박해했다.

트로츠키는 1927년에 이렇게 말했다. "가장 혹독한 서기장의 복수보다 역사의 복수가 훨씬 더 가혹할 것이다." 이 말을 했을 때 그는 서기장의 테러가 자신과 자신의 가족에게도 미칠 것이라는 사실을 알지 못했다.

트로츠키의 큰 딸 지나는 결핵을 앓고 있었다. 소비에트 정부는 그녀가 치료를 위해 독일에 가도록 허락했다. 그녀는 두 자식 가운데 세바만을 데려갈 수 있었다. 일곱 살 난 딸은 스탈린이 볼모로 잡아뒀다. 지나의 남편 플라톤 볼코프는 시베리아에 있는 노동수용소에 보내졌다. 아버지에 대한 박해, 남편의 추방, 두 자식과 생계조차 유지하기 어려운 끔찍한 조건 때문에 지나는 극도의 신경병에 걸렸다. 지나를 치료했던 의사는 병을 고치기 위해서는 러시아에 있는 가족들과 함께 사는 방법밖에 없다고 진단을 내렸다. 그러나 스탈린의 원한은 끝이 없었다. 지나와 세바는 소비에트 시민권을 박탈당했다. 절망에 빠진 지나는 1933년 1월 5일 스스로 목숨을 끊었다. 당시 그녀의 나이는 서른이었다. 지나가 죽은 지 엿새 후 트로츠키는 소비에트 정부와 공산당 지도부에게 보내는 '공개서한'을 썼다. "지나는 정치적 활동을 하기에는 몸이 너무 약했습니다. 지나에게서 소비에트 시민권을 박탈한 것은 잔인할 정도로 악마적인 조치였습니다. 결국 그 애는 스스로 목숨을 끊었습니다. 지나는 선택의 여지가 없었습니다. 스탈린이 그 애를 죽음으로 몰아간 것입니다."

지나의 동생 니나는 지나보다 5년 먼저 죽었다(1928년 1월 9일). 좌익반대파에서 적극적으로 활동한 니나는 당에서 추방되고 모든 활동을 금지당했다. 니나의 남편 맨 네벨슨은 체포되어 시베리아 노동수용소에 보내졌다. 곧바로 시름시름 앓던 니나는 26살의 나이에 결핵으로 죽었다. 니나가 병원에서 아버지인 자신에게 쓴 편지를 트로츠키는 그녀가 죽은 지 73일이 지난 후에야 받아볼 수 있었다.

트로츠키의 아들 레온 세도프 료바는 트로츠키와 함께 알마 아타로 추방되었다가 곧이어 터키로 쫓겨났다. 그는 아내와 아이들을 강제로 남겨둔 채 추방되었다. 레온 세도프는 좌익반대파에서 중심적인 역할을 했다. 1938년 2월초에 그는 병에 걸려 파리에 있는 러시아 망명가 의사가 운영하는 작은 개인 병원에 갔다. 거기에도 게페우[GPU: 소련비밀경찰(KGB)의 전신]의 손이 미쳤다. 그는 곧 체포돼 감옥에 간혔고, 며칠 후에 죽었다.

트로츠키의 막내 아들 세르게이는 과학자이자 과학기술연구소 교수였다. 세르게이는 정치를 멀리했다. 그는 아버지와 함께 추방되는 것을 바라지 않았기 때문에 아버지와 연락하기조차 꺼렸다. 그러나 스탈린은 그조차 그냥 내버려 두지 않았다. 1934년 12월 그는 감옥에 간히고 곧바로 보르쿠타 노동수용소에 보내졌다. 그에 관한 마지막 소식은 1936년 페초라 수용소에 있던 모든 트로츠키주의자들이 벌인 단식투쟁과 작업거부 투쟁에 참여했다는 것이었다. 이 투쟁은 132일 동안 계속되었다.

트로츠키의 손주 세 명을 돌본 그의 첫 부인, 알렉산드라 소콜롭스카야는 적극적인 좌익반대파였다. 1936년 그녀는 레닌그라드에서 추방돼 옴스크 지방에 있는 외진 곳에 정착했다. '늙은 아줌마'가 돌볼 수밖에 없었던 손주들의 운명은 비참했다. 그녀는 트로츠키의 네 명의 자식들의 운명과 마찬가지로 1938년에 총살당했다. 트로츠키의 손주 일곱 명 가운데 단지 한 명만이 살아남아 자유를 누릴 수 있었다.

로자 룩셈부르크와 칼 리프크네히트도 살해당했고, 수많은 노동 계급 운동도 엄청난 희생을 당했다. 그러나 트로츠키의 운명은 각별했다. 그는 한 번에 살해당하지 않았다. 스탈린은 조금씩 조금씩 그의 피를 말렸다. 그의 고통과 용기는 전례없는 것이었다. 사슬로 바위에 묶인 프로메테우스는 독수리가 자신의 몸을 쪼아 먹는데도 자신의 생각에 전혀 의심을 품지 않았고 굴복하지 않았다. 1935년 4월 4일 트로츠키는 일기에서 이렇게 썼다. "[스탈린은] 심지어 오늘날조차도 내가 자신에 관한 입장[러시아공산당이 여전히 유일한 혁명정당이며, 스탈린은 볼셰비키의 적이 아니라 볼셰비키 '중도파'라는 믿음]을 바꾸지 않을 것이라는 점을 너무나 분명히 알고 있었다." 스탈린은 트로츠키가 자식들에 대한 박해 때문에 영향받아 정치적 입장을 바꾸지는 않을 것임을 확신하고 있었던 것이다!

트로츠키 지지자에 대한 스탈린의 복수도 끔찍했다. 1927~1928년 러시아 노동 대중은 국제 혁명이 패배한 결과로 소련이 고립당하자 급격히 사기저하되었다. 그러나 여전히 트로츠키주의자들은 수십만 노동 대중 사이에서 상당한 영향력을 갖고 있었다. 스탈린은 8천에서 1만 명이 넘는 트로츠키주의자들을 감옥에 보내거나 추방했다.

스탈린 5개년계획과 좌익반대파의 붕괴

1928~1929년 소련에서 좌익반대파는 붕괴했다. 두 가지 요인이 영향을 미쳤다. 첫째는 노동계급 투쟁과 의식의 급격한 저하이다. 둘째는 스탈린의 강제집산화와 산업화이다.

스탈린의 5개년계획 아래 수행된 거대한 산업화의 결과로 노동계급의 구성은 급속히 변했다. 차르 체제 아래서 형성됐고 10월 혁명을 경험했던 노동자들은, 계급의식이 없고 연대의 경험도 없으며 산업 생활의 전통도 없는 대부분 농민 출신의 새로운 수백만 노동자들의 물결 속에 파묻혀 버렸다. 프롤레타리아트는 완전히 원자화되었다.

똑같은 이유 때문에 좌익반대파는 심각한 이데올로기적 위기를 겪어야 했다.

강제집산화와 급속한 산업화를 동반한 5개년계획은 좌익반대파를 정치적으로 무장해제시켰다. 스탈린의 강제집산화와 산업화의 결과가 무엇인지는 아무도 몰랐다.* 그 누구도 이것이 발전해서 흉칙한 괴물 — 관료적 국가자본주의 — 이 될 것이라는 점을 명확히 알지 못했다. 1928년에는 트로츠키조차 명확하지 않았다. 그는 그토록 짧은 시간에 그토록 거대하게 진행된 자본주의 본원적 축적의 공포를 인식하지 못했다. 그래서 트로츠키와 그의 지지자들은 스탈린의 정책을 쿨락과 네프맨으로부터 왼쪽으로 이동한 것이라고 생각했다.

이러한 혼란 때문에 1928~1929년 사이에 수천 명의 좌익반대파들이 투항했다. 그들 가운데에는 시베리아와 차르 감옥에서 몇 년 동안 고초를 겪은 베테랑 혁명가들 — 피아타코프, 안토노프옙세옌코, 크레스틴스키, 프레오브라젠스키 등 — 도 포함되어 있었다. 1929년말에 약 8백 명을 제외한 8천에서 1만 명 가량이 투항했다. 트로츠키는 1930년 10월 막스 샤흐트만에게 보낸 비통한 편지에서 좌익반대파는 더 이상 조직으로 존재하지 않는다고 말했다.

이데올로기적 혼란이 주된 원인이었다. 경찰의 억압 때문에 투항한 것은 결코 아니었다. 이데올로기적 위기가 노동수용소와 감옥에 간

---

* 심지어 스탈린조차 자신의 정책이 어떤 결과를 낳을지에 관해 명확히 예상하지 못했다. 그래서 그는 1930년 3월 집산화의 속도가 너무 빠른 것에 놀라 잠시 속도를 늦추려고까지 했다. 스탈린은 완전히 경험적으로 대응했다. 그때 그때 위기를 모면하는 데 필요한 조치들을 취하는 식으로 말이다.

혀 있던 트로츠키주의자들의 정신을 파괴했다. 고참 볼셰비키이자 반대파의 지도자였던 라콥스키는 이렇게 말했다. "신노선[집산화와 산업화로의 전환]이 없었다면 정치적 억압은 어떠한 효과도 발휘하지 못했을 것이다." 경찰 탄압으로는 그토록 짧은 시기에 몇 천명의 반대파가 투항한 이유를 설명할 수가 없다. 왜냐하면 고참 볼셰비키들은 차르 치하에서 몇 년간의 시베리아 유형과 감옥에 갇히는 시련을 견뎌낸 사람들이었기 때문이다.

그들은 스탈린의 강제집산화와 산업화 정책이 사회주의적 정책이며 달리 대안이 없다고 생각했기 때문에 투항했던 것이다. 스탈린이 수행한 산업화는 노동자들의 희생 — 실질임금이 반으로 깎였다 — 의 대가로 이루어진 것인데도 많은 사람들은 산업화 그 자체를 사회주의적 정책과 동일하게 여겼다. 결국 좌익반대파는 어떠한 역사적 정당성도 유지할 수 없게 되었다. 만약 자본의 거대한 본원적 축적을 사회주의라고 한다면 역사 발전의 주체인 노동계급은 단순한 대상에 지나지 않게 된다. 이것은 속물적 유물론이다. 만약 수백만 농민을 야만적인 폭력으로 집단농장화하는 것이 사회주의를 뜻한다면 노동계급 민주주의는 아무런 의미도 없는 것이 되고 만다.

현실은 좌익반대파의 믿음과는 완전히 달랐다. 레닌이 죽은 지 5년 후인 1929년, 소비에트 러시아에서 일어난 것은 2차 '혁명'이었다. 스탈린은 2차 '혁명'을 완전히 혼자서 지도했다. 1억 6천만 인민의 삶에 미친 엄청나고 즉각적인 효과로 볼 때 2차 '혁명'은 첫째 혁명(1917년 10월 혁명)보다 훨씬 근본적이고 확실했다. '혁명'이 뜻하는 바는 수백만 농민의 목숨을 대가로 강제집산화를 이루고 수백만 명을 강제 노동수용소에 보내는 것이었다. 강제노동은 1928년부터 급증하기 시작해 1933~1935년에는 약 5백만 명 정도가 노동수용소에서 노예처럼 강제노동을 해야 했다.

강제집산화가 끔찍한 과정이었다는 것은 스탈린조차 시인했다. 1942년 처칠은 스탈린과 대화를 나누다가 이렇게 물었다. "집단 농장화 정책을 수행했던 것보다 이 전쟁[제2차세계대전]에 대한 부담이 훨씬 크지 않소?" 스탈린은 이렇게 대답했다. "아니오, 집산화 정책은 그야말로 끔찍한 투쟁이었다오."

스탈린의 야만적인 공격은 노동자들에게도 해당되었다. 빠른 공업화 과정은 경영자의 수중에 공장의 통제권을 집중하는 것과 함께 이루어졌다. 공장위원회는 모든 권한을 박탈당했다. 공장에 있는 노동자들은 완전히 경영자에게 종속되었다. 심지어 1935년에 출판된 소비에트 경제법률에 관한 책에는 이렇게 쓰여 있다. "일인 경영은 사회주의 경제 조직에서 가장 중요한 원칙이다."

산업화는 노동자들 생활수준의 급격한 하락과 노동강도의 강화를 낳았다. 당연히 노동자들의 이직률(移職率)이 증가했다. 그러자 노동자들이 거주지를 옮길 자유조차 허용하지 않는 강력한 노동법령이 도입되었다. 이런 정책을 실행하기 위해 당연히 대량 테러가 자행되었다. 스탈린의 5개년계획은 히틀러가 독일 노동계급에게 취한 조치들과 크게 다르지 않았다.*

---

* 1929~1957년까지 28년 동안 감옥과 노동수용소에서 지낸 마리아 요페 — 1927년에 자살한 트로츠키의 동지 아돌프 요페의 미망인 — 는 수용소 생활을 꼼꼼히 기록했는데, 노동수용소의 조건은 히틀러의 포로수용소만큼이나 끔찍했다.

그러나 안타깝게도, 고참 볼셰비키 특히 좌익반대파의 지도자들 가운데 아주 소수만이 꿋꿋한 입장을 지켰다. 트로츠키는 끝까지 굴복하지 않았다. 하지만 고참 볼셰비키이자 30년 동안 트로츠키의 절친한 동지였던 라콥스키는 끝내 굴복했다. 그는 1934년 2월 23일 중앙위원회에 보내는 편지를 통해 이렇게 말했다. "국제적인 반동이 부상하는 것을 보면서, 당과 나와의 오래된 불일치는 그 중요성을 잃어버렸다. 나는 볼셰비키 공산주의자의 임무는 당의 총노선에 대한 어떠한 머뭇거림도 떨쳐버리고 완전히 복종하는 것이라고 생각한다."

이데올로기적 혼란이 이토록 엄청난 파국을 낳았다. 스탈린은 수많은 혁명가들의 육체와 정신 모두를 끔찍하게 파괴했다. 굴복하지 않은 사람들은 스탈린의 자객이 쥐도새도 모르게 죽였다. 이처럼 야만스러운 인간 말살의 회오리 속에서도 트로츠키는 끝까지 혁명의 깃발을 휘날리며 거인처럼 우뚝 서 있었다.

원대한 목적과 빈약한 수단

트로츠키는 권력에서 쫓겨난 1923~1940년 동안 프롤레타리아 혁명 전략과 전술을 발전시키는 데에 많은 공헌을 했다. 특히 1929년 2월 러시아에서 추방된 이후에 그가 쌓은 성과는 더욱 빛난다. 후미진 터키 섬에서, 프랑스 알프스에 있는 은신처에서, 노르웨이 시골 마을에서, 멕시코 수도 근교에서도 국제 노동계급 투쟁에 대한 트로츠키의 믿음은 결코 그치지 않았다.

그러나 트로츠키는 각 나라에 있는 트로츠키주의 그룹들이 어리고 경험 없는 사람들로 이루어진 매우 고립된 작은 조직이라는 사실 때문에 고통받아야 했다.

터키로 추방된 이후 트로츠키는 소련 밖에서 반대파를 건설하기 위해 엄청난 노력을 기울였다.

이 시기는 자본주의 역사에서 최악의 경제 불황 시기였다. 바로 이때 나치가 등장했다. 트로츠키는 독일에서 나치의 발전에 관한 가장 뛰어난 논문과 에세이와 책을 썼다. 트로츠키가 1930~1933년에 쓴 저작들을 읽어보면 너무나 구체적이어서 마치 그가 독일에서 살고 있는 것 같은 착각이 든다. 트로츠키는 나치가 등장한 무대인 독일에서 멀리 떨어진 터키의 프린키포 섬에 고립되어 있었는데도 말이다.

트로츠키는 상황을 분석하는 것뿐 아니라 노동자 계급에게 필요한 명확한 행동지침을 제시했다. 나치에 대한 계급적 분석과 공동전선 전술에 관한 주장들은 레닌과 트로츠키가 이끈 코민테른 4차대회까지의 성과에 견줄 만한 것이었다.

트로츠키는 '민족주의적 사회주의' ― 당시 나치는 이렇게 불렸다 ― 의 본질에 대해 뛰어난 분석을 했다. 트로츠키는 나치당을 '반혁명적인 절망의 정당'이라고 정의했다. 나치당은 민중주의적 반혁명 운동이었다. 절망한 프티 부르주아지를 단결시킨 것은 노동자 계급에 대한 적대감이었다. 히틀러는 바로 이러한 프티 부르주아지의 구현체였다. 이들의 눈에는 대자본과 사회민주주의 정부, 공산주의가 서로 합쳐진 하나의 적으로 보였다.

트로츠키는 나치의 부상을 막을 수 있는 유일한 길은 공산당과 사회민주당이 나치에 맞서 공동투쟁을 하는 것이라고 거듭 강조했다.

사상은 오직 수백만 대중이 받아들일 때에만 현실적 힘으로 전화된다. 그러나 불행하게도, 트로츠키의 주장은 수백만 대중을 끌어들이지 못했다. 그의 요구는 메아리 없는 외침으로 끝났다. 독일공산당도 독일사회민주당도 그의 말을 따르지 않았다.

스탈린주의 공산당은 트로츠키의 경고를 무시하고 더 나아가 나치에 맞선 공동전선이 이루어지지 못하도록 갖은 노력을 기울였다. 공산당은 '사회파시즘'론을 주장했는데 이것은 나치의 승리를 예고하는 것이었다. 히틀러가 승리한 직후 코민테른 지도부는 독일공산당의 정책이 절대적으로 옳았다고 천명했다!

독일의 좌익반대파만이 트로츠키의 주장에 귀를 기울였다. 그들은 독일공산당과 공동전선 정책을 수행하려 했다. 하지만 독일 트로츠키주의 조직은 보잘 것 없이 작고 고립되어 있었다. 또 조직 내에 노동자는 거의 없었다. 바로 이런 조건 때문에 트로츠키의 생각은 행동으로 옮겨질 수가 없었다. 조직 규모가 결정적 역할을 했다. 목적과 수단 사이의 엄청난 간극이 트로츠키를 강타했던 것이다.

독일 트로츠키주의자들의 허약함은 부분적으로는 독일 노동계급이 정치적으로 다른 좌익의 영향력 아래 있었기 때문이다. 독일 사회민주당과 공산당이 노동계급에게 커다란 영향력을 행사하고 있었으므로 트로츠키주의자들이 성장할 여지는 거의 없었다. 결국 트로츠키는 사태 발전에 어떠한 영향력도 미치지 못한 채 나치에 의해 국제 노동계급 운동이 끔찍하게 패배하는 것을 두 눈으로 지켜봐야 했다.

1928~1933년에 트로츠키가 소련에서 비극을 겪어야 했던 것은

트로츠키의 분석과 예측이 명확하지 않았기 때문이었다. 그러나 1930~1933년 독일의 경우에는 분석과 판단이 너무나 명쾌했는데도 그의 주장은 실현되지 않았다. 이론을 실천으로 전화시킬 혁명조직이 없었기 때문이다.

독일의 재앙에 뒤이어 프랑스에서 1936년 5~6월에 거대한 혁명적 사건이 일어났다. 이 때 트로츠키의 비극은 아마도 훨씬 더 컸을 것이다. 프랑스에 관한 그의 저작은 독일에 관한 저작과 마찬가지로 수많은 영감과 빼어난 분석들로 가득차 있다. 그러나 또다시 그의 목소리는 실천에서 전혀 빛을 발하지 못했다.

하나의 패배가 다른 패배를 낳는 법이다. 프랑스에서 혁명적 물결이 붕괴한 후 스페인에서 파시스트인 프랑코 장군이 승리했다. 1937년 5월에 스페인의 트로츠키주의 조직원은 단지 30명뿐이었다! 이 30명이 어떻게 사태에 영향을 미칠 수 있었겠는가?

같은 시기에 소련에서는 스탈린주의 공포정치가 빠른 속도로 진행되었다. 강제집산화는 수백만 명을 죽음으로 몰아 넣었다. 살아남은 볼셰비키 지도자들에 대한 '마녀사냥(모스크바 재판)'이 진행되었다. 그들은 "히틀러의 첩자"라는 죄명으로 처형당하고 노동수용소에 보내졌다.

스탈린주의 테러의 '대향연(大饗宴)'이 벌어지고 있는 동안 트로츠키는 위대한 저작 《배반당한 혁명》을 썼다. 《배반당한 혁명》은 스탈린주의 체제를 유물론적이고 마르크스주의적으로 분석한 책이다.

스탈린은 소련이 사회주의를 성취했다고 선언했다. 《배반당한 혁명》의 핵심 주제는 바로 이러한 왜곡을 반박하고 사회주의를 방어하는 것이었다.

스탈린은 사회주의 사상을 철저하게 짓밟았다. 사회주의는 노동자들의 자기 해방이고 사회주의 정부는 노동자들의 자주적인 정부를 뜻한다. 그러나 스탈린 체제는 노동자들을 극도로 억압했다. 사회주의는 완전한 평등을 향한 계속적인 발전을 뜻한다. 그러나 스탈린주의는 몸서리날 정도의 특권 체제를 수립했다. 사회주의는 인간의 개성을 꽃피운다. 반면 스탈린주의는 모든 개성을 짓눌렀다. 사회주의는 이기적이지 않고 인본주의적인 인간관계를 뜻한다. 그러나 스탈린주의는 탐욕과 거짓말과 배신으로 가득찬 개인적·사회적 관계를 강요했다.

《배반당한 혁명》은 스탈린주의 체제가 사회주의와 어떠한 공통점도 없음을 풍부하게 보여주었다. 그래서 소련에 대한 트로츠키의 분석은 오늘날 트로츠키주의 — 스탈린주의와 세계 자본주의 모두에 반대하는 혁명적 마르크스주의 — 의 핵심적인 특징으로 자리잡았다.*

"밤이 깊을수록 별은 더욱 빛난다"**

앞에서 살펴본 끔찍한 비극 — 좌익반대파의 괴멸, 나치의 등장,

---

* 그러나 스탈린주의 러시아에 대한 트로츠키의 분석에는 중요한 약점이 있다. 스탈린주의 러시아를 타락한 노동자 국가로 본 것이다. 이 점은 이미 앞에서 충분히 지적했다.

** 토니 클리프가 쓴 트로츠키 전기 제4권의 제목이다.

58 제5부 고전적 마르크스주의 전통 3 : 트로츠키

스탈린의 공포정치, 위대한 분석과 빈약한 수단 등 ─ 때문에 트로츠키의 마지막 10년이 의미가 없었었지는 것은 아니다. 반대로 밤이 깊을수록 별은 더욱 빛나는 법이다. 풍부한 열정과 번뜩이는 천재성으로 쓰여진 트로츠키의 저작은 더할 나위 없이 값진 유산이다.

권력에서 추방된 후 트로츠키의 활동이 과연 직접적인 영향력이 있었는가 하는 관점에서 보자면 이렇다 할 만한 것은 없다. 그러나 혁명적 사회주의 운동의 역사적 발전이라는 긴 안목으로 본다면 트로츠키가 말년에 했던 활동들은 정말 소중한 것이다. 그것은 사회주의 운동의 암흑기에 마르크스주의 전통을 살려낸 것이었다.

트로츠키는 올바르게도 1935년 3월 25일에 이렇게 말했다. "나는 내가 지금 하고 있는 일이, 비록 대단히 불충분하고 파편적인 조각들에 지나지 않지만, 내 일생에서 가장 중요한 일임을 알고 있다. 1917년이나 내전, 또는 그밖의 어떤 시기보다도 더욱 중요하다는 점을 잘 알고 있다."

만약 내가 1917년 페트로그라드에 없었더라도 10월 혁명은 일어났을 것이다. 레닌이 있고, 그가 당을 지도한다는 전제 아래서 말이다. 만약 레닌과 나 모두가 없었다면 10월 혁명은 없었을 것이다. 볼셰비키 당 지도부는 10월 혁명을 막았을 것이기 때문이다. 여기에는 의문의 여지가 없다. 만약 레닌이 없었다면, 내가 볼셰비키 지도부의 저항을 분쇄할 수 있었을지 의문이 간다. 분명한 것은 레닌이 있었기에 10월 혁명은 성공할 수 있었다는 점이다.

그래서 나는 1917년에서 21년에 이르는 시기 동안 나의 역할이 필수불가

결했다고 말할 수 없는 것이다. 그러나 지금 내 역할은 말 뜻 그대로 필수불가결하다. 나의 이런 주장에는 어떠한 거만함도 들어있지 않다. … 지금 나를 제외하고는 제2, 제3인터내셔널 지도자들에 맞서 새로운 세대를 혁명적 방법으로 무장시킬 임무를 수행할 사람은 없다. [강조는 인용자]*

무엇보다도 트로츠키는 혁명적 사회주의 전통 — 아래로부터의 사회주의, 국제주의 등 — 을 지키고 그것을 더욱 명확하게 했다.

트로츠키에게 마르크스주의의 핵심은 노동자 계급의 자기 해방이었다. 그가 스탈린주의 관료를 그토록 끈질기게 반대했던 이유도 바로 이런 기본 원칙에서 나온 것이다. 트로츠키는, 스탈린이 러시아혁명을 배신하고 국제 혁명의 무덤을 파는 자라고 고발했다. 트로츠키는 러시아 노동계급이 자신의 목을 조르는 스탈린 관료를 제거하기 위해서는 새로운 혁명이 필요함을 역설했다.

트로츠키는 아래로부터의 사회주의를 믿었다. 그러나 아이작 도이처를 포함한 정통 트로츠키주의자들은 위로부터의 사회주의를 지지했다. 노동계급이 스탈린주의 관료와 맞서 싸울 때마다 아이작 도이처는 스탈린주의 관료를 지지했다. 그는 동유럽에서 일어난 모든 대중 봉기 — 1953년 6월 동독 봉기와 1956년 폴란드와 헝가리 봉기 — 에 반대했다. 반면 트로츠키는 죽는 그날까지 스탈린주의 관료

---

* Trotsky, *Diary in Exile*, 알렉스 캘리니코스, 《트로츠키주의의 역사》, 백의, 39쪽에서 재인용.

에 맞서 투쟁했다.[*]

트로츠키는 적극적이고 활동적인 혁명가였다. 트로츠키는 노동자 민주주의라는 원칙과 모든 관료와 특권에 맞선 노동 대중의 투쟁을 소중히 생각했다. 비참한 죽음에 이르기까지 트로츠키의 삶과 투쟁의 핵심 주제는 사회주의는 노동자들을 위해서가 아니라 오직 노동자들의 힘에 의해서만 쟁취된다는 것이었다.

트로츠키는 자신의 오류를 조금도 숨기지 않는 사람이었다. "트로츠키는 그에 대한 어떠한 비판에도 방어해야 할 필요를 느끼지 못할 정도로 너무나 위대한 혁명가였다."[**]

1917년 이전에 당 문제에 관한 트로츠키의 태도를 가장 날카롭게 비판한 사람은 바로 트로츠키 자신이었다.

볼셰비키 당이 없었다면 10월 혁명은 가능하지도 공고해지지도 않았을 것이다. 그러므로 진실로 혁명적인 활동은 이러한 당을 만들고 강하게 훈련

---

[*] 이런 점에서 트로츠키는 제4인터내셔널 계열의 교조적 트로츠키주의자들과는 기본 정치 자체가 다르다. 교조적 트로츠키주의자들은 트로츠키의 잘못된 정식인 '타락한 노동자 국가' 규정만 앵무새처럼 되풀이할 뿐 그 밑바탕에 깔려 있는 혁명적 사회주의 정치는 아예 내팽개쳐 버렸다. 만약 그들이 노동계급의 자기해방 사상을 지키려 했다면 소련 군대가 아래로부터의 운동을 분쇄하고 이식한 정권들인 동유럽을 노동자 국가라고 부르지는 않았을 것이다. 또, 독일과 체코와 폴란드 노동자들의 봉기를 소련 탱크가 짓밟는 것을 군사적으로라도 지지하지 않았을 것이다. 또, 1992년 쿠데타를 일으킨 소련 공산당 관료들을 지지해야 한다고 주장하지는 않았을 것이다. 만약 트로츠키가 살아 있었다면 이들을 보고 뭐라고 말했을까? 이런 상상은 의미 없는 일은 아닐 것이다.

[**] T Cliff, *Trotsky:Toward October 1879~1917*, London, 1989, p.19.

하는 것이다. 다른 모든 활동은 부차적일 수밖에 없다. … 이런 의미에서 레닌이 멘셰비즘을 보호하고 가리는 화해주의적 태도 — 나 자신이 이런 입장이었다 — 를 가리켜 혁명적 전망과 슬로건을 단지 문구로 전락시키는 것이라고 비판했던 것은 옳았다.

[내가 이것을 깨달았을 때] 나는 당시 레닌의 태도를 완전히 이해할 수 있었다. 당시에 내게 '분열주의', '파괴주의' 등으로 보였던 것이 이제는 프롤레타리아 당의 혁명적 독립성을 쟁취하기 위한 유익하고 선견지명이 있는 투쟁이었음이 명백했다.[강조는 인용자]***

희망

트로츠키의 용기와 냉철함은 죽을 때까지 결코 식지 않았다. 트로츠키는 아무리 어려운 상황에서도 투쟁의 열정을 버리지 않았다. 그는 염세주의라는 말이 무슨 뜻인지도 모르는 사람이었다. 1937년 2월 3일 트로츠키는 비관에 빠진 한 좌익반대파 여성 동지(안젤리카 발라바노프)에게 보내는 편지에 이렇게 썼다.

분노, 노여움, 혐오 그리고 일상적인 걱정거리들, 이 모든 것은 인간적인 너무나 인간적인 것일 뿐이라오. 그러나 나는 당신이 염세주의에 굴복할

*** Trotsky, *The Challenge of the Left Opposition 1923~25*, New York 1980, pp.265~266.

것이라고는 생각하지 않아요. … 우리가 어찌 그럴 수 있겠오? 역사는 역사 그 자체가 되어야 하오. 역사가 스스로 이토록 불결하고 터무니 없는 모욕을 허락할 때 우리는 주먹을 불끈 쥐고 그 배후와 맞서 싸워야 하는 거요.*

트로츠키의 미래에 대한 확신은 어떠한 어려움 속에서도 결코 줄어들지 않았다. 트로츠키의 삶, 정신, 의지, 열정은 미래를 향해 있었다. 21살의 젊은 나이에 그는 이렇게 썼다.

내가 살아 숨쉬는 한 나는 희망을 간직하리라. 내가 살아 숨쉬는 한 나는 미래를 위해 투쟁하리라. 인간이 급류처럼 흐르는 역사의 주인이 되고, 그 역사의 물줄기를 아름다움과 환희와 행복이 끝없이 펼쳐진 땅으로 돌리게 될 그 찬란한 미래를 위해서.**

트로츠키는 암살되기 며칠 전에 쓴 유언장에서도 미래에 대한 낙관을 반복했다.

인류의 공산주의적 미래에 대한 나의 신념은 결코 식지 않았다. 오히려 오늘날 그 신념은 젊은 날보다 더 확고하다. … 벽 아래로 연초록 잔디와 벽 위로는 맑고 푸른 하늘이 보인다. 그리고 햇빛은 모든 곳을 비추는구나. 인생

---

*   *Writings of Leon Trotsky 1936~37*, p.193.

**   Trotsky, *Sochineiia volume 20*, Moscow, p.78.

은 아름다워라. 모든 악과 억압과 폭력을 몰아내고 미래의 세대들이 인생을 충만히 즐길 수 있도록 노력하자꾸나.[*]

오늘날 트로츠키 사상의 올바름은 그 어느 때보다 확고하다. 무엇보다도 연속혁명 이론은 시간의 검증을 견뎌냈다. 사회민주주의와 스탈린주의에 맞서 국제 공산주의 혁명을 위해 그가 싸웠던 것이 옳았음은 역사적 사건들에 의해 완전히 입증됐다.

지난 60년은 스탈린의 시대였다. 앞으로 다가올 수십 년은 레닌과 **룩셈부르크와 트로츠키의 시대**가 될 것이다. 우리는 트로츠키에게 거대한 빚을 지고 있다. 만약 스탈린주의 관료에 맞선 트로츠키의 투쟁이 없었다면, 만약 아래로부터 사회주의와 국제주의를 방어하고 발전시킨 트로츠키의 활동이 없었다면, 우리는 존재하지 않았을 것이다. 트로츠키라는 거대한 혁명가의 어깨를 딛고 설 때만 국제 노동계급 운동의 전망은 분명해질 것이다.

---

[*]　S Lovell (editor), *Leon Trotsky speaks*, New York, 1972, p.312.

트로츠키 사상의 오늘날 의의

"우리가 멀리 내다볼 수 있는 것은 거인의 어깨 위에 서 있기 때문이다." 이 말은 원래 아이작 뉴턴이 한 말입니다. 하지만 국제사회주의 경향(이하 IST)의 창립자인 토니 클리프는 항상 이 말에 다음과 같은 사족을 덧붙여 말했습니다. "우리가 멀리 내다볼 수 있는 것은 거인의 어깨 위에 서 있기 때문이다. 하지만 그럴 때조차 눈을 뜨지 않으면 소용 없다." 트로츠키 사상의 현재성을 논할 때도 이 두 가지는 매우 필요합니다.

사회주의 운동의 역사에서 트로츠키가 거인의 반열에 있음은 의심할 여지가 없습니다. 그는 이론과 실천 모두에서 거인이었습니다. 그

존 몰리뉴. 격주간 〈다함께〉 72호, 2006년 1월 25일. https://wspaper.org/article/2821. 영국 사회주의노동자당 당원 존 몰리뉴는 2005년 여름 방한해, '다함께' 주최의 포럼 '전쟁과 변혁의 시대'에서 연설했는데, 이 글은 그 연설문이다. 몰리뉴는 트로츠키의 사상을 교조적으로 적용하려 하지 말고 비평적으로(반성적으로) 적용할 것을 호소하고 있다. [ ] 속의 말은 독자의 이해를 돕기 위해 옮긴이가 덧붙인 것이다.

가 이룩한 실천적 성과 가운데 대표적인 것들만 보더라도 알 수 있습니다. 1905년, 26세의 나이에 그는 세계 최초의 노동자평의회인 페테르부르크 소비에트 의장이 됐습니다. 1917년에는 레닌과 함께 10월 봉기의 핵심 조직자 구실을 하며 10월혁명을 지도했습니다. 1918년부터 1921년까지 그는 러시아 혁명을 방어하기 위한 내전에서 적군을 조직하고 지도했습니다. 1924년부터는 스탈린주의의 등장에 맞선 투쟁의 핵심 지도자였습니다.

이론과 사상 면에서도 트로츠키는 지대한 공헌을 했습니다. 트로츠키가 최초로 고안한 연속혁명 이론은 러시아 혁명의 동역학에 대한 가장 과학적이고 정확한 분석이었음이 입증됐습니다. 망명 중이던 1931년에 그는 《러시아혁명사》를 집필했는데, 제 생각에 이 책은 20세기의 가장 훌륭한 역사서입니다. 같은 시기에 그는 파시즘의 성격을 분석하고 그에 맞서 싸우는 전술을 개발했는데, 이것도 당시로서는 가장 멀리 내다본 분석이었을 뿐 아니라 오늘날에도 근본에서는 가장 탁월합니다. 그는 단지 스탈린의 등극에 맞서 저항했을 뿐 아니라 스탈린주의 관료의 기원을 분석했고 그들이 국제적 계급투쟁에서 반혁명적 구실을 할 것이라는 점도 예견했습니다. 이러한 분석 역시 선구자적인 것이었으며 오늘날에도 대단히 중요합니다.

트로츠키는 훨씬 더 광범한 지적 영역에서도 거인이었습니다. 그의 저작과 사상이 넘나드는 영역은 실로 엄청나서 때로는 현기증이 날 정도입니다. 내전 중에 전장을 시찰하러 기차를 타고 여기저기 돌아다니는 와중에도 그는 책을 한 권 집필했습니다. 그리고 1923년, 상상하기조차 어려운 격렬한 정치 활동을 6년이나 수행한 뒤 그는 잠시 휴가를 얻었습니다. 휴가 중에 뭘 했을까요? 《문학과 혁명》이라는 책을 쓰기 시작합니다.

스탈린주의에 맞선 투쟁

우리의 관심사가 무엇이든 간에 트로츠키는 그 주제에 대해 적어도 한 마디씩은 해줄 말이 있는 듯합니다. 예컨대 중국 혁명사에 관심이 있는 사람이라면 1925~27년에 트로츠키가 쓴 중국 관련 글들을 읽어 보시면 도움이 될 것입니다. 미국의 인종차별과 흑인 해방 운동사에 관심 있다면 흑인 민족주의 등에 관한 트로츠키의 글을 참고해야 합니다. 저처럼 영국에 살기 때문에 영국 노동당의 역사에 관심을 가질 수밖에 없는 사람에게도 노동당 문제에 대한 트로츠키의 글들을 꼭 읽어 볼 필요가 있습니다.

하지만 트로츠키의 위대함에 대해 지금껏 말씀드린 점 외에도 꼭 언급해야 할 것이 하나 있습니다. 그것은 다름 아니라 그의 정치적 용기입니다. 스탈린의 등극에 맞서 싸우는 것은 엄청난 용기가 필요한 일이었습니다. 고참 볼셰비키의 다수는 스탈린의 방향이 잘못됐음을 이미 알고 있거나 직감하고 있었습니다. 그러나 그들은 대부분 무자비한 압력에 못 이겨 스탈린과 타협하거나 그에게 무릎을 꿇었습니다. 지노비예프와 카메네프뿐 아니라 레닌의 아내인 크룹스카야를 포함해 많은 사람들이 그랬습니다. 그들은 처음에는 스탈린에게 저항했지만 결국에는 머리를 숙일 수밖에 없었습니다. 그러나 트로츠키만은 예외였습니다. 시공간적으로 멀리 떨어져 있는 우리로서는 그 당시의 압력이 어떤 것이었는지 상상하기 어려울 것입니다.

그래서 한 가지 사례를 말씀드리겠습니다. 1927년 중앙위원회 회의에서 트로츠키는 스탈린을 정면으로 비판했습니다. 스탈린을 손가락으로 가리키며 "그대는 러시아 혁명의 무덤을 파고 있소!"라고 말한 것입니다. 퍄타코프라는 고참 볼셰비크도 그 자리에 있었습니다. 그는 새파랗게 질려 회의장을 빠져나왔고 집에 돌아와서는 "내전 중에 겪은 어떤 순간도 조금 전의 회의만큼 무시무시하지는 않았다"고 털어놓았습니다. 퍄타코프는 내전중에 산전수전 다 겪은 베테랑으로서, 동생과 함께 백군에 붙잡힌 적도 있었습니다. 동생이 먼저 백군에게 총살당했고 그 다음으로 퍄타코프 차례가 왔습니다. 그러나 바로 그 때, 백군이 장악하고 있던 그 도시를 적군이 탈환한 덕분에 퍄타코프는 구사일생으로 살아났습니다. 하지만 퍄타코프에게는 그 때의 경험보다도 트로츠키와 스탈린의 대결이, 그 극적인 긴장감에 더욱 몸서리쳤던 것입니다.

그 뒤에도 트로츠키는 스탈린주의와 서방 제국주의에 맞선 투쟁을 끈질기게 이어갔습니다. 철저히 고립되고, 추방당하고, 자식들까지 살해당하고, 사상 초유의 엄청난 비방 캠페인이 그에게 쏟아지는 와중에도 그는 굴하지 않았습니다.

하지만 역사적으로 평가할 때 결국 트로츠키의 가장 위대한 공헌은 (앞서 설명한 어떤 개인적 성취보다도) 인류의 기억에서 완전히 잊혀질 뻔한 진실된 마르크스주의를 보존한 것이었습니다. 그렇기에 오늘날 우리는 트로츠키라는 거인의 어깨 위에 서 있는 것입니다.

하지만 토니 클리프가 말했듯이 우리가 눈을 뜨는 것도 중요합니다. 그 이유는 두 가지입니다. 첫째, 트로츠키도 결국 인간이었고 가끔 오류를 범했기 때문입니다. 둘째, 트로츠키가 죽고 65년이 흐르면서 세상도 변했고 그에 따라 마르크스주의도 발전해야 하기 때문입니다. 따라서 오늘날 트로츠키의 사상을 적용할 때 우리는 그의 주장에 담긴 진수, 그 정신을 파악해야지 그의 주장을 글자 그대로 적용하려 해서는 안 됩니다. 우리가 트로츠키의 혁명 정신과 마르크스주의적 분석 방법에만 충실하다면 그의 저작들은 매우 유용합니다. 하지만 그의 공식들 하나하나에 집착하다 보면 심각한 오류에 빠질 수 있고, 더 나아가 트로츠키 자신이 견지한 근본 원칙들과 모순을 일으킬 수도 있습니다.

연속혁명론을 예로 들어 보겠습니다. 연속혁명론은 마르크스주의 전통에 대한 트로츠키의 기여 가운데 가장 중요하고 심오한 것입니다. 그 이론의 요지는 러시아 노동계급이 비록 전체 인구 중 소수일지라도 러시아에서 권력을 장악할 수 있다는 것이었습니다. 이 주장은 당시에 득세하던 '정설' 마르크스주의의 견해, 즉 러시아에서는 사회주의를 위한 투쟁에 앞서 부르주아 혁명이 선행해야 한다는 견해와 배치되는 것이었습니다. 트로츠키는 연속혁명론의 근거로 불균등·결합 발전이라는 개념을 제시했는데, 이를 통해 그는 자본주의가 완만하게 일직선으로 발전한다는 생각을 반박했습니다. 영국과 미국 같은 나라들이 부르주아 혁명과 산업혁명을 거쳤다고 해서 다른 나라들도 그와 똑같은 경로를 따라가는 것은 아니라고 그는 주장했습니다. 오히려 자본주의는 나라마다 매우 불균등하게 발전합니다.

우리는 또한 여러 모로 저발전 상태에 있는 나라가 일단 경제 발전을 시작하면 외국의 첨단 기술과 산업을 접목시키면서 발전하는 것을 종종 볼 수 있습니다. 그래서 혁명 전의 러시아에는 페테르부르크의 푸틸로프 공장처럼 당시에는 세계에서 가장 큰 공장도 있었던 반면 농촌은 사실상 17세기에 머물러 있었던 것입니다. 오늘날에는 세계 곳곳에서 이러한 불균등·결합 발전이 트로츠키는 상상도 못했을 만큼 거대한 규모로 진행되고 있습니다. 초고속 경제성장과 함께 현대적 도시들이 개발되는 한편 농촌 지역 대부분이 몇 세기 이상 뒤처져 있는 중국이 단적인 사례입니다. 이러한 불균등성은 다른 많은 방식으로도 나타납니다. 예를 들어, 영국은 세계 최초로 철도를 발명한 나라이지만, 지금은 아마도 세계에서 가장 낙후한 철도 체계를 갖추고 있습니다.

불균등 결합발전

이 모든 불균등 발전에는 커다란 사회·정치적 함의가 있습니다. 그런 나라[신흥공업국]에서 엄청난 잠재력을 지닌 프롤레타리아가 성장할 수 있음을 뜻하기 때문입니다. 20세기 초에는 사회주의라는 과제가 기본적으로 유럽과 북미 노동계급의 과제로들 여겼습니다. 그러나 연속혁명론을 통해 트로츠키는 그것이 러시아 노동계급의 과제이기도 하다는 것을 보여 줬고 그것을 다른 나라 노동계급에게도 확대 적용했습니다. 그리고 오늘날에는 한국, 중국, 라틴아메리카, 일부

아프리카 지역 등 곳곳에 제3세계라고 부르던 지역 전체에 어마어마한 규모로 노동계급이 성장했습니다. 이들은 국제 사회주의를 위한 투쟁에 꼭 필요한 존재들입니다.

하지만 여기서도 우리는 트로츠키의 말을 글자 그대로 적용해서는 안 됩니다. 트로츠키는 중국 혁명이 장제스와 국민당에 배신당한 경험을 근거로 1928년에 "연속혁명의 원리상 노동자 혁명의 승리 없이는 민주주의나 민족 독립의 성취가 불가능하다"고 주장했습니다. 역사적으로 이 예측은 빗나갔습니다. 그러나 이 말을 곧이곧대로 받아들인 트로츠키주의자들은 온갖 혼란에 봉착했습니다. 한편으로, 그들은 인도나 남아공 같은 나라들이 프롤레타리아 혁명 없는 독립도, 민주주의도 성취할 수 없을 것이라고 주장했다가 커다란 곤경에 처했습니다. 다른 한편으로, 그들은 중국과 쿠바처럼 독립을 쟁취한 나라들에서는 모종의 노동자 혁명이 있었을 것이라고 주장했습니다. 실제로는, 노동자들이 전혀 혁명을 주도하지 않았는데도 말입니다. 하지만 이런 문제들 때문에 오늘날 연속혁명론이 쓸모 없어지는 것은 아닙니다. 오히려 그 반대죠.

트로츠키의 원문에 집착해서는 안 된다는 것을 시사하는 둘째 사례는 그의 스탈린주의 비판에서 찾을 수 있습니다. 스탈린의 권력 장악과 소련 정치의 변질에 대해 트로츠키가 내놓은 모든 사실과 주장들은 오늘날 역사적으로 완전히 입증됐습니다. 그의 주장대로 스탈린 치하 러시아가 프롤레타리아에 대한 독재 정권이었고 끔찍한 경찰국가였음은 이제 아무런 의심의 여지가 없습니다. 스탈린 생전에 트로츠키는 이러한 진실을 감히 발설한 대가로 "파시스트"로 낙인

찍혀야 했지만, 이제 스탈린을 변론하는 자들은 스탈린 치하의 러시아에 대해 1930년대에 자신들이 내세웠을 만한 설명보다 트로츠키의 설명에 훨씬 가까운 설명을 내놓습니다.

물론 트로츠키는 소련에 대해 '사회주의'라는 수식어를 거부한 점에서 완전히 옳았습니다. 인간의 필요를 충족시키기 위해 사람들이 집단적이고 민주적인 방식으로 생산을 통제하는 무계급 사회로서 사회주의의 개념을 고집한 것도 옳았습니다. 그는 또 스탈린 지배하에 공산주의 인터내셔널이 하게 될 구실도 정확히 예측했습니다. 그는 일국사회주의 교리의 영향으로 각국 공산당들이 노동계급 해방의 도구에서 소련 관료의 도구로 변질될 것이라고 예견했습니다. 또한 일국사회주의 교리가 장기적으로는 각국 공산당 자체를 민족주의와 개량주의로 경도되게 할 것이라고 내다봤습니다. 이 예측도 역사적으로 완벽히 검증됐습니다.

하지만 트로츠키의 반스탈린주의 투쟁 정신이 우리에게 꼭 필요한 것임에도 그의 분석을 글자 하나하나까지 다 적용하려 해서는 안 됩니다. 트로츠키는 스탈린주의와 투쟁하면서도 소련에서는 재산이 국유화돼 있다는 점을 들어 소련이 여전히 어떤 점에서는 노동자 국가라고 생각했습니다. 그러나 이처럼 노동자 국가를 판별하는 기준으로서 국유화라는 표지에 집착한 사람들은 결국 그들 자신이 스탈린주의자가 되거나 세계에서 일어나고 있는 일들을 전혀 이해할 수 없게 되고 말았습니다. 예컨대 만약 중국이 한때 노동자 국가였거나 지금도 노동자 국가라고 생각한다면 중국의 과거와 현재를 도대체 어떻게 이해할 수 있겠습니까? 중국이 한때 노동자 국가였다면, 그

국가가 전복당하지도 않은 채 어떻게 현재의 주요 자본주의 국가로 거듭날 수 있었겠습니까? 오늘날에도 어떤 곳에서는 정설 트로츠키주의자를 자처하는 일부 좌파들은 중국이 노동자 국가라고 옹호하고 있습니다. 하지만 과연 무엇에 맞서 중국 국가를 방어한다는 말입니까? 아마도 중국에서 하루가 다르게 성장하고 있는 자본주의에 맞서 그것을 방어하려는 듯한데, 중국 국가야말로 그러한 자본주의화를 가장 적극적으로 추진하고 있다는 점에 비춰보면 이는 터무니없는 주장입니다. 또는 민주화를 원하는 중국 노동자들에 맞서 '노동자 국가'를 방어하려는 것일 수도 있는데, 만약 그렇다면 그것은 어불성설일 뿐 아니라 범죄일 것입니다.

노동자 국가

제가 중국에 대해 드린 말씀은 이런저런 형태로 존재하는 다른 옛 스탈린주의 정권들에 대해서도 똑같이 적용됩니다. 어쨌든 분명한 것은 국유화를 노동자 국가의 기준으로 여긴 트로츠키의 공식은 틀렸다는 것입니다. 오직 트로츠키의 스탈린주의 비판을 국가자본주의 이론으로 승화시킬 때만 우리는 그의 반스탈린주의 정신을 온전히 계승할 수 있을 것입니다. 한 가지 사례만 더 들겠습니다. 한국에 계신 동지들에게도 실천적으로 매우 중요한 문제인 공동전선에 대한 이야기입니다. 트로츠키는 레닌과 함께 공동전선 전략과 전술을 발전시킨 가장 중요한 이론가였습니다. 공산주의 인터내셔널 초기에 그는 레닌이 '좌파 공산주의 — 철부지 같은 혼란'이라고 부른 초좌파적인 경향에 대응해 공동전선 개념을 처음으로 개발했고, 나중에는 독일의 반파시즘 투쟁과 관련한 스탈린주의 전술에 반대해 공동전선 개념을 더욱 정교화했습니다. 독일에서는 파시즘에 대항하는 공동전선이 건설되지 못한 탓에 히틀러와 나치가 권력을 장악할 수 있었습니다. 공동전선에 대한 트로츠키의 글, 즉 1921~22년 코민테른 초창기에 쓴 글과 1932~33년 독일과 관련해서 쓴 글 모두 마르크스주의 전술에 관한 정말 탁월한 글입니다. 노동계급의 투쟁 전술에 관한 분석으로서는 실로 타의 추종을 불허합니다. 그러나 이 때조차 트로츠키의 주장을 앵무새처럼 되뇌어서는 곤란합니다. 그 동안 세상도 변했고 특히 노동자 운동의 양태도 변했기 때문입니다.

그 글을 쓸 당시에 트로츠키의 주된 관심사는 독일의 양대 노동자 정당인 사민당과 공산당의 공동 투쟁을 건설하는 것이었습니다. 이 둘은 독일 노동자 운동을 대표하는 양대 정당이었고 공동전선이란 바로 그 둘을 함께 싸우도록 만드는 것이었습니다. 마찬가지로, 독일 외의 나라에서도 그 당시에 효과적인 공동전선을 형성하려면 이 두 세력들이 필요했습니다. 하지만 오늘날에는 명백히도 대부분의 나라에서 사민당+공산당이라는 공식이 더는 적용될 수 없습니다. 먼저 공산당은 여러 나라에서 더는 예전의 형태로 존재하지 않는 데다가, 사회민주당들은 너무나 우경화한 나머지 (영국의 경우는 특히 더) 이제는 종종 그들에 맞서서 공동전선을 건설해야 할 판입니다. 토니 블레어에게 이라크 전쟁에 반대하는 공동전선을 건설하자는 편지를 보낸다면 그 얼마나 부질없는 짓이겠습니까?

따라서 우리는 공동전선의 기본 원리를 이해하면서도 그것을 오늘날의 현실에 맞게 적용할 방법들을 모색해야 합니다. 투쟁 속에서 노동계급의 단결을, 진보적 세력들의 단결을 극대화하고 그 속에서 혁명적 주장을 펴고 혁명정당을 건설할 수 있는 기회를 극대화하는 방법들을 찾아야 합니다.

마지막으로, 트로츠키의 생애를 통틀어 그의 마르크스주의 사상에서 가장 중요한 요소이자 오늘날 그 어느 때보다 시의적절한 요소를 하나 지적하고 끝내겠습니다. 그것은 바로 국제주의입니다. 오늘날의 반세계화·반자본주의 운동에서 우리 운동의 국제주의는 현실이 되고 있습니다. 자본주의는 자신의 무덤을 파는 계급을 창출하며 국제 자본주의는 자신의 무덤을 파는 계급을 국제적으로 창출하고 있습니다. 우리는 그들[국제 노동계급]의 일부가 돼야 합니다. 그것이야말로 레온 트로츠키의 투쟁과 유산을 계승하는 최상의 방법입니다.

질문과 답변

— 남미의 반란과 유럽에서 혁명적 운동의 약진이 갖는 의미는 무엇입니까?

당연히 운동의 수준은 유럽보다 남미에서 훨씬 더 높습니다. 남미 대륙 전체에서 노동자·선주민들의 거대한 투쟁 물결이 일고 있으니까요. 적어도 세 나라에서 이 운동은 정부를 끌어내리는 데 성공했습니다. 게다가 아르헨티나와 볼리비아에서는 준혁명적 상황이 펼쳐진 바 있습니다. 시간상 이 투쟁들을 충분히 다룰 수는 없지만 어쨌든 그 투쟁들이 매우 중요하고 고무적이라는 점은 말할 수 있습니다.

하지만 그 투쟁들은 또한 역사의 가장 중요한 교훈 한 가지, 즉 혁명정당 건설의 절대적 필요성을 웅변해 주기도 합니다. 아르헨티나와 볼리비아처럼 노동자 투쟁은 대중 운동의 자생적 분출로 시작하지만, 그 운동이 승리로 끝나려면 대중적 혁명정당을 통해 집중되고 조율돼야 합니다. 남미에 비하면 유럽의 운동은 규모가 훨씬 작습니다. 대중이 혁명적 행동에 나서는 상황이라기보다는 여전히 대중 시위와 일부 작업장의 개별적 파업 정도에 머무르고 있습니다. 그럼에도 시작 자체가 워낙 보잘것없었기에 이 정도까지 발전한 것만 해도 매우 반가운 일입니다. 하지만 발제 마지막에서 밝힌 요지를 되풀이하자면, 오늘날에는 자본주의 세계화 때문에 세계 각지의 투쟁들이 과거 어느 때보다 서로 긴밀히 연결돼 있습니다. 제가 보기엔 한국에서 동지들이 직면하고 있는 쟁점들이 이집트나 영국의 노동자들이 직면한 쟁점들과 놀라우리만큼 비슷합니다.

— 중국은 원래 노동자 국가가 아니었으므로 국가 전복 없이도 자본주의로 쉽게 이행했다고 시사하셨는데, 그렇다면 원래 노동자 국가였던 러시아가 국가 전복 없이 국가자본주의로 이행한 것은 어떻게 설명해야 합니까?

이러한 질문은 보통 러시아 혁명과 스탈린주의 사이에 모종의 연속성이 있다고 전제합니다. 정설파 트로츠키주의자와 IST 모두 이 관점을 배격합니다. 즉, 우리는 레닌주의와 스탈린주의 사이에는 연속성이 없으며, 스탈린주의가 반혁명이었다고 주장합니다. 반혁명이라고 해서 꼭 바리케이드 전투가 벌어지고 정권이 타도되는 형태를 띨 필요는 없었습니다. 애초에 노동자 국가를 수립한 노동계급이 이미 1920년대 초의 내전과 기근 때문에 해체되고 국가권력에 대한 통제력을 상실했습니다. 하지만 반혁명이 가시적이지 않았을지라도 트로츠키의 말마따나 "볼셰비즘과 스탈린주의 사이에는 피의 강물이 존재"합니다. 스탈린주의 관료는 고참 볼셰비키들과 노동계급 모두를 상대로 일방적인 내전을 치렀고 전자를 거의 몰살하다시피 했습니다.

이와 대조적으로, 중국과 동유럽 정권들의 경우 과거의 스탈린주의 체제와 오늘날의 시장경제 체제 사이에 피의 강물이 전혀 존재하지 않습니다. 그 나라들의 지배 관료는 단지 생산수단을 소유·통제하는 한 가지 방식에서 다른 방식으로 옆걸음질 쳤을 뿐입니다. 러시아의 역대 통치자들을 한번 보십시오. 고르바초프, 옐친, 푸틴 … 이들 모두 스탈린주의 지배 관료 출신입니다. 이는 전혀 이상하거나 예외적인 현상이 아닙니다. 옛 유고슬라비아 지역에서 세르비아와 크로아티아 사이에 전쟁이 벌어졌을 때를 상기해 보십시오. 각국의 지배자들이 누구였습니까? 세르비아는 밀로셰비치, 크로아티아는 투지만이었습니다. 둘 다 스탈린주의 당 관료 출신이지요.

— 트로츠키는 왜 스탈린의 등장을 테르미도르 반동에 비유했는지 말씀해 주십시오.

트로츠키와 좌익반대파는 실제로 스탈린의 등극을 테르미도르에 비유해 설명하려 했습니다. 모르시는 분들도 계실 텐데, 테르미도르 반동은 프랑스 대혁명 당시 자코뱅파를 몰락케 한 반혁명이었습니다. 좌익반대파는 테르미도르를 반혁명의 상징으로 이해한 것이죠. 하지만 그들은 이 문제에 관해 혼란을 겪었습니다. 1920년대 내내 그들은 테르미도르의 위험을 경고했는데, 훗날 트로츠키는 이미 1923년에 테르미도르 반동이 일어났다고 단정짓습니다. 하지만 제 생각에 프랑스 혁명 같은 부르주아 혁명에 뒤이은 반혁명과 노동자 혁명에 뒤이은 반혁명은 그 성격이 다릅니다. 생산수단에 대한 사적 소유를 통해 지배하는 계급인 부르주아지는 국가권력에 대한 통제력을 일부, 또는 심지어 전부 포기하더라도 여전히 지배계급으로 남을 수 있습니다. 반면, 노동계급은 오직 집단적인 방식으로, 국가를 통제함으로써만 생산수단을 통제할 수 있습니다. 만약 노동계급이 국가에 대한 통제력을 잃는다면 생산수단에 대한 통제도 잃는 것이며 더는 지배계급으로 남을 수 없게 됩니다. 트로츠키는 국가자본주의를 이해하지 못했기 때문에 이 문제에 관해 혼란을 겪은 듯합니다.

— 왜 서구의 정설파 트로츠키주의자들은 오늘날 레닌의 당 개념을 거부하는 건가요?

그들이 진정 트로츠키주의자들이라면 그래서는 안 됩니다. 누구보다 트로츠키 자신이 레닌주의 당 개념의 필요성을 강조했습니다. "이 교훈[레닌주의 당]을 배우기까지 우리가 치른 피의 대가가 너무 커서 그것을 버릴 수 없다." 당 문제에 대해서는 아예 제가 책을 한 권

썼으니[《마르크스주의와 정당》, 책갈피 — 엮은이] 더 길게 얘기했다간 제 손해일 것 같습니다.

— 트로츠키가 제4인터내셔널을 창립한 것은 옳았습니까?

IST 전체를 대표해서 말씀드리건대, 우리는 국제적인 조직, 즉 혁명적 사회주의 인터내셔널을 건설한다는 이상 자체에 대해서는 완전히 공감합니다. 1938년에 제4인터내셔널의 창립을 선언한 것에 대해 맨 처음에 토니 클리프가, 그 뒤에 던컨 핼러스와 제 자신이 제기한 비판은 원칙 차원의 이견 때문이 아니라 그런 행보가 당시에는 부적절했다는 판단에서였습니다. 당시에 전 세계의 트로츠키주의 세력은 너무도 미미해서 "사회주의혁명세계당"이라는 이름을 내거는 것은 자기 기만이나 다름없었기 때문입니다. 물론 의도는 좋았지만 제4인터내셔널의 실체는 프랑스의 어느 가정집에서 반나절간 고작 11명이 회합하는 정도였습니다. 게다가 그 중 한 명은 보안경찰 공작원이었죠. 제4인터내셔널 창립이 초래한 진정한 해악은, 문서상으로는(오늘날에는 온라인상으로는) 어마어마해 보이지만 실제로는 아무것도 아닌 조직들을 급조해 내면서 스스로 과대망상에 빠지는 경향을 키운 것입니다. 이런 경향은 트로츠키 사후에 훨씬 중증으로 발전했습니다.

— 부시 정권은 파시스트 정권입니까? 그렇다면 부시에 맞선 공동전선이 필요하지 않습니까?

부시 정권은 파시스트 정권이 절대 아닙니다. '파시즘'에는 과학적 정의가 있습니다. 그 말은 단지 우리가 싫어하는 상대에게 아무렇게 나 붙일 수 있는 말은 아닙니다. 물론 저도 부시가 싫지만 말입니다. 파시즘은 부르주아 민주주의를 오른쪽으로부터 분쇄하는 것을 뜻 하며, 더 중요하게는 파시스트 운동과 국가가 노동계급의 독립적 조 직을 완전히 분쇄하는 것을 뜻합니다. 우리가 부시와 미국 제국주의 를 아무리 증오한다고 해도, 미국의 현재 상황이 그 지경에 와 있지 는 않습니다. 선거도 치르고(불행히도 부시가 재선했지만), 노조 운 동도 존재하고, 실제로 AFL-CIO[미국 노총]는 최근에 이라크 전쟁에 반대하는 결의안을 채택했습니다. 미국 정권이 파시스트 정권이라면 절대 불가능한 일이죠.

하지만 공동전선 전술을 응용할 수 있는 대상은 파시즘에 한정되 지 않습니다. 트로츠키는 독일에서 파시즘의 등장에 맞서 공동전선 을 구축하자고 호소했고 우리도 파시즘의 위협이 대두될 경우 공동 전선을 구축하려 하겠지만 공동전선은 그밖에도 노동계급 투쟁의 수많은 영역에 적용될 수 있습니다. 반전 운동의 경우, 특히 영국의 전쟁저지연합은 트로츠키의 공동전선 이론을 오늘날의 현실에 적용 한 두드러진 사례라고 할 수 있습니다.

— 우리의 국제적 구호는 무엇이 돼야 합니까?

제 생각에 이미 좋은 구호들은 많습니다. 연단에서 장내를 얼핏 훑어보기만 해도 "Stop the War", "End the Occupation of Iraq", "Stop Bush" 같은 구호들이 눈에 띕니다. 런던에서도 우리는 같은 구호를 외치고 있습니다. 트로츠키주의에서 국제주의가 얼마나 중요한 것인지 다시 한 번 상기해 봅시다. 저는 다른 동지들에 비해 해외 여행을 덜 해 봤지만 오늘날 구호들이 국제적으로 확산되는 속도에 놀라움을 금할 수 없습니다. 국제 반자본주의 운동의 구호가 무엇입니까? "다른 세계가 가능하다"입니다. 뭄바이에서 포르투 알레그레까지, 중남미에서 동남아에 이르기까지, 이 구호는 신자유주의 세계화의 광풍에 직면한 수많은 사람들에게 공감을 불러 일으키고 있습니다. 그리고 바로 그 신자유주의 세계화에 맞선 투쟁 속에서 세계 곳곳의 사람들은 공동의 정체성을 발견하고 있습니다.

— 마흐노와 아나키즘에 대한 트로츠키의 입장은 무엇입니까?

트로츠키는 마흐노 운동을 직접 탄압하지는 않았지만 마흐노와 대립 관계에 있던 소비에트 정부의 일원이었습니다. 마흐노는 내전 기간에 우크라이나에서 농민 운동을 이끈 사람입니다. 그는 아나키스트를 자처했지만 제가 볼 때 그의 운동은 사실, 아나키즘 운동이 아니었습니다. 민주적인 운동은 더욱 아니었죠. 만약 아나키스트들이 이 문제를 제기한다면 저는 이렇게 되묻겠습니다. 만약 그 운동이 정말로 민주적이었다면 어째서 그 이름이 마흐노 운동이었느냐고. 마흐노의 농민운동과 아나키스트들은 노동자 국가에 대한 반감을 공유했고, 둘 다 그런 의미에서 국가에 반대했습니다.

하지만 그 운동은 어떤 면에서 상당히 반동적이었습니다. 가장 큰 문제는 러시아 혁명을 대변하는 볼셰비키가 백군과 사생결단을 벌이고 있는 상황에서 마흐노의 군대는 적군과 백군 사이에서 줄타기를 함으로써 혁명의 운명을 위험에 빠뜨리고 있었다는 점입니다.

하지만 이것은 역사적으로 매우 특수한 경우였고 트로츠키 개인이나 트로츠키주의자들 일반이 아나키즘에 적대적인 것은 아닙니다. 트로츠키는 최상의 아나키스트들을, 특히 아나코-신디컬리스트들을 투쟁 속의 동지이자 잠재적 동맹 세력으로 봤습니다. 비록 그들의 이론에 동조하진 않았지만 말입니다.

다시 강조하건대 국제주의는 트로츠키의 전 생애에서 절대적으로 중요한 원칙이었습니다. 그가 스탈린주의에 반대하고, 스탈린의 일국사회주의론에 반대한 것도 국제주의에 기반한 행동이었습니다. 트로츠키의 국제주의가 아니었다면 우리 가운데 누구도 오늘 이 멋진 포럼 자리에 함께하지 못했을 것입니다. 우리가 트로츠키라는 거인의 어깨 위에 서 있다는 것을 보여 주는 또 하나의 사례입니다.

트로츠키가 오늘날 우리에게 주는 의미

레온 트로츠키의 마르크스주의는 오늘날 중요성이 날로 더해 가는 사상, 즉 인간 사회는 분리되어 있음에도 불구하고 하나의 전체를 이룬다는 총체성 사상에 바탕을 둔 것이었다.

트로츠키는 그와 레닌의 철학을 다음과 같이 간추려 말했다. "레닌의 국제주의는 일국적 이익과 국제적 이익을 공허한 문구로 조화시키기 위한 공식이 아니다. 그것은 모든 민족을 포괄하는 혁명적 행동 지침이다. 소위 문명화된 인류가 살고 있는 우리 지구는 다양한 민족과 사회계급이 서로 싸우는 하나의 전쟁터이다."

트로츠키가 사회주의 운동에 갓 투신한 시기에 이것은 러시아 제국과 제국의 혁명 과정을 국제적 틀 속에서 본다는 뜻이었다.

러시아 일부 지역에서 자본주의가 발전함에 따라 서구로부터 사회주의 사상을 매우 빨리 받아들인 급진적 노동계급이 성장했다.

———

최일봉. 이 글은 국제사회주의자들(IS)이 발간한 《새출발》(1990년 1월)에 실린 것이다.

그러나 러시아 사회주의자들조차 러시아같이 그렇게 가난하고 후진적인 나라에서 사회주의 혁명이 일어날 가능성은 없다고 생각했다.

무엇보다도 마르크스는 부의 엄청난 확대를 가져오는 자본주의 발전만이 사회주의와 진정한 평등에 필요한 풍요를 가져다 줄 수 있다고 말했다.

러시아 사회주의자들 가운데 보다 온건한 분파인 멘셰비키는 마르크스의 그러한 지적에 의거하여 러시아 혁명은 자본주의를 가져다 줄 뿐이며 따라서 부르주아지가 혁명을 주도할 것이라고 주장했다.

볼셰비키는 멘셰비키의 이러한 주장을 거부했다. 그러나 1917년 4월에 트로츠키의 분석을 받아들이기 전까지는 볼셰비키조차 노동자와 농민이 혁명을 주도할 것이지만 그래도 혁명은 보다 발전되고 민주적인 종류의 자본주의를 수립하는 데 그칠 것이라고 생각했다.

1905년 혁명 이후 망명해 있는 동안 트로츠키는 제3의 입장을 주장했다.

그의 책 《연속혁명, 평가와 전망》은 연속혁명 이론을 객관적으로 밝혀 놓았다.

트로츠키에 따르면, 자본주의가 세계체제로 발전했기 때문에 후진국 부르주아지는 더 이상 혁명적 역할을 할 수 없다. 그들은 구질서에 너무 얽매어 있어서(예를 들면 차르 국가는 러시아 공업화의 대부분을 지원했다) 구질서의 전복을 원하지 않는다. 그리하여 그들은 차르 체제의 봉건적 후진성보다도 아래로부터의 반란 위험에 더 많은 관심을 갖고 있다.

그러나 세계 자본주의 체제의 이러한 발전은 영국혁명이나 프랑스 혁명을 닮은 부르주아 혁명이 러시아에서는 불가능함을 뜻하는 것일 뿐 아니라 또한 노동자 혁명이 가능함을 뜻하는 것이기도 하다. 러시아 자본주의가 뒤늦게 발전했다는 바로 그 이유로 러시아 자본주의는 가장 근대적인 방식으로 발전해 왔고 그리하여 노동자들을 대규모 작업장에 집중시켜 그들에게 엄청난 잠재력을 허용했다.

러시아 노동자들은 권력을 잡을 수 있을 것이지만, 러시아의 후진성 때문에 노동자들은 러시아 국경 안에서 사회주의를 건설할 수는 없을 것이다. 트로츠키는 바로 이 대목에서 자본주의의 국제적 성격이라는 문제를 제기한다.

러시아에는 사회주의를 건설할 만큼 충분한 부가 없지만 세계 전체에는 있다. 따라서 러시아 노동자들은 혁명을 다시 서구로 확산시킴으로써만 사회주의를 향해 나아갈 수 있다. 한 후진적인 나라에서 사회주의를 건설한다는 생각은 공상이다.

나중에 트로츠키는 이러한 사상을 제3세계로까지 확대시켰다. 트로츠키는 노동자들이 권력을 장악하고 국제적 규모에서 자본주의에 도전하는 "연속혁명"만이 저발전 국가들을 해방시킬 수 있다고 주장했다.

수십년 동안 전통적 좌익은 이러한 트로츠키의 견해에 대하여 비난을 퍼부어댔다. 소련과 동유럽의 소련 위성국가들이 세계에서 고립되어 공업 경제를 건설하지 않았는가? 중국은 사회주의가 노동자 권력이나 국제 혁명이 없이도 건설될 수 있음을 입증하지 않았는가? 그들의 비난은 언제나 이런 식이었다.

오늘날 전통적 좌익은 소위 "사회주의 국가들"이 세계시장에 자국 경제를 개방하는 것을 보고 망치로 얻어 맞은 듯한 표정을 짓고 있다. 많은 소위 "사회주의 국가들"이 정치적 파국에 직면했다. 중국 지배계급은 작년에 야만적 학살을 통해서만 권력을 유지할 수 있었다.

갑자기 트로츠키가 했던 주장들의 중요성이 부각되고 있다. 사실 우리는 트로츠키의 전통의 도움을 얻어야만 1990년대에 대한 사회주의적 전망을 가질 수 있다.

국제주의

우리는 국제주의에서 출발해야 한다. 카를 마르크스가 살던 시대에 혁명가들은 자본과 노동이 국경을 초월한다는 것을 알고서 세계 노동자들에게 단결을 호소했다.

그런데 자본주의가 지금처럼 그렇게 철저히 국제화된 적은 결코 없었다. 자동차 산업은 세계 각지에서 생산되는 부품들을 조립해서 제작하는 '월드카'(예컨대 대우의 르망 자동차로서, 이 차종은 미국 GM사의 독일 현지 기업인 오펠에서 '카데츠'[찾아보니 '카데트(Kadett)'가 맞대]라는 이름으로 생산된다)를 생산할 정도로 발전했다. 금융 자율화와 전자 통신 때문에 증시공황은 순식간에 세계 각지에 영향을 미친다.

외국 은행의 한국 진출이 꾸준히 늘어 오는 동안 한국 자본의 해외 투자 역시 증가해 왔다. 기아산업은 내년에 필리핀에 '프라이드'

생산공장을 설립하기로 했고, 삼성은 이미 미국과 유럽에 텔레비전 공장을 세워서 현지 생산을 해왔다.

이러한 강력한 통합 리듬은 이제 소위 "사회주의 국가들"을 빨아들이고 있다. 따라서 스탈린의 "일국사회주의" 슬로건은 근본적으로 틀린 것이었다.

국제 혁명 없이 일국에서 건설될 수 있는 것은 고작해야 또 다른 형태의 자본주의 ― 국가자본주의 ― 였다.

그렇다면 노동계급은 어떻게 해야 자본주의를 없앨 수 있을까? 이 문제는 우리로 하여금 트로츠키 정치학의 핵심을 차지하는 또 다른 문제에 직면하게 한다.

세계와 세계를 이루는 국민들과 사회집단들은 서로 다르게 발전한다.

트로츠키가 혁명적 정치학에 입문했을 때 대부분의 사회주의자들은 이것을 단순한 문제로 보았다. 물론 중서부 유럽이 러시아보다 먼저 자본주의 산업을 발전시켰다. 러시아 역시 중국은 앞질러 발전했다. 이런 상황은 그다지 중요하게 취급되지 않았다. 사회주의자들은 이것을 서방이 먼저 사회주의로 나아갈 것임을 뜻하는 것일 뿐이라고 생각했다.

오히려 러시아 같은 나라에서 "때 이른" 것으로 보이는 혁명이 선진국들에게 그들이 나아갈 길을 가리켜 줄 수 있었다. 마지막이 처음이 될 수 있었다는 말이다.

오늘날 가장 전투적인 노동계급은 어디에 있을까? 그들은 남한·브라질·남아공처럼 저발전 상태를 벗어난 나라들에 있다. 바로 이것이 불균등결합발전이다.

우리는 이러한 불균등결합발전을 우리 나라 노동운동에서도 찾아볼 수 있다. 1987년 7~8월 노동자 투쟁은 대규모 사업장에서 소규모 사업장으로 또 그 반대 방향으로 투쟁이 번져가는 상황을 보여주었다. 그 때 이후 대공장 노동자들이 가장 전투적인 부문으로 자리잡았다.

일반적으로 여성들에 비해 남성들이 조직화가 더 잘 되어 있다. 이러한 상황은 우리로 하여금 어떤 사람들은 미리부터 최고의 투사로 정해져 있다는 착각을 일으키게 할 수 있다. 그러나 이런 경우에도 역시 마지막이 처음이 될 수 있다. 노동조합 전통을 전혀 갖지 못한 노동자들도 자기들의 생활 조건 때문에 투쟁에 나설 수 있다. 일단 투쟁이 벌어지면 그들은 더욱 급진화될 수 있다.

그래서 트로츠키는 1917년 2월 혁명 때 다음과 같이 썼던 것이다. "사실 2월 혁명은 가장 억압받고 고통받는 프롤레타리아 — 여성 노동자들로서 그들 가운데는 사병들의 아내가 많이 있었다 — 가 혁명 조직의 저항을 극복하고 자멸적으로 선제적 행동을 취함으로써 아래로부터 시작되었다."

바로 이러한 이유 때문에 혁명가들이 억압당하는 사람들의 투쟁에 특별한 관심을 두는 것이 단순히 도덕적 문제는 아닌 것이다. 우리는 사회주의 운동이 최고의 투사들을 혁명적 정치노선 편으로 획득함으로써만 건설될 수 있다는 것, 그리고 억압에 대항하는 운동이 있는 곳에서 최고의 투사들이 많이 생겨난다는 것을 알고 있다.

물론 기존의 투사들도 역시 중요하다. 이 두 가지 사실은 우리에게 노동계급 전체 안에 불균등성이 존재한다는 점을 상기시켜 준다. 이것은 우리로 하여금 트로츠키가 청년 시절에 저지른 가장 커다란 잘못을 적시하게 해준다.

불균등성이 어떻게 극복되어야 할까? 로자 룩셈부르크와 레온 트로츠키는 대중이 일단 행동을 시작하면 보수적 관념들을 극복하고 우익 노동조합 관료를 밀어낼 수 있는 능력을 갖고 있다고 믿었다.

우리는 이것이 틀렸다는 것을 알고 있다. 우리는 20세기에 일어난 많은 혁명들이 자본가 언론에 조작당한 일반 노동자들의 정치적 혼동과 혁명을 제한하는 데만 관심을 가졌던 노동자 지도자들이라는 두 요소의 결합에 의해 압살당하는 것을 보아 왔다.

예를 들어 1975년 포르투갈에서 대부분의 노동자들은 모종의 처벌을 원했고, 그래서 시위와 파업을 감행할 태세를 갖추었다. 그러나 그들은 승리할 수 있는 방법을 알지 못했다. 그리하여 그들의 투쟁은 공산당과 사회당에 의해 엉뚱한 방향으로 벗겨나갔다. 다른 예를 들어 보자. 1972~73년 칠레에서 노동자들은 우익의 공격에 맞서 맹아적 형태의 노동자 권력 기구는 '꼬르돈 인두스뜨리알'을 만들었다. 그러나 공산당의 개량주의, 사회당의 중도주의, 기타 다른 좌익들의 정치적 혼동 때문에 노동자들은 이중권력 상황에서 참패를 당하고 말았다.

노동자 대중의 혼동을 깨끗이 없애고 우익적 지도자들을 뛰어넘을 수 있는 능력을 발전시키려면 가장 의식적인 노동자들과 혁명적 인텔리겐챠들이 한데 뭉쳐 다른 노선에 맞서 단호한 사상투쟁을 벌여야 한다는 것을 이해한 사람은 바로 레닌이었다.

이러한 목적을 달성하려면 그들은 응집력을 갖춘 조직을 가져야 한다. 그리고 사상투쟁이 벌어지게 됨에 따라, 이러한 조직은 대중적 규모의 투쟁을 지도할 수 있을 때까지 점차 많은 투사들을 끌어들여야 한다.

트로츠키는 1917년 레닌의 볼셰비키당의 행동을 보고서야 비로소 이러한 교훈을 얻었다. 그리하여 그 때부터 트로츠키는 사상투쟁에서 승리하고 노동운동의 지도력을 획득하기 위해서 노동자들, 학생들, 지식인들, 억압받는 사람들 가운데서 가장 의식적인 투사들을 조직할 방법을 찾아내야 한다고 늘 주장했다.

오늘날의 트로츠키의 사상

그런데 그는 남한의 혁명적 사회주의자들의 임무에 더 잘 어울리는 글들도 썼다.

우리는 사람들에게 우리의 잡지를 팔고 우리의 사상을 전파해야 한다. 우리는 소규모 투쟁들에 대한 사상적 개입을 통해서 그 투쟁들을 사회주의적 관점에서 해석하고 설명함과 아울러 경험을 축적해야 한다. 소규모 조직은 어느날 갑자기 커다란 투쟁을 계기로 급격히 성장할 수 없기 때문이다. 일상적 시기에 벌어지는 작은 투쟁들의 경험을 하나하나 축적함으로써만 소규모 조직은 내실있게 성장할 수 있다.

또한 우리는 대부분의 사람들이 동유럽의 민주주의 혁명을 보고

"사회주의의 몰락"이라고 보는 것에 대해 동유럽 국가들은 "사회주의"가 아니라 '관료제적 국가자본주의'이며 그 나라들에서도 역시 사회주의 혁명이 일어나야 한다고 말해야 한다. 또, 북한에서도 그런 일이 일어날 수 있으며 일어나야 한다고 말해야 한다.

남한에 대해서는, 반미 민족해방 혁명이나 반재벌 민중민주 혁명이 아니라 노태우 타도와 자본주의 체제 전복 혁명을 주장해야 한다.

정치적 고립 또한 트로츠키가 매우 잘 알고 있던 상황이다. 다른 오류들에도 불구하고, 트로츠키는 한 가지 중요한 사항을 끊임없이 강조했다. 그것은 바로 소규모 혁명운동이 생존하고 발전하기 위해서는 정치적 명확성을 절대적으로 유지해야 한다는 점이었다. 지금처럼 좌익이 고립되어 있는 상황에서 트로츠키의 이러한 통찰은 매우 커다란 의미를 갖는다.

1930년대에는 세계적으로 공산당보다 좌익적인 그룹들이 많이 있었다. 어떤 그룹들은 트로츠키주의자들보다 컸다. 그러나 살아 남은 그룹이 거의 없었다. 트로츠키의 정치적 전통은 지금도 살아 있을 뿐 아니라 무한한 가능성을 갖고 있다. 왜냐하면 트로츠키의 추종자들은 중요한 문제에 대해서 정치적 책략이 아니라 명백한 사실들과 정치적 진리에 기초해서 평가했기 때문이다.

트로츠키주의자들은 소련의 독재자 스탈린에 대한 지지 열풍이 불고 있을 때 그가 폭군이라고 주장했다. 민족주의는 반동적인 것이었고 지금도 그렇다. 트로츠키주의자들은 아무도 자기들의 말을 듣지 않으려 했음에도 불구하고 2차대전 동안 민족주의는 반동적인 것이라고 주장했다.

오늘날 혁명가들은 이와 유사한 책임을 지고 있다. 예컨대, 우리 혁명적 사회주의자들은 고르바초프나 김일성에 대한 환상을 깨부수어야 하고 민족주의와 각종의 신스탈린주의, 반(半)스탈린주의, '반(反)스탈린주의'를 비판해야 한다.

트로츠키는 혁명가들의 첫째 임무가 현실을 직시하는 것이라고 쓴 바 있다. 그는 그러한 임무를 수행하는 위대한 모범을 보여주었다.

둘째 임무는 지나간 역사를 연구하고 과거에 활동했던 혁명가들의 이론에서 교훈을 얻어내는 것이다. 이 점에서 레온 트로츠키의 삶과 저작을 연구하는 것이야말로 가장 중요한 일일 것이다.

노동자들은 혁명을 연속적으로 만들 수 있다

레온 트로츠키(1879~1940)는 70년 전 러시아 독재자 스탈린이 보낸 자객에 의해 암살됐다.

트로츠키는 20세기 가장 위대한 마르크스주의자들 중 한 명이다.

카를 마르크스 사후, 트로츠키는 레닌과 함께 마르크스주의 사상을 발전시키는 데 가장 크게 기여했다.

트로츠키는 혁명에서 엄청난 실천적 기여를 했다. 그는 1905년 26살에 상트페테르부르크 노동자평의회(소비에트) 의장으로 선출되면서 혁명의 지도자 중 한 명으로 떠올랐다.

1917년 그는 소비에트 의장으로서 러시아에서 노동자 권력을 확립하는 계기가 된 10월 봉기를 조직했다. 그는 5백만 명에 이르는 적군의 핵심 조직자였고 서방 제국주의 지원을 받는 반혁명 군대를 패퇴

존 몰리뉴. 〈레프트21〉 48호, 2011년 1월 6일. https://wspaper.org/article/9112.

시켰다.

나중에 그는 스탈린의 부상에 반대하고 노동자 민주주의와 10월 혁명의 이상을 방어한 좌익반대파*를 이끌었다.

트로츠키는 행동을 통해 지도했다. 레닌과 함께 그는 1917년 혁명에 정치적 영감과 사상을 제공한 주요한 인사였다.

트로츠키는 1905년에 이미 러시아 혁명의 전개 과정을 명확하게 예측했다.

당시 러시아 사회주의자들과 급진적 인사들은 차르 치하의 러시아가 혁명적 상황을 맞이할 것이라고 생각했다. 그러나 그들은 이 혁명이 1789년 프랑스 혁명처럼 '부르주아 민주주의 혁명'일 것이라고 주장했다.

그들은 이 혁명이 차르를 몰아내고 자본주의적 민주주의를 건설할 것이고, 그 다음에야 노동계급이 사회주의를 향한 투쟁을 벌이기 시작할 것이라고 예측했다.

멘셰비키라 불린 온건 사회주의자들은 중간계급이 혁명을 지도할 것이기 때문에 노동계급은 자신의 역할을 중간계급을 지지하는 데 한정해야 한다고 주장했다.

레닌이 이끄는 볼셰비키 같은 혁명적 사회주의자들은 중간계급이 [혁명을 이끌기에는] 너무 보수적이기 때문에 노동계급이 혁명을 완수해

---

* 러시아 혁명의 성과를 파괴하고, 노동자 국가를 관료적으로 타락시키려는 스탈린의 반혁명에 맞서 트로츠키가 이끌었던 세력. 피폐해진 러시아 산업을 점진적으로 회복시키고 노동자 민주주의를 부활시키며 국제적 혁명의 확산을 도모해야 한다고 주장했다.

야 한다고 말했다.

그러나 그들은 러시아가 경제적으로 후진적이어서 사회주의로 이행할 수 없다는 생각을 수용했다. 실제로 인구의 다수인 농민에 견줘 노동계급은 소수였다.

트로츠키는 노동계급이 혁명을 완수해야 한다는 레닌의 생각에 동의했다. 그러나 그는 그 과정에서 투쟁의 힘에 의해 완전한 노동자 권력이 수립될 것이고 자본주의 체제와 단절하게 될 것이라고 주장했다.

트로츠키는 노동자들이 강력한 지도력을 발휘하면 다수의 농민이 도시 노동계급을 지지할 것이라고 주장했다.

어떤 이는 사회주의가 유지되기에는 러시아의 경제적 발전이 아직 미성숙하다고 주장했다.

트로츠키는 러시아만 따로 떼서 생각하면 그런 주장이 사실이라고 말했다. 그러나 그는 러시아 혁명이 국제적 혁명 물결의 시작일 뿐이라고 생각했다.

그는 러시아에서 노동자 권력이 수립되면, 사회주의로의 이행이 가능할 정도로 공업화 수준이 높은 독일을 포함한 다른 유럽 국가에서도 똑같은 일이 발생할 것이라고 주장했다.

트로츠키의 사상은 연속혁명 이론으로 불렸다. 이것은 끝없는 혁명을 말하는 것이 아니다.

연속혁명은 혁명이 궁극적 목표인 세계 사회주의 혁명에 도달하기 전에 중간 단계 — 예컨대, 자본주의적 민주주의 혁명 — 에서 멈추지 않을 것임을 뜻한다.

1917년에는 트로츠키의 주장이 옳았다. 노동자들은 1917년 2월 차르를 몰아냈고 10월에 노동자 권력을 수립했다.

레닌은 트로츠키의 관점을 수용했고 1917년 4월 볼셰비키당 전체를 향해 이 관점을 수용할 것을 호소했다.

트로츠키는 러시아 혁명을 이끈 볼셰비키당에 가입했다. 볼셰비키는 혁명을 국제적으로 확산시킬 목적으로 공산주의 인터내셔널을 건설했다.

연속혁명의 중요성은 러시아에 한정되지 않는다.

연속혁명은 노동자들이 아직 소수인 식민지나 제3세계 국가의 노동자들이 유럽의 혁명을 기다릴 필요가 없음을 뜻한다.

오히려 그들은 자국의 노동자 혁명을 위해 투쟁하면서 전 세계적 혁명 과정을 주도할 수 있다.

심지어 자본주의가 전 세계 대부분의 지역에 퍼진 오늘날에도 독재 정권의 지배를 받는 이집트나 억압받는 나라인 팔레스타인 같은 곳에서는 연속혁명이 여전히 중요하다.

즉, 이곳에서 운동은 자신의 목표를 민주주의나 민족적 자유에 한정하거나 중간계급이 받아들일 만한 투쟁 방식만 고집할 필요가 없다.

오히려 연속혁명론에 따르면 혁명적 사회주의자들과 노동계급은 투쟁을 이끌면서 이 투쟁을 국제 노동자 혁명으로 전환시키려고 노력해야 하는 것이다.

레온 트로츠키의 혁명적 유산 2
트로츠키의 반스탈린 투쟁

레온 트로츠키는 스탈린의 반혁명에 맞서 싸웠다. 이 싸움은 러시아 혁명이 일어난 지 6년 후인 1923년부터 시작됐다.

1927년 스탈린은 승리를 거뒀고 트로츠키는 공산당에서 쫓겨났다. 그는 1928년 중국 국경 근처의 알마 아타로 유배됐고, 1929년 러시아에서 추방됐다.

트로츠키의 반스탈린 투쟁에는 세 가지 주요 쟁점이 있었다. 첫째는 노동자 민주주의였다. 트로츠키와 그의 지지자들인 좌익반대파는 공산당과 소비에트 국가에서 노동자 민주주의를 옹호했다.

반대로, 스탈린은 자신이 우두머리인 성장하는 관료들의 권력을 강화하려 애썼다.

둘째 쟁점은 경제 정책이었다. 트로츠키는 노동계급의 경제적 사회적 지위를 강화하려는 목적으로 산업화 계획을 주장했다. 노동계급

존 몰리뉴. 〈레프트21〉 49호, 2011년 1월 20일. https://wspaper.org/article/9162.

은 혁명을 방어하기 위한 처절한 내전에서 커다란 희생을 치르며 약화된 상태였다.

애초에 스탈린은 공업화의 길을 가로막았다. 그러나 1928년 스탈린은 좌익반대파를 패배시킨 후 노동자들을 엄청나게 착취하는 방식으로 급격한 공업화를 시작했다.

셋째 쟁점은 일국사회주의였다. 카를 마르크스와 프리드리히 엥겔스는 사회주의를 쟁취하려는 투쟁은 국제적 성격을 띨 수밖에 없다고 말했다.

볼셰비키당은 러시아 혁명을 주도했다. 볼셰비키 당원들은 러시아 혁명이 생존하려면 다른 나라, 특히 독일로 혁명이 확산돼야 한다고 주장했다.

1924년 스탈린은 이것에 반대해 일국(러시아)에서 사회주의를 건설해야 한다고 주장했다. 트로츠키와 좌익반대파는 일국사회주의가 마르크스주의와 국제주의를 배신한 것이라고 지적했다.

보통 역사책들은 트로츠키와 스탈린 사이의 투쟁을 개인적 권력 투쟁으로 그리거나, 성격과 사상이 다른 개인들 사이의 갈등으로 본다.

그러나 사실 이 투쟁은 서로 다른 사회세력들 사이의 투쟁이었다.

트로츠키는 1917년 혁명으로 탄생한 노동자권력의 잔존물을 대변했다. 스탈린은 새로운 지배계급이 되고 있던 관료층의 화신이었다.

이 싸움에서 스탈린이 승리한 것은 개인적 권위나 속임수 때문이 아니었다. 러시아 노동계급의 힘이 소진한 상태에서 스탈린이 더 강력한 사회세력을 대변했기 때문이었다.

트로츠키의 저항은 패배했다. 그러나 그의 투쟁은 역사적으로 대단히 중요했다. 그는 마르크스주의의 명예를 지켰다.

트로츠키의 투쟁은 사회주의를 관료적 전제와 전체주의적 독재로 왜곡하는 데 맞서 민주주의, 자유, 평등 사회로서의 사회주의의 이상을 지키는 데 일조했다.

1930년대 스탈린의 독재는 괴물같이 행동했다. 평범한 노동자와 농민 수백만 명이 시베리아로 보내져 그곳에서 죽었다. 스탈린 체제의 눈밖에 난 옛 볼셰비키들은 저지르지도 않은 범죄 — 파시스트 첩자, 혹은 공장에서 사보타주 활동 — 를 '고백'해야 했다. 1917년 혁명을 주도했던 거의 모든 볼셰비키 지도자들이 제거됐다.

1936년 트로츠키는 《배반당한 혁명》에서 스탈린주의를 신랄하게 비판했다.

사적 소유가 아니라 국유에 기초를 두지만 노동자들을 착취하는 스탈린주의 정권은 새로운 현상이었고, 내 생각에 트로츠키는 그것을 철저히 분석하는 데 실패했다.

트로츠키는 당시 러시아가 타락했지만 여전히 노동자 국가라고 생각했다. 그러나 현실에서 러시아는 새로운 형태의 자본주의인 국가자본주의로 변신했다.

그럼에도 트로츠키는 당시 러시아를 사회주의로 여기지는 않았다. 그는 스탈린주의가 레닌주의나 볼셰비즘의 계승자가 아니라 반혁명 세력임을 입증했다.

그는 볼셰비즘과 스탈린주의 사이에는 "피의 강물"이 흐른다고 말했다.

스탈린주의는 마르크스주의나 혁명의 논리적, 혹은 불가피한 결과가 아니었다. 그것은 러시아 혁명의 고립, 다른 나라로 혁명 확산의 실패, 러시아 노동계급 취약성이 낳은 것이었다.

스탈린주의에 대한 트로츠키의 분석은 혁명 운동의 미래에 대단히 중요한 기여를 했다.

그의 분석은 오늘날에도 중요하다. 우리 지배자들은 여전히 러시아 혁명의 좌절을 근거로 사회주의가 성공할 수 없거나 사회주의는 독재를 낳을 수밖에 없다고 주장하기 때문이다.

망명 중에도 트로츠키는 국제 노동자 혁명이 인류의 미래를 안전하게 할 수 있는 유일한 길이라고 주장했다.

미래를 위해 마르크스주의 전통을 지켜내다

스탈린주의에 맞선 투쟁은 러시아에서만 벌어진 것이 아니었다. 트로츠키는 러시아에서 스탈린주의가 반혁명적 구실을 한다는 점을 간파했기 때문에 국제적으로도 동일한 영향을 미칠 것이라는 결론을 내렸다.

트로츠키는 스탈린주의자들이 통제하는 공산주의 인터내셔널의 정책들을 비판했고, 나중에 제4인터내셔널이라고 불리는 혁명적 대안을 건설하려 노력했다.

러시아 지도자들은 '일국사회주의'란 관념 때문에 해외에 있는 공산당들을 그 나라의 혁명적 주체로 보지 않는다고 트로츠키는 지적했다.

오히려, 러시아 지도자들은 해외 공산당들을 소련의 "국경 수비대"로 여긴다는 것이다.

———

존 몰리뉴. 〈레프트21〉 51호, 2011년 2월 24일. https://wspaper.org/article/9308.

이 공산당들은 주로 러시아에 외부 세력이 개입하는 것을 막아 줄 '친구' — 특히 자본가와 노조 관료 들 — 를 확보하는 것을 주요 목표로 삼았다.

이 때문에 스탈린은 1920년대 터져 나온 두 거대한 노동계급 투쟁 — 영국과 중국 투쟁 — 을 배신했다.

1926년 영국에서 총파업이 벌어졌을 때 노동조합회의(TUC) 지도자들은 이 투쟁을 배신했다. 그들은 파업 시작 9일 뒤 파업이 갈수록 강해지고 있고 아직 아무런 양보를 얻지 못했음에도 파업 중단을 선언했다.

영국 공산당은 이런 배신을 사전에 경고하거나 이에 반대하는 움직임을 조직하지 못했다. 영국 공산당이 당시 러시아 정부와 동맹관계를 맺고 있던 영국 노조 지도자들을 비판하길 꺼렸기 때문이었다.

1925~27년 중국에서 혁명적 노동계급 운동이 폭발했다. 당시 중국 공산당이 이 운동을 지도했다.

스탈린은 중국 공산당에게 노동자 운동을 민족주의 정당인 국민당에 종속시키라고 명령했다. 스탈린은 중국에서는 자본가 권력의 탄생은 가능하지만 노동자 권력의 탄생은 불가능하다고 주장했다.

이것은 엄청난 재앙을 초래했다. 1927년 4월 국민당은 자기 동맹에게 총부리를 돌리고 대학살극을 벌였다. 이 과정에서 공산당 활동가들뿐 아니라 최고의 노동계급 투사들도 목숨을 잃었다.

트로츠키는 이 두 사례를 상세하게 비판했다.

"사회파시스트"

그러나 파시즘에 대한 스탈린주의 정책은 앞선 사례들보다 더 큰 재앙을 낳았다.

1920년대 말 아돌프 히틀러가 독일에서 영향력을 확대하고 있을 때, 스탈린은 러시아에서 강제 공업화와 농업 집산화를 추진하고 있었다.

이 때문에 노동자·농민 수백만 명이 목숨을 잃었다. 이런 재앙적 정책의 진면모를 감추려고 스탈린은 사회주의로의 즉각 이행 같은 극'좌파'적 미사여구를 남발했다.

또한, 스탈린은 공산주의자들이 사민당 공격에 집중해야 한다며, 말로만 좌파적인 전략을 채택했다.

스탈린의 명령으로 독일 공산당은 독일 사민당을 "사회파시스트들"이라고 불렀다. 독일 공산당은 나치 위협에 맞서 사민당과 손잡기를 거부했다.

그 결과, 독일 노동계급은 분열해, 효과적인 저항을 벌일 수 없었다. 히틀러는 1933년 큰 저항 없이 권력을 잡았다.

독일 노동자 조직들이 분쇄됐고, 전 인류가 그 대가를 치렀다.

트로츠키는 터키 망명 중에 작성한 몇 편의 탁월한 글에서 당면한 위험을 경고하고 파시즘에 맞선 노동자 공동전선을 꾸려야 한다고 호소했다.

그는 이 과정에서 자본주의 위기의 산물인 파시즘에 관한 마르크스주의적 분석을 발전시켰다. 그의 파시즘 분석은 오늘날에도 여전히 유효하다.

스탈린은 1933년부터 나치가 위협임을 인식하기 시작했다. 그는 태도를 1백80도 바꿔 영국과 프랑스 정부와 동맹을 결성하려 했다.

스탈린은 각국 공산당들이 '인민전선'을 결성하고, 노동자 운동이 자본가들이 수용할 수 있는 방법과 전술을 채택하라고 종용했다.

이것은 스페인에서 또 다른 재앙을 낳았다. 1936년 장군 프랑코가 파시스트 쿠데타를 일으키자 노동계급은 봉기로 맞섰다. 스페인 공산주의자들은 혁명가들을 살해하는 것을 포함해 온갖 방법으로 이 혁명을 억누르려고 노력했다.

노동자들의 사기가 떨어지고 농민들이 결집해 토지 몰수에 나서지 못하면서 결국 파시스트들이 승리했다.

이 기간에 트로츠키와 그의 가족들은 스탈린주의자들의 잔인한 중상모략에 시달렸고, 서방 엘리트들은 그를 고립시키려 했다.

그러나 그는 진정한 마르크스주의 사상을 지키려는 투쟁을 포기하지 않았고 진정한 혁명 운동을 건설하려 애썼다.

트로츠키는 자신이 1930년대에 쓴 것이 자기 삶에서 가장 중요한 저작들이라고 적었다. 왜냐하면 이 저작들이 진정한 마르크스주의를 다음 세대에 전달하는 구실을 하기 때문이라는 것이었다.

그는 온갖 역경을 극복하고 이 작업을 해냈다. 오늘날 우리가 자본주의에 맞서 싸우고 진정한 사회주의를 쟁취하기 위한 투쟁을 벌일 때, 우리는 트로츠키의 어깨 위에 서 있는 것이다.

트로츠키, 공동전선, 노동자 투쟁

1934년 2월 대형 금융 비리 사건이 터진 뒤에, 프랑스 파시스트들이 의회를 공격했다. 중도좌파 정권이 몰락하고, 강경 우파 정권이 들어섰다. 파시스트의 권력 장악이 임박한 듯했다. 파시스트 도당은 수만 명이나 됐지만, 독일과 달리 내분에 휩싸여 있었다.

당시 러시아 혁명가인 레온 트로츠키는 1933년부터 1935년까지 프랑스에서 망명 생활을 하고 있었다. 그는 파시즘이 프랑스를 위협하고 있다고 역설했다. 프랑스 지배자들은 19세기 나폴레옹 보나파르트와 그의 조카 루이 나폴레옹의 "강한 국가"를 그리워하고 있었다. 그러나 새로 집권한 우익 정권은 너무 취약해서 "강한 국가"가 될 수 없었다. 그래서 파시스트가 점점 득세할 위험이 있었다.

독일과 마찬가지로 프랑스 좌파도 분열해 있었다. 사회당과 공산

크리스 뱀버리. 〈레프트21〉 12호, 2009년 8월 13일. https://wspaper.org/article/6890.

당은 [파시즘의] 위협에 맞서 단결된 운동을 건설하기를 거부했다. 다행스럽게도 기층 조합원들이 파시스트들의 의회 공격에 맞대응했다. 기층 조합원들의 압력을 받은 주요 노총이 하루 파업을 선언했다. 바로 그날 파리에서는 두 개의 시위가 벌어졌는데, 하나는 사회당과 노조 지도자들이 이끌었고, 다른 하나는 공산당이 이끌었다. 행진 도중에 시위대들이 합류해 하나의 행진 대열을 이루었고, 두 시위의 지도부는 못마땅했지만 지켜볼 수밖에 없었다.

이러한 상황에서 트로츠키는 즉각 파시스트에 맞서 공동전선을 구축하고 파시스트의 공격에 대처할 노동자 방위대를 조직해야 한다고 강조했다. 노동자 방위대는 음모적인 조직이 아니라 노동계급과 그들의 대중 정당 그리고 노조에서 선발된 "수만 아니 수십만의 투사들"로 이뤄져야 했다.

1934년에 프랑스 노동계급은 반파시스트 투쟁에서 용기를 얻어서 더 나아가 경제 문제들에 대해서도 공세를 취했다. 노동자들은 파업을 하고 공장과 조선소 들을 점거했다.

행동강령

그러자 트로츠키는 1934년 6월에 프랑스 행동강령을 작성했다. 행동강령은 당시 투쟁 요구들에서 우러나온 매우 구체적인 것이었고 나날의 사건들에 깊이 몰두한 사람이 쓴 것이었다. 트로츠키는 10여 년 전 공산주의인터내셔널에서 벌어진 토론들을 바탕으로 교훈을 이끌어냈다. 행동강령은 "이행기 요구" — 투쟁의 당면 요구에서 비롯하지만 새로운 사회주의 사회 건설로 나아갈 수 있는 요구들 — 를 제출해야 한다고 강조했다.

프랑스와 동맹을 맺으려 한 스탈린의 시도에 맞춰, 프랑스 공산당은 사회당을 공격하던 태도를 바꿔 주요 중간계급 정당인 급진당, 사회당과 동맹을 맺으려 했다. 1935년 6월에 세 정당이 선거 협정을 맺었다. 이른바 인민전선이다. 파시즘에 맞서 단결해야 한다고 역설했던 트로츠키는 이제 급진당과 연합하게 되면 좌익 정당들이 파업할 수도, 파시스트와 대결할 수도, 그들의 "명망 있는" 새 동맹자들을 소외시킬 수 있는 행동도 일절 하지 못하게 될 것이라고 주장했다. 전에는 단결을 거부하는 종파적 정책 때문에 파시즘을 물리치는데 필요한 대중 동원을 할 수 없었다. 그러나 새로운 인민전선도 대중 동원에 "브레이크"를 거는 비슷한 구실을 했다. 트로츠키는 직접 선출되고 "실제 투쟁"에 바탕을 두는 지역 실행위원회를 구성할 것을 거듭 강조했다.

인민전선은 1936년 5월 선거 승리로 정권을 잡았다. 기층 노동조합원들은 점거와 파업 물결로 호응했다. 트로츠키는 "프랑스 혁명이 시작됐다"고 주장했다. 그러나 인민전선 지도자들은 파업을 비난했다. 주요 좌파 정당들은 모두 노동계급보다는 정부에 충성했다.

투쟁이 고양되자 지배자들은 공포에 떨었고 파업 물결을 끝내기 위해서 온갖 양보를 할 준비가 돼 있었다. 그러나 파업이 잦아들자 한층 단호한 조치를 요구했다. 급진당은 인민전선에서 탈퇴해 우익들과 동맹을 맺고 정부를 구성했다. 전에는 온건한 대응을 주장했던 공산당도 이제 지배자들의 공격에 대응할 수밖에 없었고 결국 좌파들은 하루 총파업을 호소했다.

그러나 이미 노동계급의 사기가 꺾인 상태여서 그 파업은 성공하지 못했다. 역사에 필연적인 것은 없다. 1934~36년에 혁명은 프랑스에서 의제에 올라 있었다. 그러나 혁명을 실현시킬 전략을 효과적으로 주장할 대중적인 정치 세력이 없었다. 인류는 그 때문에 혹독한 대가를 치를 터였다.

제6부
고전적 마르크스주의 전통 4 : 룩셈부르크와 그람시

혁명가 로자 룩셈부르크

위대한 혁명가들은 살아 생전에는 억압계급의 끊임없는 탄압을 받았고 그들의 이론은 허위와 중상모략에 가득찬 가장 야만적인 적의와 가장 표독스러운 증오, 그리고 가장 파렴치한 구호로 대접을 받았다. 그뿐 아니라 그들이 죽은 이후에는 천진스러운 우상으로 변질되어 신성시되고 그들의 명성은 어느 정도 피억압 계급을 회유하는 데 쓰이는 '위안'의 후광으로 둘러싸여지거나 후세를 기만하는 수단으로 숭배되는 등 결국에는 음모의 대상으로 되어 버린다. 동시에 그들의 혁명이론은 그 실체를 박탈당하고 속류화되며 혁명이론이 지니는 무기로서의 예리함은 무디어지고 만다.* — 레닌

로자 룩셈부르크는 '스파르타쿠스 봉기'로 알려진 1919년 1월 봉기가 패배한 뒤 사회민주당에 의해 살해당했다. 로자와 같은 시대에

이 글은 《사회주의 평론》 3호(1995년 5~6월)에 실린 것이다.

* 레닌, 《국가와 혁명》, 논장, 1988, p.16.

활동했던 레닌과 카우츠키는 그녀의 죽음에 대해 서로 엇갈리는 평가를 했다.

카우츠키는 "로자 룩셈부르크와 그녀의 동지들은 사회주의의 역사에서 항상 두드러진 지위를 차지할 것이다. 그러나 그들은 종말을 고하게 된 시대를 대표한다."고 썼다. 카우츠키의 말은 계급 적대와 노동자 투쟁, 대중파업과 혁명의 시대를 그녀의 죽음과 함께 땅 속에 묻고자 했던 사람들의 바람을 대변했다.

> 현재 남아 있는 공식 사회주의 정당들의 냉랭함과 허위와 타락을 일소하면서 제3인터내셔널로 뭉친 우리 공산주의자들은 바뵈프로부터 카를 리프크네히트와 로자 룩셈부르크 등으로 면면히 이어지고 있는 기나긴 혁명 세대들의 영웅적 헌신과 희생을 우리 자신이 직접 계승하고 있다고 자부한다.(강조는 인용자)**

레닌의 평가는 그녀가 대변했던 혁명적 사회주의의 흐름을 확대시키고자 한 경향을 대표했다.

로자 룩셈부르크는 1871년 3월 5일 폴란드의 자모치라는 소도시에서 태어났다. 그녀의 아버지는 독일에서 자유주의 사상을 배웠으며 운 좋게도 유태인의 전통적 관행으로부터 자유로운 세대에 속한 지식인이었다. 독일과 폴란드의 고전문학을 읽을 줄 아는 교양 있는

---

*   린지 저먼의 '서론', 토니 클리프, 《로자 사상의 이해》, 신평론, 1989, p.7.

** 던컨 핼러스, 《우리가 알아야 할 코민테른의 역사》, 책갈피, 1994, p.15.

어머니 아래서 로자는 윤택한 유년시절을 보냈다.

자신감 있는 유년시절은 바르샤바의 학창 생활에서도 계속되었고 그녀는 곧 자기 또래의 다른 학생들처럼 차르 체제의 식민교육에 반발했다. 모국어인 폴란드어 사용은 엄격히 금지되었고 러시아인 교사들은 종종 밀고자 역할을 했다. 학교에서 보여진 세상은 학교 밖에서도 진실이었다. 학교를 졸업한 후 로자 룩셈부르크는 프롤레타리아혁명사회당에 가담했다. 곧 경찰이 그녀를 추격했고 그녀의 동지들은 시베리아유형 대신에 해외 활동이라는 유리한 방법을 선택할 것을 권했다. 이렇게 해서 18살의 유태인 사회주의자는 기독교도로 변장한 채 농부가 모는 수레의 짚더미 아래 숨어 국경을 넘었다.

로자는 스위스의 쮜리히 대학에서 자연과학과 수학을 공부했고 애덤 스미스, 리카도, 마르크스와 같은 고전 경제학을 연구했다. 그녀는 '사회 현실의 생생한 자료들을 극히 미세한 항목으로 뜯어 나누고, 그것들을 관료주의적인 절차에 따라 다시 정리하고 분류'하는 태도를 경멸했다. 이때 그녀는 쮜리히의 노동운동과 악셀로드, 자수리치, 플레하노프, 파르부스 같은 정치적 망명가들의 이념활동에도 참여했다.

그녀는 폴란드사회당(PPS) 안에서 민족주의자들과 맞서는 신세대 그룹을 대표했다. 망명한 폴란드 노동운동의 조직자 레오 요기헤스가 설립한 신문 《노동자 대의》의 주간으로 활동하며 폴란드 노동운동의 새로운 경향인 테러리즘[대리주의]과 경제주의[부문주의]와 싸웠다.

정치 지도자로서 그녀의 첫무대는 1893년 인터내셔널 대회였다.

민족주의로 경도된 폴란드 노동운동의 옛 지도자들과 민족주의자들에 맞서 22살의 로자 룩셈부르크는 '폴란드 독립'이라는 슬로건을 반대했다. 로자 룩셈부르크는 마르크스주의 정식이 새롭게 검토되어서는 안 되는 '자연법'이 아니라 현실의 변화에 따라 비판적으로 적용되어야 한다고 생각했다. 그녀는 인기에 영합하고 비판을 두려워하는 태도를 취하지 않았다.

그녀의 주장은 사회주의자 인터내셔널 위원회에서 엥겔스와 플레하노프에 의해 부결되었지만 대회 이후 그녀의 정치적 위치는 강화되었다.

스위스 노동운동에서 그녀는 폴란드 노동운동을 대표했고 카우츠키가 발행한 이론지《새시대》에 폴란드의 역사와 사회주의 운동에 관련한 중요한 논문들을 기고했다.

1898년 독일 베를린에 도착한 로자는 사회민주주의 신문에 논문을 발표하는 등 저술작업에 몰두했다. 그녀는 "쉽고 적절하게 사물을 표현하는 신선한 언어"로 쓰여진 언론 활동을 통해 카우츠키, 베벨, 메링 등과 친분을 맺었고 특히 클라라 체트킨과의 우정을 발전시켰다. 또 글쓰기뿐 아니라 지방으로 연설 여행도 떠났다. 처음에 창백하고 왜소한 그녀를 만난 지방의 조직자들은 실망했으나 연설을 들은 후에 곧 자신들과 청중들이 제한된 일상적 사고의 틀에서 벗어나 더 폭넓은 관점에 이르렀음을 느꼈다. 그녀는 언제나 감정보다는 삶의 이성적인 부분에 호소했다. 관성에 빠진 당원들에게 그녀는 신선한 활력으로 영향을 끼쳤다. 처음부터 로자는 당 지도자들의 견해를 겸손하게 묻는 데 만족하지 않았고 그들 앞에서 자신의 정치적 입장을 명확히 밝혔다.

아래로부터의 사회주의

1883년 마르크스가 죽은 후 마르크스주의 사상은 엄청난 변화를 겪었다. 1890년대 세계 자본주의는 20년간 장기적인 경제적 팽창기로 접어들었다. 노동자들의 생활수준도 향상되었다. 노동조합의 성장은 매우 인상적이었다. 사람들은 격렬한 투쟁에 의존하지 않아도˙시간이 흐름에 따라 생활도 필연적으로 향상될 것이라는 생각에 흠뻑 젖었다.

대다수의 사회주의자들도 이런 생각을 공유했다. 사회주의는 사회를 혁명적으로 변화시키는 것을 통해서만 가능하다는 마르크스의 으뜸가는 가르침이 삶의 경험에 의해 잊혀졌다. 대신에 자본주의를 서서히 변형시켜 사회주의로 나아갈 수 있다는 생각이 널리 퍼져 있었다.

로자가 독일에서 활동을 시작한 때는 노동자 투쟁이 사회주의의 창출과 거의 관련이 없다는 사상이 지배적인 시기였다. 아래로부터의 자발적인 노동자 투쟁의 가능성에 회의적이었고 이것이 조화로운 인간들의 이성 관계에 혼란만 초래할 것이라는 관념의 대표자는 에두아르트 베른슈타인이었다. 그는 1848년 파리의 노동자 혁명에 대한 연구에서 패배만을 교훈으로 배운 사람이었다. 그에게 신생아의 울음소리는 소음(騷音)이었다. 1896~98년 동안 그는 《새시대》에 마르크스의 기본이론을 공격하는 '사회주의의 문제점들'이라는 논문을 발표했다. 처음에 빌헬름 리프크네히트, 카우츠키는 그를 변호했다. 그러나

---

* 　1900~05년 평균 파업참가자 수는 건당 140 명이었다.

"사회주의의 궁극적 목표가 무엇이든지간에 그것은 나에게 의미가 없다. 문제는 운동 그 자체이다."*라는 발언이 논쟁을 불러일으켰다. 독일의 파르부스, 카우츠키, 메링, 베벨, 클라라 체트킨, 러시아의 플레하노프, 이탈리아의 안토니오 라브리올라, 프랑스의 쥘 게드, 장 조레스가 참여한 국제적인 논쟁에 로자 룩셈부르크도 참여했다.

인간의 얼굴을 한 '자본주의'

로자를 소개하는 사람들은 대부분 로자의 조직문제와 러시아혁명에 대한 비판을 연결짓는 데는 친절함을 보이지만 《사회개혁이냐 사회혁명이냐》는 거의 다루지 않는다.

1890년대 장기적인 경제 팽창은 자본주의의 끊임없는 발전에 대한 믿음과 함께 다음과 같은 사실을 동반했다. 이집트와 남아프리카에 대한 영국의 지배, 북아프리카와 극동아시아에 대한 프랑스의 점령, 이탈리아의 이디오피아 점령, 러시아의 만주 진출, 독일의 아프리카와 남태평양 진출, 미국의 필리핀제도 점령, 중일전쟁, 스페인과 미국 전쟁, 동맹과 적대관계의 끊임없는 이합집산, 거대한 해군력 증강 계획, 열강의 충돌과 반복된 전쟁 위협, 그 사이사이에 무장한 채로 이뤄진 휴식 … .

'레이스'로 치장한 문명 국가의 커텐 너머로 얼핏 총검과 대포, 군

---

* 프뢸리히, 《로자 룩셈부르크의 사상과 실천》, 석탑, 1993, p.73.

화발과 참호가 보였다. 이 그림을 배경으로 베른슈타인은 자본주의는 점차 길들여지고 있고 더 융통성이 생겨나고 있다고 주장했다. 공황과 같은 경제위기는 완만한 파동으로 수그러졌고 카르텔과 트러스트와 신용제도는 체제의 무정부적 성격을 조정하고 있다. 주식회사는 자본 소유의 민주화를 가져왔고 중간계급의 생존 능력은 사회 모순들을 약화시킨다. 노동조합과 사회개혁으로 자본가는 점점 단순한 경영자로 바뀌고 결국에는 자본가가 없어지고 공장의 경영권은 그들의 손에서 떨어져 나온다.

제국주의 시대에 들어서면서 체제에 대한 말뿐인 공격과 고립적 현상들에 대한 과학적 분석이 점점 불가능하게 되었다. 말과 행동, 부분과 전체의 관계는 결정이 나야 했다. 사태는 점점 일반화를 요구했다. 사람들은 자본주의에 찬성하는 입장을 취할지 아니면 반대하는 입장을 취할지 정치적으로 결단을 내려야만 했다. 즉 사회의 전체적인 발전을 마르크스처럼 **총체성**(Totality)으로 파악하여 제국주의를 이론적·실천적으로 극복할 것인가 아니면 부분적 경험에 스스로를 한정시켜 체제와의 대결을 회피할 것인가를 결정해야 했다.

베른슈타인은 《사회주의의 전제조건과 사회민주주의의 과제》에서 '과학'이라는 이름으로 마르크스와 엥겔스의 "블랑키주의적 오류"의 원인을 총체성에서 찾고 그 대안으로 "가장 끔직한 오류[폭력혁명 — 인용자]들을 피하는 하나밖에 없는 수단"으로서 "**경험주의로의 복귀**"를 호소했다.*

---

* 미셸 뢰비, 《연속혁명 전략의 이론과 실제》, 신평론, 1990, pp.30~32.

만약에 사회민주당이 낡아빠진 말투로부터 스스로 해방되고 오늘날 실제로 있는 그대로의 모습을, 다시말해 민주적·사회주의적 개량정당임을 사람들 앞에 드러내려는 용기를 가지게 된다면, … 영향력은 지금보다도 훨씬 커질 것이다.*(강조는 인용자)

로자 룩셈부르크는 베른슈타인이 사업에 종사하는 개별 자본가의 입장에서 경제적 현상을 보았다는 사실을 발견했다. 경쟁하는 개별 자본가의 관점에서는 사회를 전체적으로 바라볼 수 없다. 일정한 조건 아래서 신용제도가 개별 자본가로 하여금 위기 상황을 극복하게 할 수 있다. 그러나 전체적으로 자본주의에서 신용제도의 기능은 오히려 체제의 불안정을 촉진한다. 경제공황은 생산의 영구적인 확대 경향과 자본주의 시장의 제한된 소비력 사이의 모순으로 표현된다. 신용제도는 한편으로 생산을 촉진함으로써 과잉생산의 경향을 부추기고, 불황시에는 그 자체가 심각하게 불안정해져 경제를 더욱 악화시키는 경향이 있다.

베른슈타인이 마르크스주의 공황론을 배격하자 마자 1900년에 신용제도와 카르텔이 가장 발달했던 전기산업에서 공황이 발생했다. 1898년에 로자는 이렇게 썼다.

독일에서 개량주의가 번성했던 시기에 칸트철학의 '반(反)헤겔주의'가 철학을 지배했다.(G 루카치, 《역사와 계급의식》, 거름, 1992, pp.48~53과 G H R 파킨슨, 《게오르그 루카치》, 이삭, 1984, pp.14~15, pp.65~101을 보시오.)

* 와다 하루끼, 《역사로서의 사회주의》, 창비, 1995, p.61.

일시적으로 위기가 없는 현재의 상태를 유지하고 있는 똑같은 조건으로부터 피할 수 없는 종말의 시작, 자본주의의 마지막 위기가 정확하게 시작되고 있는 것이다. 세계시장이 발달되어 더 이상 확장될 수 없을 때, 그리고 노동생산성이 계속 진보된다면, 조만간에 생산력과 시장의 수용능력 사이에 나타나는 충돌은 시작될 것이고 점차 격렬해질 것이다. 이런 국면으로 우리를 가깝게 이끌어가고, 세계시장을 빠르게 성장시키고 빠르게 고갈시키는 무엇이 있다면, 그것은 베른슈타인이 자본주의의 '적응수단'이라 간주했던 신용대부 체제와 카르텔, 트러스트라는 현상이다.[*]

베른슈타인은 노동조합을 자본주의를 약화시키는 무기로 보았다. 반면에 로자는 일상투쟁의 중요성과 함께 노동조합의 방어적 성격에 따른 한계를 지적했다.

우리가 사회발전의 보다 긴 시기를 고려한다면, 우리는 노동조합 운동의 성공보다는 어려운 시기가 닥쳐오고 있다는 사실에 주목해야 한다. 산업의 발전이 그 정점에 이르고 자본주의의 하강 국면이 시작되면, 노동조합 투쟁의 어려움은 배가될 것이다.(강조는 인용자)[**]

노동자들은 순간의 성공에 기만당하지 않아야 한다. 개량주의자들은 노동조합을 사회주의를 이룩하기 위한 경제적 수단으로, 의회를 정치적

---

[*]   프뢸리히, 앞의 책, p.83.

[**]   같은 책, p.85.

수단으로 삼았다. 그들이 의회주의가 본궤도에 오르기를 기다리는 동안, 로자 룩셈부르크는 의회 민주주의가 몰락해가는 조짐을 보았다.

1899년 프랑스의 '사회주의자' 밀랑이 파리코뮌의 학살자 갈리페 장군과 함께 발데크·루소의 급진내각에 들어갔다. 로자는 즉시 마르크스주의 기본원칙에 기초하여 정부와 권력의 문제를 다룬 논문을 《라이프치히 인민신문》에 기고했다. 로자는 연립정부의 전환기마다 세밀한 주의를 기울여 철저히 탐구했고 결론을 이끌어 냈다. 처음에 '위대한 전술적 전환'의 열렬한 지지자였던 조레스는 10년 후에 '사회주의자' 각료들에 대해 "자신을 자본주의에 이용당하게 내버려둔 배반자들"이라고 비난했다.

공화정의 지칠 줄 모르는 옹호자 조레스는 전제주의를 위한 길을 준비하고 있다. 이것은 심한 농담으로 들릴지 모르지만, 역사의 진행과정은 그러한 웃음거리로 온통 뒤덮혀 있다.*(강조는 인용자)

그람시가 "코끝정치"라고 비판했던 '현실정치'는 노동자들에게 가장 비현실적인 것이었다. 연립정부 안에서 사회주의자들은 '그래도 덜 나쁜 것'을 선택해야 하는 상황에 직면했고, 사회당은 갈수록 정부에 의존하고 반대로 정부는 더욱더 사회당에 의존하지 않게 되었다. '위대한 전술적 전환'의 '현실정치' — 드레퓌스 사건의 범죄자들에 대한 일반사면, 유럽열강과 함께 한 중국 원정, 프랑스 은행가들

---

* 클리프, 앞의 책, p.34.

의 욕구를 충족시키기 위한 터키 침략, 차르 니콜라스 2세 방문 동안 공화주의·왕정주의·군국주의적 열광을 끌어모은 일 등등* — 는 정치에 대한 혐오를 낳았다.

결국 개량주의자들은 반동의 바람잡이 역할을 했던 것이다. 이런 사람들이 오늘날 우리 주위에 얼마나 많은가! 합법적 형식으로 지배 권력을 장악해 보려는 '선한' 의도 — 개량주의자들이 지배계급에게 입증시키려는 생각 — 는 마음대로 혁명을 일으킬 수 있다는 생각, 개량과 혁명을 위한 **대중운동이 몇몇 지도자들과 정당의 결정에 의해 창출된다는 생각의 연장이다.

폭력의 사용은 노동자 계급에게 항상 결정적인 수단, 즉 때로는 잠재적 형태로, 때로는 적극적 형태로, 항상 현재적인, 계급투쟁의 최고 법칙으로 남을 것이다. 우리가 의회 또는 그밖의 다른 활동에 의해 사람들을 혁명 화시키려고 시도한다면, 그것은 단지, 필요한 때에, 혁명이 마음뿐만 아니라 몸도 움직일 수 있도록 하기 위한 것이다.**

개량주의자들의 '용기'는 거짓임이 드러났다.*** 그들은 자본주의에

---

* 그 결과로 많은 노동자들이 의회주의와 정치를 똑같은 것으로 보고 신디컬리즘의 환상으로 돌아섰다. '현실정치'는 노동자들의 분열을 낳았다.

** 클리프, 앞의 책, p.35.

*** "원칙의 고수 — 그것은 누구나 다 할 수 있고 바보들도 할 수 있다. 원칙을 고수 하는 데는 아무것도 필요치 않다."라는 볼마르(베른슈타인의 지지자)의 악명높은 선언을 상기하라. (프뢸리히, 앞의 책, p.100.)

굴복했다. 논쟁에서 로자 룩셈부르크는 이론적으로 명확한 사람들에게서 종종 나타나는 결점을 피할 수 있었다. "비록 인간에게는 논리가 결여되어 있다 하더라도 진실은 그 자체의 논리를 가지고 있다!"는 것이 그녀의 교수법이었다.

혁명의 현재성

개량주의에 대항한 투쟁에서 로자의 혁명적 사회주의 정신은 더욱 원숙해졌다. 그것은 자칭 그녀의 추종자들이 왜곡했고 루카치가 지적한 것처럼 "순수한 심성의 윤리학"의 결과가 아니었다. 그것은 어찌할 수 없는 개성˙의 결과가 아니라 무엇보다 자신의 시대에 정직하게 맞서 씨름한 결과였다. 프뢸리히에 의하면,

마르크스주의 역사관은 창시자들의 재능뿐만 아니라 1848년 3월혁명 직전에 처했던 특수한 역사적 상황 — 그것은 새롭고 혁명적인 역사관에 의

---

* "두 사람[로자와 레닌]은 모두 '혁명적' 사회주의자로 일컬어지고 있지만, 기질상의 차이와 사회주의적 리더쉽·당조직·노동계급의 주도권 및 자생적 활동에 대한 입장의 차이로 서로 대립하는 양 극단에 서게 되었다."는 주장은 혁명적 사회주의자로서 그들의 공통점을 우연으로 치부하는 것이다. 버틀램 울프의 '서문', 로자 룩셈부르크, 《러시아 혁명, 레닌주의냐 마르크스주의냐》, 두레, 1989, p.1.
《레닌주의냐 마르크스주의냐》는 '러시아 사회민주당의 조직문제'라는 로자의 글이 잘못된 제목으로 출판된 것이다. 버트램 울프는 책 제목이 잘못 출판된 이유를 "그 제목이 가장 흥미있고 영어권에 잘 알려져 있기 때문이다."하고 설명했다.('서문', pp.21~22)

해 이론적으로 얽힌 문제들의 극복이 요구되고 있던 상황이었다 — 에 힘입고 있었다. 서유럽의 마르크스와 엥겔스의 후계자들은 운동이 침체된 시기에 그들의 사상을 발전시켰다. 역사는 천천히 흐르는 강과 같고 넓은 평원에 익숙해진 눈에 폭포수는 숨어서 모습이 보이지 않았다. 그들의 마르크스주의에는 혁명적인 맥박이 결여되어 있었다. … 그러나 러시아계 폴란드인으로 태어난 로자 룩셈부르크는 3월혁명 전야와 같은 상황에서 성장했다. 혁명이 다가오고 있었으며 상황은 이미 그 시대의 정치를 결정하고 낡은 전통적인 방법으로는 풀릴 수 없는 문제를 제기하고 있었다. 그래서 그녀는 마르크스주의에서 혁명적인 원리를 깨달을 수 있었고 서부 유럽의 상황을 그곳의 관찰자들보다도 매우 다르게 인식할 수가 있었다. 1890년대 이래로 러시아인들이 마르크스주의 계열에서 점점 더 앞서 나가고 이론적인 문제에 있어서도 끊임없이 중요한 역할을 수행했던 이유도 이와 같은 역사적인 상황으로 설명할 수 있는 것이다.*(강조는 인용자)

1905년 1월 22일 러시아에서 **혁명**이 일어났다. 로자는 자신의 모든 활동을 통해서 러시아 혁명이 국제 노동운동에 영향을 미치도록 최선을 다했다. 당시 독일 노동자들의 파업활동은 매우 낮은 수준이었다. 이에 반해 러시아의 노동자들은 1903년에 8만 7천 명, 혁명의 해에는 286만 3천 명이 참여했으며 1912년에는 55만 명이 정치파업에 참여했다. 독일 노동운동은 고용주에 대항하는 초보적 계급투쟁조차 미약하고 수동적이었던 반면 러시아에서 노동자들은 고용주는 물론이고

---

* 프뢸리히, 앞의 책, p.99.

국가를 상대로 대대적인 전투를 벌이고 있었다. 그 해 1월에 독일 루르 지방의 광산 노동자들은 15년의 침묵을 깨고 파업을 시작했다.

독일 노동자들은 러시아에 관한 소식을 갈망하고 있었다. 전국의 수많은 집회에서 로자 룩셈부르크는 러시아혁명을 대표하여 연설했다. 로자는 클라라 체트킨의 협조 덕택에 노동조합 무대에서도 활동을 시작했다.

그러나 독일 사회민주당은 러시아혁명을 **계급투쟁의 언어**로 설명해 내지 못하고 있었다. 당내 개량주의자들은 러시아혁명은 "러시아 정신의 산물"이라고, 그와 같은 혁명은 특수한 전제정치 아래에서 일어날 수 있는 사건이라고 **예외주의적**인 관점에서 접근했다.

박호성 씨는 로자 룩셈부르크가 "러시아적 특수성을 사회주의 혁명의 가능성 속에서 양해하고 있지 않고 있었다"**고 주장했다. 로자는 《새시대》(1905년 1월)에 다음과 같이 썼다.

공언하건대 러시아혁명은 약 반 세기 전에 서부 및 중부 유럽에서 일어난 1848년 2월혁명 및 3월혁명과 같은 길을 걷게 될 것이다. 그러나 동시에

---

* 몰리뉴, 앞의 책, p.118.
  박호성, "왜 다시 로자 룩셈부르크인가", 월간 《사회평론》, 1992년 1월호, pp.241~242에서 당시 러시아의 노동자 계급이 "저급한 수준"이었다고 주장한 것은 진실이 아니다. 박호성 씨는 노동자 계급의 자주적 활동이라는 기준을 이해하고 있지 못하다.
** 박호성, 앞의 글, p.242. 박호성 씨가 말하는 '러시아적 특수성'은 레닌의 조직이론과 '후진' 러시아의 문화, 노동계급의 상태 등을 포괄하는 일종의 '원죄설'에 가까운 말인 것 같다.

이 혁명은 지연되고 좌절된 유럽혁명의 상처 때문에 특수한 형태를 갖지 않을 수 없을 것이다. 러시아는 이제 정치적으로 가장 뒤진 나라의 위치에서 혁명적이며 세계적인 무대로 발을 들여 놓고 있는 것이다. … 일반적인 관점과는 반대로 정확하게, 바로 이와 같은 이유 때문에 러시아혁명은 이전의 혁명보다 훨씬 더 공개적인 프롤레타리아 계급적 성격을 띠게 될 것이다. … 이와 같은 정치적 도전을 발생시킨 그 혁명은 이전의 어떤 혁명과도 달리 순수한 프롤레타리아 혁명이 될 것이다.(강조는 인용자)[*]

멘셰비키와 볼셰비키는 그들 사이의 분열에도 불구하고 러시아혁명을 부르주아적인 것으로 생각했던 반면에 로자의 슬로건은 "농민에 기초한 프롤레타리아의 혁명적 독재"였다. 버틀램 울프는 레닌과 로자의 혁명적 사회주의자로서의 공통점은 베른슈타인에 대한 반대에서 끝난다고 주장했는데, 미안하게도 '붉은 로자(Bloody Rosa)'는 근거없는 애칭이 아니었다.

사회민주당은 러시아사회민주당(RSDLP)이 혁명에서 수행한 정책들을 자신들에게 아무런 교훈이 되지 못한다고 생각했다. 그들은 심지어 입헌민주당과 사회혁명당에게 동정심을 가졌고 대중운동보다는 장관이나 대공을 암살하는 극적인 광경에만 관심을 보였다. 로자 룩셈부르크는 그들의 혁명에 대한 감각을 "산산조각이 난 빙원(氷原)이나 막강한 초원지대에서 지치고 무감각한 채 한탄하고 있는 불쌍한 영혼들, 혹은 최근에 공연된 고리키의 연극, 《빈민굴》이나 몇 권의 톨스토이 작

---

* 프뢸리히, 앞의 책, p.122.

품을 읽고 얻은 지식으로 러시아를 말하는 부르주아 저술가들이나 할 수 있는 타락한 문학연구가의 착각"이라고 매섭게 공격했다.

1905년 가을 예나 당대회에서 대중파업이 독일의 노동자 계급에게 특수한 상황에서만 적용될 수 있다고 결정되자, 로자 룩셈부르크는 예외주의에 맞서 다음과 같이 연설했다.

대중의 정치파업 문제를 토론하면서 이상과 같은 연설을 여기서 듣고 계시는 분들은 누구나 자신의 머리를 꽉 움켜잡히는 감정을 느낄 것이며, 다음과 같이 반문을 해 볼 것입니다. "우리가 실제로 지금 영광스러운 러시아혁명이 일어난 해에 살고 있는가? 아니면 우리가 10년이나 뒤 떨어져 살고 있는가?" … 전에 일어난 혁명, 특히 1848년의 그 혁명적인 상황에서 억제를 받은 것은 대중들이 아니었고 의회주의자들과 법률가들이었습니다. 그래서 그들은 대중과 혁명을 배반하지는 않았습니다. … 이와 같은 모든 편협한 마음을 가진 자들과 대결할 때 우리는 자문 해 봐야 할 것입니다. "노동자들은 쇠사슬밖에 잃을 것이 없다. 그들은 쟁취해야 할 세계만이 있을 뿐이다"라고 대중을 향해 소리칠 때, 이 말이 단지 공공집회에서 의례적으로 사용하고 있는 미사여구인가? 아니면 모든 위험을 각오하고 진지하게 이 말을 사용하고 있는가?(강조는 인용자)*

1905년 12월에 러시아령 폴란드에 밀입국한 로자 룩셈부르크는 혁명의 절정이 한풀 꺾인, 계엄의 바르샤바에서 사태를 일반화하기 위

---

* 같은 책, p.130.

한 노력에 착수했다. 베를린에서 시작했던 '혁명이 일어난 날로부터, 그 다음 과제는 무엇인가?'라는 글에서 로자는 말로만 노동운동에 집착했던 폴란드 사회당의 군사적인 혁명관*을 폭로하고 **경제파업**과 **정치파업**의 관계를 탐구하며 동지들을 이끌었다. 1906년 3월 로자와 요기헤스는 체포되었다. 감옥 안에서 그녀는 팸플릿을 발표했고 자신의 신문 《붉은 깃발》에 논설을 썼다. 그것은 고된 노동의 결과였다. 결국 건강이 악화된데다 독일 국적을 가지고 있었기 때문에, 그녀는 석방되어 폴란드에서 추방되었다.

대중파업

로자는 석방되어 러시아 사회주의자들의 혁명전략 논쟁에 참여한 후 핀란드에 머물면서 새로운 역사적 경험을 일반화하기 위해 《대중파업, 당 그리고 노동조합》(1906년 8월)을 썼다. 그녀는 이 소책자에서 러시아 혁명운동의 역사, 무정부주의, 정치투쟁과 경제투쟁의 결합, 대중운동의 파급과 부문주의·지역주의, 노동조합 관료주의, 조직 노동자와 미조직 노동자의 협력의 문제, 독일의 노동자들을 위한 러시아혁명의 교훈, 독일 노동운동의 전망, 정당의 임무, 혁명과 파업

---

* 폴란드사회당은 사회적 투쟁을 물리적으로 환원시키는 부르주아적 견해를 공유했다. (같은 책, pp.135~136을 보시오.) 결국 폴란드사회당은 1906년 2월 당대회에서 필수드스키의 '사회당혁명파'와 사회민주당의 강령을 받아들이는 좌파로 분열했다. 폴란드에서 로자 룩셈부르크는 12년만에 승리를 거둔 것이다.

의 문제를 다루었다. 그것은 계급투쟁에 관한 가장 뛰어난 마르크스주의의 저작 가운데 하나이다.[*]

러시아 노동계급 운동으로부터 교훈을 배우려 하지 않는 개량주의자들은 다음과 같은 핑계를 들이대곤 했다.

러시아 대중파업의 압도적인 자생성과 초보성뿐 아니라 그 격렬한 혁명 과정 역시, 한편으로는 러시아의 정치적 후진성과 우선적으로 동양의 전제주의를 타도할 필요성으로 설명되며, 다른 한편으로는 러시아 프롤레타리아트의 조직과 규율부족으로 설명된다. 노동자 계급이 30년이나 되는 정치적 삶을 경험했고 3백만 당원을 보유한 강력한 사회민주당이 있고 25만의 선발된 병력이 노동조합으로 조직되어 있는 나라[독일]에서, 정치투쟁이나 대중파업이 중세로부터 근대 부르주아 질서로 막 도약한 반(半)야만적인 상태와 똑같은 격렬하고 초보적인 성격을 띠는 것은 아무리 봐도 불가능하다.

로자 룩셈부르크는 《대중파업》에서 이런 관점을 "형식적인 법률의 문장으로부터 한 나라의 사회적 조건의 성숙도를 알아내려는 사람들 사이에서 통용되는 생각"이라고 비판했다. 혁명 전에 러시아의 대규모 산업과 대도시의 노동자들은 독일 노동자들과 거의 비슷한 생활 수준을 누렸다. 뿐만 아니라 "1905년의 위대한 10월 파업 때 러시아의 철도 노동자들은 당시 공식적인 절대주의 체제였던 러시아에서 운동의 경제적·사회적인 자유에 관한 한 독일인들보다 훨씬 앞서 있었다."

---

[*]　클리프, 앞의 책, pp.10~11, pp.39~42.

페테르부르크, 바르샤바, 모스크바, 오데사에서 투쟁의 전위에 있는 산업 노동자는, 프롤레타리아에게 유일하고 불가결한 학교는 부르주아 의회제도와 '올바른' 조합활동이라고 생각하는 자들이 상상하는 것보다, 문화적·정신적으로 서유럽형에 훨씬 가깝다. 러시아에서 근대적인 자본주의의 발전과 15년 동안 경제투쟁을 고무하고 지도해 온 사회민주당이 발휘한 지적 영향력은 부르주아적인 합법질서의 외적 보호 없이도 문화적으로 중요한 업적을 성취하는 것을 가능하게 했다.(강조는 인용자)

《대중파업》은 1987년 6월 민주주의 투쟁과 연이은 산업투쟁의 물결들 사이의 관계, 87~89년의 상승기와 현재까지를 정치적으로 분석하려 할 때 바탕으로 삼아야 할 관점을 제시해 준다. 또 그 사이의 여러 크고작은 투쟁들, 예컨대 91년의 5월투쟁, 93년의 현총련 파업, 94년의 전지협 파업 등을 일반화하는 데도 교훈을 준다. 오늘날 벌어지는 모든 투쟁들은 여전히 《대중파업》의 올바름을 입증해 준다.

사회주의냐 야만이냐

로자 룩셈부르크는 사회주의를 의식적인 인간 활동의 결과라고 이해했다. 로자는 《자본축적론》(1913년)에서 제국주의는 오랜 기간에 걸쳐 자본주의를 안정시키는 동시에 인간성을 그 폐허 속에 파묻는 위협이 된다고 주장했다.

제국주의에 대한 사회민주주의의 굴복의 조짐은 인터내셔널의

1907년 슈투트가르트 대회에서 나타났다. 로자와 카우츠키는 노동자가 권력에 이르는 길에 대한 논쟁으로 1910년에 결별했다. 1914년 2월, 로자는 병사들의 반란을 선동했다는 이유로 체포되었다. 8월 4일 제2인터내셔날의 '대들보와 본보기' 역할을 했던 사회민주당은 전쟁공채의 발행에 찬성했다. 제2인터내셔널의 '사회주의'는 붕괴했다.

갑자기 … 모든 원칙들과 단호한 이론들에도 불구하고 … 지독한 긴장감이 해소되었다. … 우리는 4반세기만에 처음으로 흔쾌한 마음과 깨끗한 양심을 가지고, 엄습해 오는 배반감 없이, "만국 위에 있는 도이칠란트여, 도이칠란트여!"라는 힘찬 노래를 소리 높이 부르는 데 동참할 수 있게 되었다.*(강조는 인용자)

처음에 단 한 사람, 카를 리프크네히트만이 반대했다. 1915년에 로자는 프란츠 메링과 함께 《인터내셔널》을 창간했다. 10월에 베를린에서 물가인상에 반대하는 주부들의 시위가 있었다. 1916년 베를린에서 좌파의 전국대회[스파르타쿠스]가 개최됐다. 그녀는 《사회민주주의의 위기》(유니우스 팸플릿)라는 반전 팸플릿에서 자본주의의 야만을 고발했다.

짐승 같은 제국주의가 전유럽의 전장을 황폐화시키고 있다. 또한, 이것은 또 하나의 결과 — "문명세계"는 눈을 돌리지도 않고 괴로워하지도 않는 — 즉 유럽프롤레타리아의 대량 살륙이라는 결과를 초래하고 있다. …

---

* 《동유럽은 어디로? I》, 신평론, 1990, pp.82~83.

우리의 희망, 우리의 피와 살이 마치 낫에 베인 곡식알처럼 떨어지고 있다. 가장 훌륭하고 가장 현명하며 가장 잘 훈련받은 국제사회주의의 역량들, 현대 노동자 계급운동의 영웅적 전통을 지닌 사람들, 전세계 프롤레타리아의 전위부대, 즉 영국·프랑스·독일·러시아의 노동자들이 대량 살륙되고 있는 것이다. … 이것은 전인류의 미래를 지탱하는 힘, 즉 과거의 유산을 보존하며 보다 새롭고 보다 나은 인간사회로 나아가려는 유일한 힘에 대한 치명적 타격이다. 자본주의는 이제 진정한 모습을 드러냈다. 자본주의는 이제 그 역사적 정당성을 잃어버렸다는 것, 자본주의의 존속은 이제 더 이상 인류의 진보와 화해할 수 없다는 것이 밝혀진 것이다.[*](강조는 인용자)

로자 룩셈부르크는 새로운 인터내셔널의 건설을 위해 투쟁했다.

전세계에 걸친 노동자들의 친교는 세상에서 가장 성스럽고 가장 고귀한 것이다. 그것은 나를 인도하는 별이며 나의 이상이요 나의 조국이다. 나는 이러한 이상을 잃는다면 차라리 곧 죽음을 택하겠다![**]

1916년 사회주의청년동맹이 비밀회합을 갖고 스파르타쿠스를 지지하기로 결정했다. 같은 해 메이데이에 스파르타쿠스는 포츠담 광장에서 반전시위를 조직했다. 경찰의 봉쇄를 뚫고 1만여 명의 노동자들이 시위에 참가했다. 리프크네히트는 체포되었지만 전쟁이 터진 후

---

[*] 클리프, 앞의 책, pp.46~47.

[**] 프뢸리히, 앞의 책, p.264.

최초의 공개적인 대중행동은 성과를 거두었다. 1916년 6월 28일 칼리프크네히트의 재판이 있던 날 베를린에서 시위가 있었다. 선고 발표일에는 군수공장에서 5만 5천 명의 노동자들이 파업을 단행했고 몇몇 지역에서 시위와 파업이 있었다. 군대는 곧 보복에 나섰고 7월에 로자 룩셈부르크도 다시 체포되었다. 매우 어려운 시기에 개인들이 중요한 임무를 수행했던 것이다.

로자 룩셈부르크와 러시아혁명

러시아 혁명은 로자의 사상이 최초로 승리한 것이었다. 무엇보다 러시아 혁명은 제1차세계대전을 끝장낸 혁명의 첫째 물결로써 중요했다. 그것은 전쟁으로부터 인류를 구원할 수 있는 유일한 길이었다. 제국주의 전쟁을 내전으로 전환시키지 않고도 군국주의와 맞서 싸울 수 있다고 주장한 베른슈타인과 카우츠키의 논리에 맞서 로자는 반전투쟁을 사회주의를 성취하기 위한 투쟁과 결합시켰다. 이것이 가능하다는 것을 입증한 사건이 러시아 혁명이었다.

새로 결성된 독일 독립사회민주당(USPD)의 지도자들은 "독일은 러시아가 아니다. 국내에서 자유를 위한 투쟁은 의회 차원에서 수행되어야 한다"고 선언했다. 천만에, "전진하라! 전진하라! 전쟁을 종식시켜 러시아 혁명을 구해내고, 너 자신을 해방시켜라!"

러시아의 희망에 대한 공식 '사회주의자'들의 냉담한 주장들 ㅡ"전쟁과 차리즘의 패배로 얻은 [우연적인 ㅡ 인용자] 수확", "사회민주당에 의해 이데올로기적 세례를 받은 독일 제국주의의 군사적 모험에 의한 혁명의 촉발", "경제적으로 낙후되어 있고 압도적인 농업국이기 때문에 혁명과 프롤레타리아 독재를 위한 조건이 성숙되지 않았다."[*] — 에 대해 로자는 "카우츠키가 정부 사회민주당원과 공유한 공리공론적 이론"이라고 반박했다.

한편 실천적인 면에서 보면, 이것은 러시아 혁명과정에 대한 국제, 특히 독일 프롤레타리아의 책임을 면제시키기 위한 시도로 보이며, 러시아 혁명의 국제적 연결관계를 부정하려는 시도로 보인다. 전쟁과 러시아 혁명이 증명해 보인 것은 러시아 프롤레타리아의 미성숙이 아니라, 독일 프롤레타리아가 그들의 역사적 과업을 수행하는데 미성숙했었다는 점이다.[**](강조는 인용자)

박호성 씨가 러시아혁명이 "새로운 사회주의 체제를 건설할 만큼의 충분한 사회적 생산력을 갖추지 못한 곳에서 발발했다."[***]고 말한 것은 카우츠키의 주장을 되풀이한 것에 불과하다.

당신은 러시아인들을 어떻게 생각하십니까? 물론 그들이 악마의 연회를 벌이게 될 것이라고 할 수는 없을 것입니다. 왜냐하면 당신의 현명한 남편 (카우츠키 — 인용자)이 주장하듯이 통계상으로 러시아의 경제가 아직 저

---

[*]　로자 룩셈부르크, 앞의 책, pp.40~41.

[**]　같은 책, p.43.

[***]　박호성, 앞의 글, p.245.

개발 상태여서 그런 것이 아니고, 고도로 경제가 발전된 서구의 사회민주 당들이 러시아인들이 피를 흘리며 죽어가는 것을 조용히 구경만 하고 있는 가련한 겁장이들로 구성이 되어 있기 때문입니다. 그러나 그와 같이 결말이 나는 것도 '부르주아 조국을 위해서 살아가는 것'보다는 낫습니다. 이는 그 혼적이 세계 역사상 영원히 사라지지 않을 훌륭한 행동으로 남을 것이기 때문입니다.[*]

프롤레타리아는 권력을 장악할 때 카우츠키의 충고를 결코 따를 수 없을 것이다. 그 이유는 카우츠키의 충고가 '러시아 사회의 미성숙'을 핑계로 사회주의 혁명을 포기하고, 민주주의에 헌신할 것을 권고하고 있기 때문이다. 프롤레타리아는 자신과 인터내셔널과 혁명을 배반하지 않고서는 이런 식의 충고를 따를 수 없을 것이다.(강조는 인용자)[**]

또 박호성 씨의 주장은 마르크스의 국제주의를 이해하고 있지 못하다는 것을 드러낸다. 한 나라에서 혁명은 한 나라의 생산력에 의존하지 않는다. 마르크스의 국제주의는 자본주의 세계시장이 창출한 프롤레타리아트가 세계자본주의에 맞서 국제적 투쟁을 벌이는 국제적 계급으로서 존재한다는 것에 바탕을 둔다. 박호성 씨의 '국제주의'는 자유무역주의를 좌익이론의 껍데기로 포장한 부르주아 자유주의 사상일 뿐이다.

---

[*] 1917년 11월 로자가 카우츠키의 부인인 루이제 카우츠키에게 보낸 편지의 일부. 프뢸리히, 앞의 책, p.281.

[**] 로자 룩셈부르크, 앞의 책, pp.97~98.

로자는 1918년에 감옥에서 러시아혁명에 관한 팸플릿을 썼다.[*]

임채윤 씨는 《학회평론》에 실린 글, '누가 로자 룩셈부르크를 구할 것인가'에서 로자가 러시아혁명을 근본적으로 비판했다고 말했지만 러시아혁명에 대한 그녀의 글 1장 제목은 '러시아혁명의 근본적 중요성'이다.

러시아혁명이 걸었던 길을 비판적으로 검토하는 것이 러시아혁명의 사례에 대한 존경과 매력을 약화시킬 것이라고 우려하는 것은 그릇된 것이다. 러시아혁명에 대한 사례만이 독일 대중의 숙명적 무기력함을 극복할 수 있게 할 것이다.[**]

노동자 계급의 자기의식적인 해방은 무엇보다 자기비판[반성]을 포함한다.

---

[*] 로자는 볼셰비키의 농민에 대한 토지분배를 비판했다. 그러나 상황은 레닌과 트로츠키에게 또 다른 **최선의** 혁명적 토지 정책을 허락하지 않았다. 그것에 대한 로자의 비판은 1905년 레닌의 입장이기도 했다. 루카치가 지적했듯이 "확실히 해두어야 할 것은 볼셰비키에게는 사회주의를 향한 방향에 있는 농업개혁과 사회주의로부터 멀어지게 하는 농업개혁 사이의 **선택이** 주어졌던 것이 아니라 오직 본능적인 농민봉기의 해방된 에너지를 프롤레타리아혁명을 위해 동원하느냐 아니면 ― 이에 거역하여 ― 프롤레타리아트를 절망적으로 고립시켜서 반혁명이 승리하도록 도와줄 것이냐 사이의 선택이 주어졌을 뿐"이다. (루카치, 앞의 책, p.372.)

민족정책에 대한 로자의 비판을 받아들였다면 노동자권력은 더 빨리 고립되었을 것이다. 한편 박호성 씨는 로자가 민족주의가 지니는 전략적 중요성을 인정하지 않았다고 주장하지만 이는 사실과 다른 것이다. 그녀는 터키에 대항한 남부 슬라브인의 민족운동을 지지했다. (클리프, 앞의 책, pp.74~75를 보시오.)

[**] 로자 룩셈부르크, 앞의 책, p.45.

독일 프롤레타리아가 역사적인 행동을 할 수 있는 능력을 갖추려면, 혁명적 만세소리에 부추김을 받아서 되는 것이 아니라 오히려 그 반대이며, 전체 상황의 무서운 심각성과 이에 부수적으로 따르는 과업의 복잡성을 꿰뚫어 볼 수 있고, 정치적으로 성숙하며 지성적으로 독자성을 확보하고, 대중의 비판적 판단능력이 개발되어 독일 사회민주당이 온갖 변명을 다 늘어놓으면서 수년간이나 침체하고 있는 현실을 비판적으로 직시할 수 있을 때 가능한 것이다.*

독일의 노동자 계급은 자신들의 과거에서 교훈을 이끌어 내야 했고 피흘리는 러시아혁명을 구해야 했다. 자신의 임무를 망각하는 것 — 부추김에 의한 무의식적인 행동은 프롤레타리아 혁명의 특징이 아니다.

이와 같이 **쓰라린 지식**을 배경으로 할 때에만 우리는 러시아혁명의 운명에 국제 프롤레타리아의 책임이 막중했다는 것을 알 수 있게 된다. 나아가 그러한 지식에 기초했을 때에만 프롤레타리아 혁명을 위한 결연한 국제적 행동의 결정적 중요성을 알게 될 것이다. 그러한 행동이 필수적으로 뒷받침되지 않고서는 단일 국가 내에 아무리 거대한 에너지가 있고, 프롤레타리아의 희생이 아무리 크다 하더라도, 그것은 필연적으로 자가당착과 엄청난 실수만을 불러일으킬 뿐이다.**(강조는 인용자)

---

* 프뢸리히, 앞의 책, p.284.
** 로자 룩셈부르크, 앞의 책, pp.44~45.

현존 '사회주의' 붕괴와 로자 룩셈부르크

국제사회주의자들(IS)은 크게 세 가지 이유로 멋진 대중시위의 물결을 포함했던 '사회주의' 붕괴를 환영했는데 첫째로 그것은 수억의 사람들이 일당독재로부터 해방되었다는 것이고 둘째는 노동자 대중에게 일정한 영향력을 행사한 스탈린주의 영향력의 종말이었고 셋째로 관료적 국가자본주의의 위기가 서방 자본주의의 위기와 연관있다는 이유였다.

스탈린주의가 기세등등했던 시기에도 로자의 이론은 혁명적인 해부용 칼이었다. 무엇보다 소위 '사회주의 더하기 마르크스-레닌주의' 정부가 등장했던 나라들에서 진지한 대중동원은 일어나지 않았던 것이다. 독일혁명이 한창일 때 그녀는 현재와 미래를 위해 이렇게 썼다.

사회주의는 법령에 의해 창출되지 않을 것이고 창출될 수 없으며, 어떠한 정부에 의해서도 창출될 수 없다. 아무리 사회주의적인 정부라 하더라도 말이다. 사회주의는 대중에 의해서, 모든 프롤레타리아에 의해서 창출되어야 한다. 자본주의의 사슬은 만들어진 곳에서 끊겨야 한다. 그것만이 사회주의이며, 그러한 경우에만 사회주의가 창출될 수 있다.(강조는 인용자)*

옳았던 것은 로자 룩셈부르크이지 스탈린과 마오쩌둥, 멩기스투(이디오피아의 '사회주의' 독재자)와 김일성, 카스트로가 아니었다.

---

* 국제 사회주의자들(IS), 《정치적 명확성을 위하여》, 1991, p.75.

마르크스주의는 사회주의를 다수의 자기의식적인 행동이라고 보는 데서 출발했다.

> 최근 비스마르크[스탈린으로 읽어보라 — 인용자]가 국유화의 길로 뛰어든 이래 일종의 가짜 사회주의가 나타나서 어떤 곳에서는 독특한 자발적인 하인 노릇까지 하면서 생산수단의 온갖 국유화를, 심지어는 비스마르크의 국유화까지도 서슴없이 사회주의적 국유화로 선언하고 있다. 만일 국가의 담배 전매가 사회주의라면 … 만일 그것이 사회주의적 조치라면 왕실해외무역회사나 왕실도자기제작소나 심지어 육군중대 피복부까지도 … 사회주의적 시설로 인정해야 할 것이다*(강조는 인용자)

옛 스탈린주의 좌익들은 이제서야 로자 룩셈부르크를 기억해 냈다. 그러나 이번에는 로자를 레닌·트로츠키의 반대편에 세움으로써 그녀의 자발성에 대한 강조를 왜곡하고 있다. 종종 제헌의회 해산에 대한 그녀의 비판이 근거로 제시되곤 한다. 그러나 로자는 곧이어 독일혁명에서 입장을 바꿨다. 1918년 11월에 그녀는 다음과 같이 썼다. "국민의회를 변호하는 사람은 누구나, 의식적으로든 무의식적으로든, 혁명을 부르주아혁명이 역사적으로 도달한 수준으로 끌어내리려 하고 있다. 그는 부르주아지의 위장 스파이거나 프티부르주아지를 무의식적으로 대변하는 자이다. … 오늘날 우리 앞에 놓인 대안들은 민주주의와 독재가 아니다. 그것들은 부르주아 민주주의와 사회주의적 민주주

---

* F 엥겔스, 《공상에서 과학으로》, 새날, 1990, p.66.

의이다. 프롤레타리아 독재는 사회주의적 의미에서의 민주주의이다."

레닌과 트로츠키 정책의 필연적 귀결이 스탈린주의라는 박호성 씨의 주장은 역사에 대한 왜곡이다. 스탈린주의는 독일혁명이 실패한 결과이다. 독일의 — 따라서 유럽의 — 지배계급은 오로지 사회민주당과 독립사회민주당의 도움 덕분으로 체제에 대한 노동자들의 반란을 잠재울 수 있었다.*

결국 박호성 씨의 주장은 현존 '사회주의' 붕괴의 원인을 러시아혁명에서 찾는 것이다. 스탈린독재, 한반도 북부의 무력점령, 헝가리와 아프카니스탄 침공, 소수민족에 대한 대량학살, 핵 위협, 옐친 같은 벼락부자들의 횡포 따위가 레닌과 그의 동료들의 노력 — 혁명적 노동자당 — 과 1917~23년 유럽 노동자들의 반란에서 비롯됐다는 주장은 역사와 인간의지 — 로자 룩셈부르크를 포함하는 — 에 대한 조롱일 뿐이다.

1918년 11월 독일혁명으로 출소한 로자의 좌우명은 "감히 해보는 용기는 혁명의 첫단계이다."였다. 로자 룩셈부르크는 정부에 입각한 '사회주의자'들에게 학살당하기 며칠 전에 자기 삶과 사상에 대한 마지막 글을 썼다. 이 글은 그녀가 죽기 하루 전인 1919년 1월 14일 '베를린의 통치질서'라는 제목으로 《붉은 깃발》에 실렸다.

'바르샤바는 질서가 정연하다', '파리는 질서가 정연하다', '베를린은 질서가 정연하다' 이렇듯 50년마다 '질서'의 수호자들의 보도가 세계사적 투쟁의

---

* 던컨 핼러스, 앞의 책, pp.132~147를 보시오.

한 중심에서 다른 중심으로 퍼져 나갔다. 그리고 기쁨에 찬 '승리자'들은 유혈 학살극에 의해 일시적으로 유지될 수밖에 없는 '질서'라는 것이 그들의 역사적 숙명, 즉 파멸로 나아가고 있다는 점을 깨닫지 못하고 있다.

혁명적 투쟁에 관한 한, 사회주의의 모든 노정은 완전한 패배로 점철되어 왔다. 하지만 바로 이러한 역사가 한 걸음 한 걸음, 불가항력적인 궁극적인 승리를 향해 나아가고 있는 것이다. 우리들이 그로부터 역사적 경험과 지식과 힘과 이상주의를 얻어내는 그러한 '패배'가 없었다면 우리는 오늘날 어디에 있었을 것인가! … 우리는 명백히 그러한 패배 위에 있으며, 그것들 가운데 하나라도 없었다면 살아갈 수 없었을 것이다. 그것들은 하나하나가 우리의 힘이 되고 있으며 또 우리의 목적을 뚜렷하게 해 주고 있다.

대중은 그러한 임무를 수행하기에 적합하였다. 그들은 이러한 패배를, 국제 사회주의의 긍지와 힘을 만들어 낸 그러한 역사적 패배의 한 부분으로 승화시켰다. 이 때문에 이러한 패배가 미래의 승리를 위한 씨앗이 되는 것이다.

'베를린은 질서가 정연하다!'고? 이 어리석은 아첨꾼들 같으니라고! 너희들의 질서는 사상누각이다. 혁명은 격렬한 소리를 내며 다시 일어설 것이다. 그리고는 너희들이 두려워 떨게끔 소리에 맞춰 크게 외쳐댈 것이다. "나는 과거에도 그러하였고 지금도 그러하며 앞으로도 변치 않을 것이다"라고.* (강조는 인용자)

---

*   Charlie Hore, *The road to Tiananmen Square*, Bookmarks, 1991, pp.130~139에서 재인용[국역: 찰리 호어, 《천안문으로 가는 길》, 책갈피, 2002]

안토니오 그람시의 생애

안토니오 그람시는 1891년 이탈리아 남부의 빈곤한 농어촌 지역인 사르데냐 섬에서 태어났다. 아버지는 지주도 소작인도 아닌 하급 공무원이었으니 당시 사르데냐 사회에서는 중간계급에 속한 가정이었다.

하지만 아버지가 지역 유지들에게 잘못 보여 억울하게 옥살이를 상당 기간 한 적이 있어, 이후로도 그람시의 집안 형편은 넉넉치 못했다. 대학 시절에는 끼니를 거르기까지 해야 했던 적도 여러 번 있었다.

그람시는 다섯 살 때부터 척추장애아가 돼, 이후 '꼽추'라고 천대받으며 살아야 했다. 게다가 척추장애로 말미암은 퇴행성 질환 때문에 그는 평생 병치레로 골골해야 했다. 또, 척추장애로 그람시는 매우 단신에 가분수인 외모로도 마음고생을 했다.

그람시는 무솔리니의 감옥에 수감돼 있는 동안 척추 카리에스, 결

최일붕, 〈레프트〉 107호, 2013년 6월 22일. https://wspaper.org/article/13225.

핵, 동맥경화증 등으로 극심하게 쇠약해졌다. 하지만 파시스트 정권은 그를 치료하길 사실상 거부했다. 마침내 그람시는 1937년 옥사하기에 이르렀다. 그래서 그는 지금까지 마르크스주의 순교자로 존경받고 있다.

그람시는 스무살 때인 1911년 이탈리아 북부의 공업 도시 토리노의 토리노대학교에 장학금을 받고 들어갔다. 그는 언어학을 전공하면서 철학·역사학·문학 등 인문학 분야도 열심히 공부하는 한편으로 1913년 이탈리아 사회당(PSI)에 가입했다.

그러나 1915년 그람시는 건강이 나빠져 한 학기를 남기고 졸업을 포기한다. 대신에 그는 본격적으로 사회주의적 정치 활동에 뛰어들어 1915년 사회당 신문의 기자로 일하기 시작했다.

그즈음 이탈리아는 제1차세계대전에 참전했고, 가차없이 군수품 생산을 촉진했다. 금속 산업, 특히 자동차 공업과 주조 공업이 급성장했다. 노동계급도 급성장했다. 하지만 전쟁 인플레로 노동자들의 실질임금은 대폭 줄어들었고, 공장은 군대의 규율에 종속돼 노동강도가 엄청나게 강화됐다.

농민과 농업 노동자는 징집돼 무려 5백만 명이 전장으로 보내졌다. 그 가운데 60만 명이나 사망했고, 훨씬 더 많은 수가 지체장애인이 됐다.

전쟁이 끝날 무렵인 1918년 말부터 1919년 초까지 이탈리아는 정치적으로 폭발 일보직전의 활화산이 됐다. 실업이 급증했고, 식료품과 물자가 크게 부족했다. 사병들인 농민들은 불만과 보상에 대한 기대 심리로 급진적인 행동을 하기 시작했다. 특히 토지 재분배를 요구하는 격렬한 행동이 급증했다.

　노동자들도 고용 보장과 임금 인상을 요구하는 단체행동을 했다. 특히 토리노 노동자들은 투쟁 전통이 아주 강력했다. 이들은 1911년 이래의 전통에 따라 공장에서 '내부위원회'라는 현장조합원 조직을 건설했다.(오늘날 한국에서 '현장조직'이라고 얼토당토않게 불리는 것과는 성격이 전혀 다르다.)

　이 조직의 특징은 노조 가입 여부와 관계 없이 모든 노동자들을 아울러 쟁의를 준비시킨다는 점이다. 이 점은 당시 이탈리아 상황에서 매우 중요했는데, 전쟁 덕분에 여성을 포함한 새로운 노동자층이 대거 공장으로 유입됐기 때문이다. 토리노 내부위원회들의 활약에 힘입어 이탈리아 금속 노동자들은 임금 인상, 실업보험, 내부위원회 인정 등을 얻어 냈다.

　한편, 이탈리아는 승전국인 영국과 프랑스 편에 섰는데도 전리품으로 얻은 영토가 지배자들과 민족주의자들에겐 너무 불만족스러워 속이 부글부글 끓었다. 민족주의 시인 단눈치오가 주도한 준군사 조직이 군부의 사주와 후원으로 발칸반도의 도시 리예카를 강점하는 사태도 벌어졌다. 이로써 우익이 의회 바깥의 행동으로 일정한 성과를 얻어 낼 수 있다는 생각과 전례가 마련돼 파시즘의 비옥한 토양이 됐다.

　이제 우익이든 좌파든 중앙 정부를 무시하는 게 일상사가 됐다. 이탈리아는 1917년 당시의 러시아를 방불케 하는 상황에 놓이게 된 것이다. 1919~20년의 "붉은 2년(Biennio rosso)"은 바로 이런 상황에서 일어난 것이다.

비엔뇨 로소 (Biennio Rosso)

1919년 토리노 노동자들은 내부위원회를 기반으로 공장평의회를 설립했다. 공장평의회는 공장 운영을 담당했다. 자연히 기업주의 경영권과 충돌할 수밖에 없었다. 그람시는 한걸음 더 나아가, 공장평의회가 혁명적 지방정부 구실을 하는 러시아 소비에트처럼 돼야 한다고 주장했다.

그리고 그람시는 1919년 5월 혁명적 주간신문 〈새 질서 L'Ordine Nuovo〉를 창간해 매주 공장평의회를 핵심 이슈로 다뤘다. 그래서 〈새 질서〉는 공장평의회 신문으로까지 알려졌다. 〈새 질서〉는 다음과 같은 운동을 벌였다 — 모든 노동자가 공장평의회 투표권 갖기, 각 작업장마다 자신의 작업장 대표 선출하기, 현장 노동자들의 참여와 통제를 증대시키기 등.

그러나 그람시가 하나 놓친 게 있다. 그람시는 사회의 혁명적 변혁이 있어야만 노동자 관리가 온전히 발전하고 유지될 수 있다는 점을 과소평가하는 경향이 있었다.

그러나 그런 변화가 없으면 공장평의회는 수많은 개개의 쟁의에 휩쓸리고, 거기에 에너지를 소모하고, 마침내 좀 더 투쟁적인 신종 노조 대표자 기구가 되는 것에 머무를 위험이 있었다. 이것은 노동조합 관료 기구의 개혁주의에 의해 포섭되고 순치되는 길이었다.

그람시는 공장평의회의 존재에 매료된 나머지 혁명적 정당(그람시는 이를 "근대 군주"라고 불렀다)의 구실도 과소평가했다. 이는 어느 정도 사회당의 나머지 분파들이 — 초좌파*인 보르디가 파를 포함해 — 보이고 있던 엘리트적 당 개념에 대한 반발의 성격도 짙었다. 그들은 모두 대중의 자주적 활동을 경시하고 당이 대중에게 해방을 가져다줄 것처럼 말하고 있었다.

그러나 그람시의 반발은 자신의 고유한 입장을 옹호해 당내 투쟁을 벌이는 것을 회피하는 것으로 나타났다. 덕분에 득을 본 건 아마데오 보르디가의 초좌파와 세라티의 중간주의**파였다. 또한 그 덕분에 그람시 파와 〈새 질서〉의 영향력도 토리노와 그 배후지에 국한되게 됐고, 노동조합 관료들도 협공에 가세하기가 쉬워졌다.

한편, 기업주들은 공장평의회를 깨뜨리고자 안달이 나 있던 터에 그람시와 〈새 질서〉 파가 토리노에 고립돼 있는 틈을 봤다. 1920년 9월 사용자들은 이탈리아의 가장 중요한 공업 도시로 〈새 질서〉의 영향력이 미미했던 밀라노에서 먼저 대량 해고 공격을 자행했다. 이에 대한 반격으로 공장 점거 투쟁이 일어나 며칠 만에 1백만 명이 공장을 점거했다. 그리고 이 운동은 토리노로도 번졌다. 공장 점거로 공장평의회들도 활력을 되찾았다.

공장 점거 운동의 힘은 밀라노와 토리노가 서로 불균등했다. 〈새 질서〉의 영향력이 미미한 밀라노에서는 노조 관료들과 사회당이 공

---

* 개혁주의 단체들과 일체의 협력과 타협을 거부하는 조류. '혁명적 순수성'을 내세우며 주요 정치 투쟁에 기권해 사실상 운동을 개혁주의에 넘겨주는 경우가 흔하다.

** 개혁주의와 혁명적 사회주의를 오락가락하는 정치 조류. 혁명적 언사를 사용하기도 하지만 개혁주의적 전략을 추구하거나 일관된 전략이 없는 경우가 흔하다.

장평의회를 설립하고 통제했다. 그들은 공장 점거 운동을 총리 졸리티가 이끄는 정부를 압박하는 수단으로만 여겼다. 자기들과 기업주들 사이를 중개하라고 요구하면서 말이다.

다른 한편, 토리노에서는 노조 관료와 사회당 정치인 들이 〈새 질서〉를 지지하는 노동자들의 기세 때문에 이러지도 저러지도 못하고 있었다. 바로 이때 그람시는 사회당과 결별해야 했다. 안타깝게도 그람시는 혁명가들이 사회당과 별개인 공산당을 창립해야 한다는 생각을 반년 전쯤인 1920년 봄에야 하기 시작했었다. 그람시와 〈새 질서〉 파야 순식간에 새 당을 설립할 수 있었겠지만, 공장평의회의 다수와 사회당의 전국 당원을 설득하려면 시간이 필요했는데, 시간이 없었다.

결국 사회당과 노동조합총연맹 관료들이 그동안 벌이던, 혁명을 둘러싼 추상적 논쟁극을 끝마치면서 토리노의 공장 점거 운동도 막을 내려야 했다.

공산당 창당

공장 점거 운동이 끝나고 나서야 비로소 사회당과 별개로 공산당을 창당하자는 목소리가 터져나왔는데, 그 목소리의 주인공은 그람시가 아니라 초좌파인 보르디가였다. 중간주의파의 세라티가 개혁주의파의 필리포 투라티와 타협하고 절충하느라 기회를 놓치고 방향감각마저 잃고 있었는데, 이에 대한 불만과 분노를 거창하고 과장스런 혁명적 언사로 자극하면 꽤 큰 반향을 얻을 분위기였다.

특히, 보르디가의 당 개념은 내가 앞서 언급했듯이 매우 엘리트주의적이어서, 공장 점거 운동 기간에도 그는 그저 당의 구실만 강조했었다.

게다가 보르디가는 공장평의회를 지지하지 않고 아예 비난했었다. 이유인즉슨, 공장평의회 때문에 당의 정권 장악 노력에 사회주의자들이 주의를 집중시키지는 않고, 오히려 경제주의라는 한계 때문에 주의가 분산된다는 것이었다.

그람시와 〈새 질서〉도 보르디가에게서 비난받았다. 이처럼 엘리트주의적인 보르디가의 당 개념은 그람시의 당 개념과 도무지 맞을 수 없었다.

안타깝게도 그람시는 침묵했다. 내 보기로 그는 보르디가에게 주눅이 들어 있었다. 그리고 보르디가의 신당 창당 계획을 그냥 묵종하면서 공산당 창당 과정에서 주변적인 처지에 스스로 머물렀다.

이것은 나쁜 결과를 빚었다. 세라티의 중간주의파도 러시아 혁명과 이탈리아 혁명을 지지하는 입장이었다. 그러므로 보르디가는 그들과 함께할 수 있었고, 함께해야 했다. 그러나 그렇게 하지 않았다. 소수파인 개혁주의파만 쫓아내야 했는데, 그만 보르디가는 자기가 분당해 버렸다.

그런데 그만 그람시는 이것을 묵종했다. 1921년 1월 리보르노에서 열린 사회당 대의원대회에서 보르디가는 탈당을 감행했고, 그람시도 보르디가와 행동을 같이했다. 보르디가와 그람시가 분당해 창당한 공산당은 예상보다도 훨씬 더 소규모였고, 사실상 고립된 당으로 출발했다. 게다가 창당 이후 과정에서 보듯이, 초좌파주의로 말미암아 미숙하고 치기 어리다는 한계를 안고 태어났다.

무솔리니의 등장

이탈리아 노동운동은 공장 점거 운동이 제공한 기회들을 놓쳤다. 그럼으로써 큰 대가를 치르게 된다. 공장 점거 운동이 패배한 다음 해인 1921년과 1922년 파시스트들이 날뛰며 농민 조합, 농업 노동자 조합, 좌파 계열 신문사, 사회당이 집행권을 행사하고 있는 지방자치 단체의 건물 등을 불태우고 활동가들을 살해하는 따위의 테러와 린치를 가했다.

좌파 일반이 혼란에 빠졌고, 특히 사회당과 노조 관료들은 별 효력도 없이 법과 질서에 호소하기만 했다.

세라티는 그저 공허하게 사회주의를 주장할 뿐, 알맹이 있는 전술들을 내놓지 못하고 있었다. 공산당 지도자 보르디가는 파시즘이 의회 제도를 제거한다면 의회 민주주의에 대한 노동자들의 환상도 제거해 주는 셈이니 나쁠 게 없다고 주장했다. 게다가 반파시즘 공동 행동을 위해 공산당이 비혁명적인 세력과 동맹을 맺어 봤자 자신의 혁명적 순수성만 희석시킬 뿐이라며 공동전선을 거부했다.

이 순간 그람시는 '이게 아닌데' 하는 생각을 하면서도 위축돼 있고 의기소침해 있어서, 명료한 생각을 발전시킬 수 없었다. 이 위험한 순간에 말이다.

다행히 로마, 파르마, 리보르노, 라스페지야 등지에서 아르디티 델 포폴로, 즉 '인민의 분대들'이라는 반파시즘 행동단체가 결성돼 파시스트들과 '맞장뜨고' 있었다.

불행히도 사회당과 노동조합 관료들은 이들을 비난했다. 이들이 파시스트에 맞서 비합법적인 수단을 사용하기를 불사한다는 것이 이유였다. 사회당과 노조 관료들은 심지어 무솔리니와 평화협정을 맺기까지 했다.

물론 무솔리니는 곧 간단히 무시해 버렸다. 덕분에 좌파 측만 무장 해제됐고 그 틈에 더 큰 타격을 입었다.

파시스트들이 승리할 듯하자 비로소 노동계의 비혁명적 지도자들은 총파업을 호소했다. 그러나 노동자들을 정치적으로 준비시키지 않고 그저 졸속으로 지시한 총파업은 공허한 호소로 끝날 수밖에 없었다.

그람시는 처음에는 아르디티 델 포폴로를 반겼다. 하지만 당의 보르디가 지도부가 그와 다른 결정을 내리고, 무솔리니 집권으로 달라지는 게 없을 것이라고 주장하자 이내 침묵해 버리다가 심지어 이 말도 안 되는 헛소리를 일부 대변하기까지 했다.

보르디가가 이끄는 공산당의 초좌파주의는 1922년 2월 노동조합 총연맹, 아나키즘적 신디컬리스트 노조연맹체, 선원노조 등이 공동으로 구축한 반파시즘 노동운동연합을 종파적으로 불신하고 의심하는 태도에서도 드러났다.

결국 무솔리니는 큰 저항에 직면하지 않고 마침내 1922년 10월 집권하게 된다. 그리고 파시즘의 탄압은 토리노에도 미치고, 1926년쯤엔 모든 진보 단체와 개인, 심지어 모든 자유주의 단체와 개인에게도 미치게 된다.

다행히 그람시는 1922년 코민테른* 제4차 대회에 이탈리아 측 대표로 참석해 모스크바에서 1년반 가량 코민테른 집행위원회에서 활동하며 체류하게 되는데, 이것이 그의 정치적 삶의 결정적 전환점이 된다.

공산당의 방향 전환을 위한 그람시의 노력

그람시는 1924년 초부터 당의 지도권을 확실하게 장악할 수 있었다. 보르디가가 지도부에서 밀려난 지 반년 남짓이 지난 뒤였다.

그는 파시즘이 여느 자본주의 정권과는 확연히 구분되는 것이라고 강조했다. 파시즘은 자본가 계급도 노동계급도 사회 위기를 해결하지 못하고 있을 때 등장하는 중간계급 대중 운동으로, 매우 모순됐으면서도, 좌파 단체와 노동단체는 물론 의회제 민주주의의 계급 타협 기구들, 심지어 국가와 교회에서 독립적인 단체들도 금지시키는 걸 표방하는 매우 극우적인 정치 운동이자 그에 기반한 정권이라는 것이다.

———

* 러시아혁명 성공 후 혁명을 국제적으로 확산하기 위해 레닌이 만든 국제공산당.

그러므로 파시즘에 맞서 모든 반파시즘 단체들이 단결된 행동을 할 수 있다. 공산당은 종파적 회피 노선을 그만두고 파시즘에 맞서 코민테른 제3차 대회와 4차 대회가 역설한 공동전선 정책을 채택해야 한다. 물론 그람시는 부르주아 민주주의에 대한 아무런 착각도 하지 않았고, 또한 그런 착각을 해선 안 된다고 경고했다.

이(공동전선) 정책은 파시스트에 맞서 단결을 염원하는 노동 대중의 정서에 아주 잘 부합하는 것으로 드러났다.

덕분에 그람시가 새 리더인 공산당은 1924년 4월 사회당 소속 국회의원 마테오티가 파시스트들에 의해 살해당한 사건이 불거지면서, 무솔리니에 반대하는 대중 정서가 폭발적으로 분출하고 확산되던 3~4개월 사이에 몇 배로 급성장했다.

그리고 그람시는 1926년까지 당에 대한 리더십을 계속 키우면서 당을 보르디가의 종파적 유산에서 벗어나도록 재무장시켰다. 이를 잘 반영하는 문서가 바로 1926년 1월의 〈리옹 테제〉다. 이 문서는 당 노선 재정립의 길라잡이이자 그람시 저작의 백미다.

불행히도 야권은 무솔리니에 대한 분노를 기반으로 대중 운동을 구축하지 못했다. 그래서 무솔리니는 반격할 수 있었고, 심지어 더 단단하게 독재 체제를 꽉 조일 수 있었다. 그래서 국회의원 면책특권 박탈권을 법제화해 마침내 1926년 말 가장 큰 눈엣가시인 그람시를 체포해 수감시킬 수 있었다. 1928년 6월 파시스트 정권의 검찰은 그람시 공판에서 구형을 하면서 재판장에게 이렇게 말했다. "20년간 저 두뇌가 활동하지 못하게 해야 합니다."

옥중수고

그람시는 믿을 수 없을 정도의 초인적인 의지력을 발휘해 죽음의 병마와, 또한 파시스트 정권의 전향 유혹과 싸웠다. 1929년부터 1935년까지 그는 무려 33권의 공책에 글을 쓸 수 있었고, 그 공책은 어찌어찌 해서 운좋게 밖으로 유출돼 나중에 출판되기에까지 이르렀다. 그는 마르크스주의 고전을 읽는 것이 허용되지 않은 상황에서 순전히 기억에 의존해 그 저작들을 인용했다. 1935년에는 병세가 너무 악화돼 집필을 더 할 수 없었다. 국제적인 석방 운동 덕분에 로마의 병원 시설로 이감되기는 했지만 너무 늦어, 그는 마침내 1937년 4월 46살의 나이로 운명한다.

스페인, 이탈리아 등의 서유럽 공산당들이 먼저 변신해 '유러코뮤니즘'이라 불린다.

《옥중수고》는 파시스트 감옥의 검열을 의식해 씌어졌으므로 일종의 암호와 같은 말들로 그득하다. 예컨대 마르크스주의는 '실천철학'이라는 말로, 혁명적 당은 '근대 군주'라는 말로 대체돼 있다. 바로 이 점 때문에 스탈린주의적 이탈리아 공산당은 《옥중수고》를 일부 발췌해 출판할 수 있었고, 나중에 《옥중수고》가 훨씬 더 많이 출판된 뒤에도 유러코뮤니즘적 개혁주의자들과 포스트모더니스트 교수들은 자기들 입맛에 맞게 아전인수할 수 있었다.

---

* 1970년대에 공공연히 소련을 비판하고 혁명을 포기하면서 개혁주의로 전향한 공산당의 조류를 뜻한다.

그래서 그의 '헤게모니' 개념은 혁명적 변혁의 불가능성을 설파하고 선거 중심주의를 정당화하는 데 이용되고, 또 학술 연구, 문화 연구, 미디어 연구 등의 의의를 특별히 강조하는 데 이용됐다. 그람시 연구는 신그람시주의라는 이름의 매우 보수적인 학풍이 여전히 득세하고 있다.

다행히 최근 그의 혁명적 진수를 재발견하고 있는 매우 급진적인 경향이 새로 등장하고 있는 형국이다. 혁명적 마르크스주의자들은 그람시를 재발견해야 한다.

그람시 — 개량주의의 중시조?

1991년은 이탈리아의 위대한 혁명가 안토니오 그람시의 탄생 일백 주년이 되는 해이다.

그람시의 저작들은 마르크스주의를 학술 연구의 대상으로 여기는 사람들에 의해 일종의 학술서적 취급을 받아 왔다.

또한, 불행하게도 그람시의 사상은 그의 혁명적 사회주의 원칙들과 아무런 공통점도 없는 사람들에 의해 왜곡당해 왔다.

그람시의 사상에 대한 이러한 체계적인 왜곡은 그람시 자신이 몸 담고 있었던 이탈리아공산당에 의해 시작되었다. 그람시가 감옥에서 세상을 떠나자 당시 이탈리아공산당의 스탈린주의적 지도자 팔미로 톨리아티는 그람시의 《옥중수고》(*Prison Notebooks*)를 손에 넣은 다음 10년 동안 출판하지 않았다.

마침내 1947년에 《옥중수고》가 출판되었다. 그러나 그것은 여기

크리스 하먼. 이 글은 《혁명적 사회주의를 위한 주장들》(1994년)에 실린 것이다.

저기 생략되고 검열을 거친 형태로 출판되었다. 그람시가 옥중에서 썼던 편지들은 이탈리아공산당의 검열을 거쳐서 여러 내용들이 생략되었거나 왜곡되었다.

그러한 검열과 왜곡의 목적은 그람시를 충실한 스탈린주의자로 제시하는 것이었다. 왜냐하면 그람시의 사상은 실제로는 스탈린주의적 신화에 들어맞지 않는 것이었기 때문이다. 예컨대, 그람시는 감옥에 들어가기 전에 톨리아티에게 쓴 편지에서 스탈린이 좌익반대파를 탄압하는 것에 항의했다.

1931년에 그람시의 형이 감옥으로 찾아왔을 때 그람시는 자기 형에게 당시 톨리아티가 실행하고 있던 '3기' 스탈린주의의 초좌익 종파주의 정책에 자기가 반대한다고 말했다. 그러나 그람시의 형은 자기 동생이 공산당한테 버림받을 것을 두려워해서 그람시의 생각을 톨리아티에게 전하지 않았다.

그람시는 감옥에서 다른 공산당원 죄수들과 토론하는 것도 그만두어야 했다. 왜냐하면 그들이 톨리아티의 말을 앵무새처럼 되뇌면서 그람시를 "사회민주주의자"라고 비난했기 때문이다. 그람시는 죽기 전에 자신의 동료들에게 지노비예프가 모스크바 재판에서 했던 자백을 믿지 않는다고 말했다. 그런데 당시에 모스크바에 머물고 있던 톨리아티는 모스크바 재판을 찬양하고 있었다.

그람시가 죽은 뒤에 톨리아티는 자기가 그람시의 평생 동지였다고 자처했다. 그러나 톨리아티와 그람시는 1919~20년과 1925~26년에 함께 활동했는데도 두 사람은 혁명 전략과 전술에 대해 서로 완전히 다른 견해를 제출하곤 했다. 게다가 1926년에 그람시가 감옥에 간힌 뒤로는 두 사람은 전혀 접촉하지 않았다.

그러나, 결국 톨리아티는 그람시의 편지들과 옥중수고를 완전한 형태로 출판해야 했다. 왜냐하면 다른 공산당원들이 그람시의 사상을 자신들이 어떻게 왜곡했는가를 털어놓기 시작했기 때문이다. 또한, 시간이 지남에 따라 그람시가 과거의 인물이 되었기 때문이다.

그러나, 톨리아티와 다른 공산당원들이 그런 행동을 하게 된 것은 그람시의 사상을 새롭게 왜곡하기 위해서였다. 이탈리아공산당은 모스크바와 결별하기 위한 걸음을 떼기 시작하고 있었던 것이다.

1960년대초에 이탈리아공산당은 모스크바와 멀어지기 시작했다. 이탈리아공산당은 1947년에 자신들을 쫓아낸 이탈리아의 부르주아 정부가 자신들을 다시 받아주리라는 꿈을 꾸고 있었다. 이러한 목적을 달성하기 위해서 이탈리아공산당은 자신들이 더 이상 크레믈린에 종속되어 있지 않음을 부르주아 정당들에게 입증해 보이려 했다. 1930년대에 스탈린의 충성스런 지지자들 가운데 하나였던 톨리아티는 스탈린이 죽은 뒤인 1956년 이후부터 스탈린을 맹렬히 비난하는 사람들 가운데 하나가 되었다.

이러한 노선 변경은 국제적으로 스탈린을 옹호하는 사람들 및 이탈리아공산당 안에서 스탈린을 지지하는 사람들과의 격렬한 논쟁을 일으켰다. 그것은 두 전선에서 전개된 하나의 전투였다. 첫째 전선은 크레믈린의 스탈린 후계자들로부터 당의 독립성을 주장하는 것이었고, 둘째 전선은 이탈리아공산당이 참여하는 정부가 국가기구를 근본적으로 변화시키지 않을 것임을 입증하는 것이었다. 첫째 전선에서는 그람시가 과거에 스탈린에 대해 했던 비판이 유용한 무기가 되었고, 둘째 전선에서는 국가에 대한 그람시 사상의 왜곡이 유용한 무기가 되었다.

그리하여 그람시는 이제 이탈리아 스탈린주의의 대부에서 유러코뮤니즘의 대부가 되어 버렸다.

그러나 그람시는 자본가 국가를 깨부수고 사회를 혁명적으로 변화시켜야 한다는 것을 일관되게 주장했다. 그람시는 국제 노동계급 운동의 이익을 위해 자신의 삶을 바친 직업적 혁명가였다.

그람시는 처음에 사회주의 운동에 참여할 때부터 개량주의를 무척 증오했다. 그람시는 다음과 같이 주장했다.

"계급 협력이 초래하는 정치적 쇠퇴는, 단지 국가를 고수하는 것에 만족하지 않고 국가에 적대적인 당[사회당을 말한다]을 이용하기까지 하는 부르주아 정당의 급격한 팽창에서 비롯하는 것이다."

그람시가 1919년에 공장평의회 건설을 강조한 것도 새로운 비의회적 기구들을 통해서만 노동계급은 혁명을 철저하게 수행할 수 있다고 확신했기 때문이다.

"사회주의자들[개량주의자들을 지칭하는 것이다]은 자본가가 주도적으로 창출한 역사적 현실을 받아들여 오기만 했다. 그들은 민주주의 국가 제도의 영속성을 믿는다. 그들은 이러한 민주적 제도의 형태가 바로잡힐 수 있고, 이리저리 땜질이 가능하고, 따라서 그 근본 토대가 존중되어야 한다고 본다.

"그러나 우리는 사회주의 국가가 자본가 국가 제도 안에서 구현될 수 없다고 확신한다. 오히려 사회주의 국가는 근본적으로 새로운 창조물이어야 한다."

그람시는 감옥에 갇히기 직전인 1926년 당대회에 그가 제출한 《리용 테제》(*Lyons Theses*)에서 1919~20년에 벌어진 공장점거 투쟁과 그 투쟁의 패배에서 얻은 교훈을 다음과 같이 정리했다.

이 결정적 시기에 혁명적 프롤레타리아가 패배한 원인은 노동자 당의 정치적, 조직적, 전략적 그리고 전술적 오류들이었다. 이러한 오류들 때문에 프롤레타리아는 대다수 인민의 봉기를 지도하지 못했고, 그리하여 봉기를 노동자 국가의 창출로 연결시키지 못했다. 오히려 프롤레타리아는 자신의 행동을 마비시키는 다른 계급들의 영향을 받았다.

이러한 분석에 기초해서 그람시는 공산당의 근본적 임무가 프롤레타리아와 프롤레타리아의 동맹세력에게 부르주아 국가에 맞서는 봉기와 프롤레타리아 독재를 위한 투쟁이라는 문제를 제기하는 것이라고 강조했다.

그러나 그람시는 사회주의가 노동계급의 자주적 해방을 뜻함을 명확히 알고 있었다. 그는 혁명적 노동계급의식을 발전시키기 위해 투쟁할 필요성과 그것이 투쟁을 통해서만 발전될 수 있음을 명확히 이해하고 있었다.

이러한 그람시의 사상이 왜곡당한 이유는 무엇인가?

우선, 그람시의 삶의 특수성을 들 수 있다. 1926년에 감옥에 갇힌 그람시는 스탈린주의에 대항하는 투쟁에서 제외되게 되는 남다른 처지에 놓이게 되었다. 그래서 나중에 스탈린주의자들과 유로코뮤니스트들이 자신들의 입장을 정당화하기 위해 그람시를 나름대로 이용해 먹을 수 있었던 것이다.

둘째, 그가 감옥에서 저술한 저작들의 성격을 들 수 있다. 그람시는 검열을 의식하고 글을 써야 했기 때문에 그의 《옥중수고》는 매우 추상적으로 씌어졌다. 그는 일부러 난해한 언어를 사용했다. 예컨대, 그는 마르크스주의를 '실천 철학'이라는 단어로 표현했다. 그래서 나중에 《옥중수고》는 학술 연구의 대상이 되었다.

그러나 유로코뮤니스트들은 《옥중수고》를 선별적으로 읽고 이 선별적으로 읽은 내용을 그람시의 나머지 저작과 활동에서 떼어냄으로써만 그람시의 사상을 왜곡할 수 있었다.

그람시의 사상에 대한 주된 왜곡을 살펴보는 일은 마르크스주의에 대한 그람시의 주된 공헌을 알 수 있는 것이기도 하다. 간단히 말하면, 그람시의 주된 공헌은 서구의 선진 자본주의 사회들에서의 혁명 가능성에 관한 문제이다.

개량주의자들은 그람시의 사상을 다음과 같이 왜곡하고 있다. 즉, 그람시의 저작들은 서구 자본주의가 제정 러시아 같은 후진 사회와 매우 다르다는 것을 보여 주고 있다는 것이다. 다시 말해 서구에서는 지배계급의 권력이 군사·경찰 기구를 통한 물리적 통제가 아니라 일상 생활에 만연해 있는 제도들, 즉 정당·노동조합·교회·대중매체·국가교육·복지국가·대중오락과 같은 '시민사회'의 제도들을 통해서 행사되는 이데올로기적 지배에 주로 의존하고 있다는 것이다. 따라서 억압 기구들은 자본주의 사회를 방어하는 수많은 제도들 가운데 단지 일부일 뿐이라는 것이다.

이러한 왜곡에 기초해서, 개량주의자들은 혁명가들의 주된 투쟁이 국가권력에 대한 직접적 공격이 아니라 이데올로기적 지배 — 그람시는 이것을 '헤게모니'라고 불렀다 — 를 획득하기 위한 투쟁이라는 결론을 내린다. 그리고 개량주의자들은 헤게모니가 노동계급을 "대항 헤게모니적"(counter-hegemonic) 세력으로 만들기 위한 기나긴 투쟁을 통해서만 획득될 수 있다고 주장한다.

이러한 투쟁에는 노동자 계급 이외의 다양한 중간적 계급·계층들을 획득하기 위한 투쟁이 포함된다. 왜냐하면 그러한 중간 계급들이 이데올로기적 지배기구의 일상적 운영에서 주된 역할을 수행하기 때문이다.

그리하여 개량주의자들은, 이러한 목적을 달성하기 위해서 노동계급은 자신의 단기적 이익을 기꺼이 희생해야 하며, 노동계급이 사회에서 헤게모니를 가진 세력이 되기 전까지 국가권력을 장악하려는 시도는 실패할 수밖에 없기 때문에 그러한 희생은 가치있는 일이라고 주장한다.

유로코뮤니스트들은 그람시가 《옥중수고》에서 "진지전"(war of position)과 "기동전"(war of manoeuvre)을 구분한 것에 기초해서 자신들의 주장이 올바름을 입증해 보이려 한다.

기동전은 서로 싸우는 두 군대가 상대방을 섬멸하기 위해 펼치는 서로 밀고 밀리는 신속한 공격과 후퇴를 뜻하는 것이다.

진지전은 서로 싸우는 두 군대가 참호를 파고 대치하면서 벌이는 장기적 투쟁을 뜻한다.

그람시가 진지전이 서구의 혁명가들이 주로 적용할 수 있는 투쟁 방법이라고 말했음은 사실이다. 실제로 기동전의 마지막 성공적인 사례는 1917년 10월혁명을 통한 볼셰비키의 권력장악이었다. 제정 러시아와 서유럽이 서로 다른 사회구조를 갖고 있다는 사실 때문에 전략 변경이 필요했다. 그리하여 그람시는 《옥중수고》에서 다음과 같이 썼다.

일리치[레닌]는 1917년에 동방에서 적용되어 승리를 가져온 기동전에서 서방에서 유일하게 가능한 형태인 진지전으로의 전환이 필요함을 이해하고 있었던 듯하다.

시민사회가 매우 복잡한 구조가 되어 버린 가장 선진적인 국가들은 직접적인 경제적 요소들(공황, 불황 등)의 침입에 저항한다.

러시아에서는 국가가 모든 것이었고 시민사회는 원시적이었고 견고하지도 못했다. 서구에서는 … 국가가 뒤흔들리자 시민사회의 견고한 구조가 즉시 드러났다. 국가는 배수구에 불과한 것이었고, 국가의 배후에는 강력한 요새와 보루들의 체제가 있었다.

우리는 그람시의 주장을 무비판적으로 받아들여서는 안 된다. 때때로 그는 진지전과 기동전이라는 은유적 표현을 모순되고 혼란스러운 방식으로 사용했다.

그러나 그람시를 왜곡한 사람들로부터 그람시를 구출하기 위해서 우리는 몇 가지 사항들을 짚고 넘어갈 필요가 있다.

첫째, 진지전은 여전히 하나의 전쟁, 즉 계급전쟁이지, 오늘날 개량주의자들과 스탈린주의자들이 추구하는 계급 협력 정치가 아니다.

둘째, 혁명적 정치가 대부분의 시간을 진지전에 바친다고 말하는 것은 별로 새로울 것이 없는 것이다. 사용자들에 대항하는 일상적 투쟁을 통해서 노동계급의 지지를 늘려가는 일에 시간을 쏟지 않고 단지 국가권력에만 대항하는 일은 혁명가들에게 전혀 도움이 되지 않는 것이다. 게다가 우리는 그람시가 의회, 노동조합, 그리고 아직 혁명적 사상의 편으로 획득되지 않은 노동자 대중에 대해 초좌익적 태도를 견지하던 아마데오 보르디가(Amadeo Bordiga)와 논쟁을 벌였다는 사실을 알아야 한다.

레닌과 트로츠키는 개량주의 정당들이 수동적이며 일관된 투쟁을 할 수 있는 능력을 갖고 있지 않음을 폭로하고 그리하여 다수의 노동자들을 그들로부터 떼어내기 위해 개량주의 정당들과 통일전선을 펼칠 필요가 있음을 주장했다.

《옥중수고》에서 그람시가 진지전을 명시적으로 통일전선과 같은 것이라고 주장한다는 사실은 트로츠키가 그람시를 보르디가의 영향에서 벗어나게 해주었음을 뜻한다.

그람시는 "대중적 토대를 갖고 있는 소위 프롤레타리아적 정당들의 본질을 폭로하기 위해" 진지전이 고안되는 것이라고 말했다.

셋째, 헤게모니 투쟁에 관하여 말하자면, 그것은 단순히 사상투쟁이 아니다. 그람시가 발전시킨 '시민사회' 개념은 중요한 전진이었다. 그람시는 시민사회를 다름아닌 투쟁의 영역으로 보았다. 그러나 그람시는 헤게모니 투쟁이 책과 논문들로 하는 투쟁, 소위 '학술운동'과 같은 것이 아니라고 보았다. 혁명적 진지전은 시민사회를 이루는 제도들과 기구들에서 일하는 노동자·학생·교사·공무원 등에 의해 아래로부터 수행되는 것이다.

그람시는 마르크스주의 이론과 자생적인 노동계급의 투쟁이 결합될 수 있는 방법을 강조했고, 그것을 아주 명확하게 이해했다. 그는 노동자들의 일상적 투쟁 속에는 세계에 대한 혁명적 이해가 깔려 있다고 주장했다.

그러나 자본주의 사회의 '정상적' 조건들 속에서 노동자들의 의식은 모순적이다. 그들의 의식 속에는 혁명적 사상과 반동적 사상이 불안정한 상태로 공존하고 있다.

노동자들의 투쟁은 노동자들의 의식 속에서 혁명적 요소들이 반동적 요소들을 몰아낼 수 있는 조건들을 창출한다. 그러나 이러한 일이 실제로 일어날 수 있기 위해서는 혁명정당이 노동자들의 투쟁 속에 잠재해 있는 계급의식을 끌어내서 체계화시키는 것이 필요하다.

토리노 노동자 운동의 경험을 되새기면서 그람시는 다음과 같이 썼다. "자생성은 무시되지 않았다. … 자생성은 교육되고 지도되었다. 그 목적은 자생성을 생생하고 역사적으로 효과적인 방식으로 현대의 이론(마르크스주의)과 결합시키는 것이었다. … 자생성은 대중에게 자신들이 역사적·제도적 가치체계의 창조자들이라는, 국가를 건설하는 사람들이라는 '이론적' 의식을 부여했다. '자생성', '의식적 지도', '규율'의 통일이 바로 하층 계급들의 진정한 정치적 행동이다."

넷째, 그람시는 다른 피억압 계급을 프롤레타리아의 편으로 획득하기 위한 투쟁이 노동계급의 이익이나 그런 이익을 위한 투쟁을 포기하는 것이 결코 아님을 분명히 밝혔다.

노동계급이 자본주의 사회에서 이데올로기적 헤게모니를 가질 수 있다는 생각은 몽상에 지나지 않는다. 노동자들이 지배계급이 될 때만, 즉 프롤레타리아의 독재가 이루어질 때만, 비로소 노동자들은 이데올로기적 헤게모니를 가질 수 있다.

'역사 블럭'(historical bloc)이라는 그람시의 개념도 이와 유사하게 해석될 수 있다.

'역사 블럭' 개념은 이탈리아 사회주의자들이 오랫동안 고민하던 '남부 문제'에 대한 전략적 대응이었다.

이탈리아 자본주의의 발전은 주로 북부에서 이루어졌다. 중부에서도 어느 정도의 자본주의적 발전이 이루어졌다. 그러나 이탈리아의 남부는 퍽이나 가난했다.

이탈리아의 사회주의 운동은 북부의 산업 노동자들에 기초해 있었고 그들에게만 관심을 가졌다. 그리하여 남부 문제는 그다지 중요하게 취급되지 않는 경향이 있었다.

노동조합 지도자들은 그람시가 '경제적·법인체적'(economic-corporate)이라고 규정한 전략, 즉 자본가와 지주들의 지배 블럭에 도전하지 않는 것에 대한 대가로 높은 임금을 따내는 전략을 채택하고 있었다.

이러한 협소하고 부문주의적인 전략은 1920년에 농민 출신 징집병사들이 공장점거 투쟁의 탄압에 이용되었을 때 엄청난 재앙을 가져오는 것임이 입증되었다.

그람시는 이탈리아에서 혁명이 승리하려면 이런 문제가 극복되어야 한다고 생각했다. 농민은 지배계급의 영향력에서 벗어나 산업 노동자들과 '역사 블럭'을 형성해야 한다고 그람시는 생각했다.

그렇게 되려면, 노동자 당이 남부 농민들의 투쟁을 지지한다는 것을 명백히 밝혀야 한다. 노동계급은 헤게모니를 가지려고 노력해야 한다. 다시 말해서, 노동계급은 자신의 지도 하에 다른 집단들과 동맹을 맺어야 한다.

1920년대와 30년대의 이탈리아 상황에서 노동계급이 헤게모니를 갖는 전략은, 노동계급의 이익을 다른 집단들의 이익에 종속시키지 않으면서도 노동계급이 농민에게는 토지에 대한 희망을, 지식인에게는 보다 나은 사회에 대한 희망을 제공해야 한다는 것을 뜻하는 것이었다.

유로코뮤니스트들과 개량주의자들은 역사 블럭이 노동자와 농민의 동맹이 아니라 노동계급과 중간계급의 동맹 또는 노동계급과 소위 '진보적' 자본 분파의 동맹을 뜻하는 것이라고 주장한다.

그람시가 지식인들을 획득할 필요가 있다고 말했을 때도 그것은 어디까지나 노동계급 헤게모니 하의 동맹이라는 차원에서 그렇게 말했던 것이지, 노동계급을 대신할 수 있다거나 노동계급과 동등시될 수 있는 세력이라는 뜻에서 그렇게 말했던 것은 결코 아니었다. 지식인 계급은 노동계급의 지도를 따라야 하며, 그런 과정을 통해서만 획득된다. 그람시는 '유기적 지식인들', 즉 계급투쟁을 이해하고 자신들이 계급투쟁에서 하는 역할을 이해하는 노동자들을 한데 묶어야 한다고 강조했다.

다섯째이자 마지막으로, 그람시는 《옥중수고》에서 이데올로기적 헤게모니를 획득하기 위한 투쟁 자체만으로도 국가권력의 문제가 해결될 수 있다는 주장을 결코 하지 않았다. 그람시는 진지전이 지배적 역할을 하는 시기에조차 "전략적이라기보다는 전술적인 기능"을 하는 '기동전'이 존재한다고 — 그는 이것을 "운동의 부분적 요소"라고 불렀다 — 말했다.

이것을 풀어서 얘기하면 다음과 같은 것이라고 할 수 있다. 혁명가들은 부분적 투쟁들에서 개량주의자들의 영향력을 감소시키고 지도력을 획득하기 위해 통일전선 전술을 사용하면서 이데올로기적 투쟁에 대부분의 시간을 바친다. 그럼에도 불구하고, 어느 한 편이 전면적 공격을 통해 다른 편의 참호를 점령하려 하는 주기적인 폭력적 대결의 시기가 존재한다. 그래서 그람시는 무장봉기가 "투쟁의 결정적 계기"라고 보았다.

《옥중수고》에서 그람시가 '진지전'을 강조한 것은 당시의 역사적 맥락 속에서 검토되어야 하는 문제이다. 그것은 구체적인 정치적 문제를 해명하기 위해 고안된 은유적 표현이다. 무슨 말인가 하면, 위기의 시기에 수천 혁명가들의 혁명적 의지가 봉기 성공의 조건들을 창출하는 것은 아니다. 이러한 조건들은 오랜 시간의 정치적 개입과 이데올로기적 투쟁을 통해서 마련된다. 이렇게 생각하지 않고 1930년대초에 톨리아티와 다른 '3기' 스탈린주의자들이 그랬던 것처럼 희망없는 무장봉기의 조직만을 외쳐대는 것은 정신 나간 짓이다. 당시에 그람시는 무장봉기의 필요성을 주장하는 일에 그다지 커다란 관심을 두지 않았다. 오히려 그람시는, 1917년 7월과 1921년 독일혁명 시기에 레닌이 그랬던 것처럼, 봉기가 노동계급 다수의 적극적 지지를 받아야만 성공할 수 있음을 강조했다.

따라서 '진지전'이라는 그람시의 은유적 표현이 그것의 역사적 맥락을 떠나서는 타당성을 가질 수 없음을 알아야 한다. 결국, 순전히 군사적 관점에서 보더라도, 정적(靜的)인 '진지전'이 언제나 타당한 것은 아니다. 1940년에 독일의 탱크들이 마지노 선(Maginot line)을 넘어 프랑스를 기습했다는 사실을 상기해 보라.

그람시의 《옥중수고》는 이론적으로 불명확한 요소들도 갖고 있다. 예컨대, 그람시는 노동자들의 '법인체적'(corporate) 통합의 가능성, 즉 매수될 가능성을 말하고 있지만 이것을 가능하게 만드는 물질적 토대는 말하고 있지 않다.

그러나 그람시는 레닌과 트로츠키가 발전시킨 혁명 정치 — 여기에서 결정적인 것은 통일전선 전술이다 — 를 우리가 더욱 깊이 이해할 수 있게 해 주었다.

시민사회와 헤게모니 같은 개념들은 우리가 세계를 더욱 깊이 이해할 수 있게 해 준다.

또한 그람시는 노동자들이 모순적인 의식을 갖고 있다고 분석함으로써, 개량주의란 무엇인가 그리고 노동자들이 어떻게 자본주의를 인정하는 조직들 — 특히 노동조합 — 에 기대면서도 동시에 자본주의를 부분적으로 부정하는가를 이해할 수 있는 중요한 이론을 제공해 주었다.

그람시는 평생을 노동계급 투쟁에 바쳤고 그로 인해 자유와 생명을 잃었다. 우리가 그람시한테 배워야 하는 것 가운데 하나가 바로 이것이다.

마지막으로, 사회주의자들은 최장집(《사회와 사상》 1991년 가을호)이나 강문구(《사상문예운동》 1991년 가을호) 같은 유로코뮤니스트들이 그람시를 기회주의적으로 왜곡한 것에 단호히 맞서서 그람시의 혁명적 사상을 옹호해야 한다. 이 글은 그러한 필요를 충족시켜 줄 것이다.

《그람시 ― 한 혁명가의 생애와 사상》 서평

안토니오 그람시는 금세기의 가장 위대한 혁명가들 가운데 하나였다.

그는 1916년 헌신적인 혁명가가 되어 이탈리아 노동계급 운동에 참여하고 파시스트 감옥에서 11년간 갇혀 있다가 1937년 46세로 사망할 때까지 그러한 헌신을 계속했다.

그는 여러 사회주의 신문들의 편집자였고 ― 그 가운데 가장 유명한 것은 《신질서》(L'ordine Nuovo)였다 ― 이탈리아 노동자 투쟁에 핵심적으로 개입했다. 특히 1918년부터 1920년까지의 "붉은 2년(Biennio rosso)" 동안에 일어났던 토리노 시(市) 공장점거를 통해 그람시는 노동자들이 혁명적 계급의식을 쟁취할 필요가 있다는 점을 확신했다. 그리하여 처음 약간은 의심을 떨쳐버릴수 없었으나 어쨌든 그람시는 1921년에 이탈리아 공산당을 창당했다.

이 글은 《도대체 사회주의란 무엇인가》(1991년 12월)에 실린 것으로, 쥬세페 피오리, 《그람시 ― 한 혁명가의 생애와 사상》, 두레, 1991의 서평이다.

그람시는 개량주의에 반대하는 비타협적 투쟁을 수행했다. 《한겨레신문》 문화면의 조선희 기자가 서평하면서 쓴 바와는 완전히 정반대로 그람시는 이탈리아 공산당의 저 형편없는 지도자들 — 톨리아티와 그 후배들 — 의 유러코뮤니즘과 전혀 무관하다.

그러나 그람시는 파시즘의 심각한 위협을 인식하지 못하고 있던 신생 공산당 지도자들의 초좌익주의에 반대하는 투쟁도 했다. 그들과는 정반대로 그람시는 공산당이 다른 반파시스트 정당들과 노동계급 주도 통일전선을 형성하여 무솔리니를 패퇴시킬 필요가 있음을 인식했다.

그러나 그가 혁명운동에 참여했는데도 그리고 무장봉기가 "투쟁의 결정적인 순간"이라고 주장했는데도 그의 생애와 사상은 스탈린주의자들과 개량주의자들 모두에 의해 체계적으로 왜곡되고 잘못 해석되어 왔다. 이들은 그람시의 그 방대한 저술들 가운데 자기들 구미에 맞는 부분만 — 특히 옥중 수고 — 취합해 자신들의 자본주의와의 타협 정책을 정당화시켰다.

쥬세페 피오리의 그람시 전기는 스탈린주의와 개량주의의 그러한 곡해에 대한 아주 훌륭한 교정 수단이다.

피오리는 이렇게 쓰고 있다. "이 책은 그람시의 초상을 '있는 그대로' 완성하는 것, 즉 머리 — 위대한 지식인이자 정치지도자로서의 그람시 상(像)은 비교적 잘 알려져 있다 — 에서 '몸통과 다리'까지의 전신상을 그려 내는 것 이외에는 아무런 야심이 없다."

그런데 피오리는 이 과제를 실로 성공적으로 수행했다. 그는 이탈리아 사회의 투쟁들과 모순들을 끊임없이 언급하면서 그람시 정치학의 발전 궤적을 추적한다. 예컨대 그는 그람시가 청년이었을 때 일어났던 농민 대중 봉기에 관해 서술하면서, 그와 동시에, 학생인 그람시가 그들의 고통에 얼마나 깊은 인상을 받았고 그들을 억압하는 데 북부 이탈리아의 자본이 수행한 역할을 어떻게 설명하려 했던가를 잘 서술하고 있다.

피오리는 그람시의 강렬하고 고독한 탐구 시절, 새로 만난, 경험 없는 동지들과의 지칠 줄 모르는 토론, 그리고 혁명운동에 대한 때때로 소모성의 개입 등을 생생하게 묘사한다.

그리고 다른 어떤 것보다도 피오리는 독자에게 이탈리아 사회의 혁명적 전복에 대한 그람시의 투신을 《리용 테제》 같은 저작들을 검토함으로써 보여 준다.

감옥 안에서 그람시는 처절한 투병 생활을 — 척추 카리에스, 앙기나, 관절 통풍, 고혈압, 불면증을 극복하려 — 했다. 그러면서도 탐구를 계속하여 후대에 《옥중 수고》로 알려지게 된 방대한 저술들을 썼다.

그람시가 그러한 최악의 조건 속에서 발전시킨 세련된 정치사상은 정말 놀라운 것이 아닐 수 없다. 거기서 그는 이탈리아 사회의 발전에 관해 쓰면서 이탈리아의 예술과 문화, 계급투쟁에서 혁명가들이 구사해야 할 전략과 전술, 그리고 "현대 군주" — 즉 혁명 정당 — 의 역할도 논했다.

피오리 말대로 그람시에게 《옥중 수고》는 삶 자체가 되었다. 거기서 개진된 잠정적 사상은 끝없이 발전되고 정교화될 수 있는 여지를 남겨 놓고 있으며, 그람시가 계속 혁명투쟁을 수행하는 모든 방식이었고, 또 그가 계속 세계와 관련을 맺고 인간 사회에서 활동하는 방식이었다.

그람시는 외부 세계와 접촉을 유지하기 위해 전력투구했지만 노동 계급 운동의 일상 투쟁으로부터는 단절되어 있을 수밖에 없었다. 바로 이 때문에 그람시는 스탈린주의의 정체를 파악하지 못했고, 어떤 사상들은 추상적인 채로 남게 되었다.

파시스트들의 꼼꼼한 검열 때문에 그람시의 문체는 중의적(重義的)이었고, 그리하여 나중에 잘못 해석될 수 있는 여지가 커졌다.

그러나, 피오리의 책은 그람시가 활동하던 조건과 그가 감금이라는 신체적 부자유 상태와 좋지 못한 건강 상태를 넘어 마르크스주의적 세계관을 발전시키려 어떻게 자신과 엄청나게 싸웠는가 하는 점을 독자에게 느끼게 해 준다.

또한, 피오리의 전기가 훌륭한 것은 그람시 자신의 혹독한 자기비판을 잘 활용하여 그람시 사상의 발전을 살펴본다는 점 때문이다. 피오리의 책은 그람시의 저작으로부터 아주 값진 인용문들을 많이 소개해 주며, 게다가 쉽게 그 맥락들을 설명해 준다. 또한, 그는 어떤 의미에서는 비극적인 그람시의 삶이 사실은 우리에게 영감을 주는 것을 미리 예측하고 있지 않나 하는 느낌을 주게 책을 썼다.

진지한 혁명가라면 안토니오 그람시를 위대한 유산으로 받아들여야 할 것이다. 피오리의 그람시 전기는 이 나라에서 출간된 그람시에 대한 수많은 쓰레기 같은 저작들과 달리 단연 백미이다.

그람시의 진정한 유산

    안토니오 그람시는 58년 전인 1937년 4월 27일에 죽었다. 1926년에 체포되어 여러 해 동안 무솔리니의 감옥에 갇혀 지낸 것이 그의 생명을 앗아간 직접적인 원인이었다. 하지만 이보다 더 큰 불행은 그가 죽은 뒤 그의 혁명적 사회주의 원칙과는 공통점이 하나도 없는 자들에 의해 그의 사상이 왜곡되고 사장되는 것이었다.

    그람시는 1916년부터 죽을 때까지 직업혁명가였다. 이 기간 동안 그는 자본주의 국가를 전복시켜 사회를 혁명적으로 변화시킬 필요성을 일관되게 고수하였다.

    그는 1916~18년에 자본주의와 전쟁에 반대한 투쟁에서 이탈리아 사회당이 혁명적 행동을 취하도록 앞장서서 요구했고, 여러 사회주의 신문에서 혁명적 주장을 기고했다. 또 그는 1919~20년 튜린 공장평의회 운동의 중심에 섰다. 1921년에는 진정으로 혁명적인 공산당을

이 글은 《사회주의 평론》 4호(1995년 7~8월)에 실린 것이다.

세우기 위해 개량주의적 사회당으로부터 분리하여 1924부터 26년까지 이탈리아공산당을 지도했다. 그람시는 사회를 혁명적으로 변화시킬 필요성을 주장하고 실천했기 때문에 무솔리니 감옥에 가게 되었다. 감옥에서 그는 이탈리아 사회에 대한 자신의 사상, 국가 권력 장악을 위한 전략과 전술, 혁명정당의 건설, 혁명적 신문의 발전에 대해 메모의 형태 — 유명한 《옥중수고》 — 로 요약하였다. 그러나 그의 저작은 마르크스주의를 학술적이고 **비혁명적인** 연구 분야로 바꾸려는 자들에 의해 훼손당했다.

이것은 이탈리아공산당(PCI)이 그람시의 사상을 체계적으로 왜곡시키는 것에서부터 시작되었다.

혁명적 사상의 왜곡

그람시가 죽자마자 첫째 왜곡이 시작되었다. 이탈리아공산당의 스탈린주의 지도자 팔미로 톨리아티는 몇 주 동안 《옥중 수고》를 수중에 갖고 있었다. 그는 이 책을 10년 동안 출판하지 않은 채 내버려 두었다.

마침내 1947년에 출판되었을 때 《옥중 수고》가 이탈리아공산당에 의해 생략되고 검열을 받은 상태였다. 살바토레 제쉬는 그람시의 옥중편지가 어떤 형태로 검열을 받았는지를 다음과 같이 밝혔다.

(1) 그 당시 톨리아티에 의해 '파시스트'로 묘사된 여러 마르크스주의자들, 즉 보르디가, 트로츠키 그리고 심지어는 로자 룩셈부르

크에 대한 언급들을 《옥중수고》에서 삭제하였다.

(2) 그람시가 1931년에 이탈리아공산당의 정치 노선과 결별했다는 사실을 감추었다.

(3) 그람시의 사생활을 이상화된 결혼인 것처럼 묘사했으며, 구체적인 예들을 들어 사람들이 공산당이 핵가족 단위를 지지한다고 믿도록 조장했는데, 이것은 전후에 공산당이 추종했던 가톨릭과의 협력을 위한 수단이 되었다.

(4) 트로츠키가 1929년에 러시아에서 추방당한 뒤 그의 사상을 접할 수 있는 책을 계속하여 입수하려고 하였다는 사실을 비밀로 하였다.

이러한 왜곡의 목적은 그람시를 충실한 스탈린주의자로 묘사하려는 것이었다. 이렇게 왜곡된 그람시야말로 다른 이탈리아 지식인들이 이탈리아공산당의 풍부한 이론적 유산에 영향을 받도록 하고 또 크레믈린과 그 추종자들의 이론적 빈곤을 감출 수 있는 무기였다. 또 공산당이 1945년 이후 기민당과 연합하여 이탈리아를 통치하는 것을 정당화시켜 주는 무기이기도 했다. 하지만 이러한 무기로 사용하기 위해서는 실제의 그람시가 스탈린주의적 신화와 맞지 않기 때문에 그의 사상에 대한 검열과 왜곡이 필요했다.

그러나 마침내 그람시의 검열받지 않은 편지와 옥중수고를 출판하여 이전의 왜곡에 대한 진실을 밝혔던 인물 역시 톨리아티였다. 부분적으로 이것은 다른 옛 공산당원들이 그람시의 생각이 실제로 무엇이었는지를 폭로함에 따라 톨리아티가 그렇게 하지 않을 수 없었기 때문이고, 또 시간이 지남에 따라 그람시는 꽤 멀리 떨어져 있고 덜 위험한 인물이 되었기 때문이었다. 그러나 무엇보다도 이것은 그람시 사상에 대한 새로운 왜곡의 시대를 여는 것이었다.

이탈리아공산당은 서방 공산당들 가운데서 모스크바로부터 단절하는 첫발을 내디딘 당이었다. 1960년대초 이탈리아공산당은 모스크바로부터 떨어져나오기 시작했다. 이탈리아공산당 지도자들은 1947년에 자신들을 쫓아냈던 이탈리아 정부로부터 재신임을 받기를 원했다. 이 목적을 달성하기 위해 이탈리아공산당 지도자들은 정부에게 자신들이 모스크바에 더 이상 의존적이지 않음을 보여주려고 노력했다. 1930년대에 스탈린의 주요 협력자였던 톨리아티는 1956년 이후에는 소련의 주된 비판자가 되었다.

노선의 변경을 위해 국제적으로 스탈린의 옹호자와 이탈리아공산당 내 스탈린주의 지지자들과 격렬한 논쟁을 해야 했다. 이것은 두 방면에서의 전쟁이었다. 하나는 크레믈린에 있는 스탈린의 후계자로부터 당의 독립성을 확보하는 데 필요한 것이고 다른 하나는 이탈리아공산당이 포함된 정부가 국가 기구를 급격히 변화시키지 않을 것이란 점을 입증하기 위한 것이었다. 이전에 그람시가 스탈린을 비판했다가 검열당했던 것이 첫째 전선에서 무기가 되었다. 그리고 국가에 대한 그람시의 사상을 왜곡한 것이 둘째 전선에 이용되었다.

이전에는 이탈리아 스탈린주의의 수호 성인이었던 그람시는 이제 유러코뮤니즘의 수호 성인이 되었다. 그의 사상은 이탈리아공산당과 기민당의 '역사적 타협'을 정당화시키는 데 이용되었다. 심지어 공산당이 추진한 소득정책을 정당화하는 데까지 인용되기도 했다.

유러코뮤니즘의 '스타'는 이제 시들해졌다. 하지만 그람시를 뒤따라다니던 여러 가지 비난과 왜곡은 여전히 남아 있다. 하지만 그의 실제 행동과 말이 그의 진면모를 왜곡시킨 추종자들에 대한 가장 엄격한 비판자일 것이다.

개량주의에 대한 반대

그람시를 개량주의의 중시조로 만든 장본인들은 그람시 사후 이탈리아공산당의 서기장들이었다. 톨리아티나 루이기 롱고 그리고 악명 높은 '역사적 타협'을 내건 엔리코 베를링구에르는 그람시를 유러코뮤니즘의 대부로 만들었다. 이들의 뒤를 이어 아킬레 오체토는 이탈리아공산당의 '전환'을 둘러싼 논쟁에서 "위대한 개혁자 그람시", "그람시의 혁명적 점진주의"를 소리 높여 강조하였다.* 그람시의 '정신'을 계승하자고 주장했던 그 추종자들은 그람시 탄생 100주년을 맞이하여 91년에 그가 창건했던 이탈리아공산당을 해체하고 민주좌익당으로 당명을 바꿈으로써 그람시의 혁명적 사상에 대한 결정타를 날렸다.

이탈리아공산당이 왜곡한 것과는 반대로 그람시는 사회주의 운동에 처음 뛰어들면서부터 개량주의에 대한 격렬한 반대자였다. 1918년 5월에 그는 의회주의자들을 '과자 그릇에 달려들어 비굴하게 죽

---

* "이탈리아 공산당의 '전환'과 그람시의 부재", 《사회평론》, 사회평론사, 92년 5월호, 244쪽.

어버리는 한 무리의 제물낚시밥'에 비유하였다.

계급협조주의가 초래한 정치적 타락은 부르주아 정당의 발작적인 팽창에 기인하는데, 이 당은 국가를 고수하는 것으로 만족하지 않고 국가에 적대적인 당[사회당]을 이용하기조차 한다.[*]

그람시가 1919년에 공장평의회 건설을 강조한 것은 의회에 바탕을 두지 않는 새로운 기구를 통해서만 노동자 계급이 혁명을 수행할 수 있을 것이라는 확신 때문이다.

사회주의자들은 자본가가 주도적으로 창출한 역사적 현실을 받아들이기만 했다. 그들은 민주주의 국가 제도의 영속성과 기능을 신뢰하고 있다. 그들은 이러한 민주적 제도의 형태가 교정될 수 있고, 이리저리 땜질이 가능하지만 그 근본 토대는 존중되어야 한다고 본다.
그러나 우리는 사회주의 국가가 자본가 국가 제도 안에서 구현될 수 없다고 확신한다. 오히려 사회주의 국가는 근본적으로 새로운 창조물[강조는 인용자]이어야 한다.[**]

그람시가 개량주의에 보낸 적대감은 시간이 흐를수록 더해만 갔

---

[*]   A Gramsci, *Selections from the Political Writings 1910~20*, London, 1977, p.43.
[**] 같은 책, p.76.

다. 이러한 적대감은 투라티 주변의 사민주의 우파뿐 아니라 세라티 — 소위 극대주의자들 — 가 이끄는 사민주의 좌파를 겨냥한 것이기도 했다. 이들 개량주의자들은 튜린 노동자들이 투쟁할 때 뒤로 물러서 있으면서 1920년 4월의 거대한 파업이 사용주들에 의해 패배하도록 내버려 두었다. 그들은 또 1920년 9월 이탈리아 북부의 공장 점거에 대해 지도하기를 거부하였다. 이러한 배신 때문에 그람시는 사회민주주의자들과 결별한 사람들과 함께했으며, 1921년에 이탈리아공산당을 건설하였다.

많은 그람시 해석가들이 주장한 것과는 반대로 개량주의 좌·우파에 대한 그람시의 적대감은 '정치적 미성숙'의 징표가 아니었다. 이들은 그람시가 감옥에 갇히기 전 공산당에 기여한 마지막이지만 중요한 공헌인 리용 테제에 대해 '미성숙'을 강조하고 있다.

그러나 1926년 이탈리아공산당 리용대회에서 채택한 리용테제는 그람시의 가장 완숙한 저작이다. 이 테제에서 그람시는 개량주의에 대한 보르디가 그룹의 초좌익적 태도를 비판했다. 그람시는 그 당시까지 공산당을 지도했던 보르디가 노선에 반대하면서 특수한 쟁점을 둘러싸고 개량주의 지도부에게 통일전선을 제안함으로써 개량주의의 본질을 입증해야 한다고 주장하였다. '비록 사민주의가 그 사회적 토대인 프롤레타리아에게 지지를 받을지라도 이것이 수행하는 이데올로기와 정치적 기능은 노동자 계급 운동의 우파라기보다 부르주아의 좌파이며, 따라서 대중의 눈 앞에서 그 본질이 벗겨져야 한다.'는 것이다.

이것은 레닌이 개량주의 정당을 '부르주아적 노동자 당'이라고 규정한 것과 매우 근접한 것이었다.

그람시가 개량주의에 보낸 적대감은 무장 봉기의 필요성에 대한 명확한 이해와 결합되어 있었다. 리옹 테제에서는 그는 이렇게 주장했다.

이 결정적 시기[1919~20년]에 혁명적 프롤레타리아의 패배는 노동자당의 정치적, 조직적, 전술·전략적 결함 때문이었다. 이러한 결함의 결과로 프롤레타리아는 거대 다수 대중의 봉기에서 선두에 서지 못했으며 그 봉기를 노동자 국가의 건설로 연결시키지 못했다. 대신에 프롤레타리아는 자신들의 활동을 마비시킨 다른 사회 계급들의 영향을 받았다.[*]

따라서 공산당의 근본적 과제 가운데 하나는 프롤레타리아와 그 동맹자들에게 부르주아 국가에 대항한 봉기와 프롤레타리아 독재를 위한 투쟁의 문제를 제기하는 것이었다.

물론 파시스트 간수의 감시의 눈초리 아래서 쓰여진 옥중수고에서는 무장봉기에 대한 공개적인 언급을 할 수 없었다. 그러나 그람시가 감옥에 있을 때 한 대화를 보면 봉기에 대한 '미성숙한' 주장을 빠뜨리지 않았음을 보여 준다.

폭력적인 권력 장악에는 당이 노동자 계급의 군사적인 조직을 창설하는

---

[*] A Gramsci, *Selections from the Political Writings 1921~26*, London, 1977, p.349.

것이 필수적이다. 그리고 이 조직은 부르주아 국가 기구의 모든 부문에 심어져서 투쟁의 결정적인 순간에 국가 기구에 상처를 입히며 타격을 가하는 결정타를 날릴 수 있어야 한다.[*]

노동자 계급과 혁명정당

그람시가 보기에 권력 장악에서 핵심은 스탈린주의나 마오쩌둥주의의 신비화되고 이상화된 노동자들이 아니라 튜린 공장에서 일하는 현실의 노동자 계급이었다. 그는 1919년에 '자본주의적 집중은 이에 상응하는 노동하는 인간 대중의 집중을 낳았다. 이것은 마르크스주의의 모든 혁명적 테제의 기초이다.' 하고 말했다.

노동자 계급의 중심적 역할에 대한 강조는 그람시가 1919년과 1920년 튜린 공장평의회에 개입할 때 밑받침이 되었으며, 리용 테제에서도 토대가 되었다.

당 조직은 생산, 즉 작업장(세포)에 토대를 두고 건설해야 한다. 이 원칙은 "볼셰비키" 당의 건설에서도 핵심적인 것이다. 당이 자본주의 발전으로 생산 과정에서 자연스럽게 통일된 노동자 계급의 대중운동을 지도할 수 있는 준비를 해야 하는 이유는 바로 이 때문이다. 당은 생산 현장에 조직적 기초를 둠으로써 자신이 기반으로 하는 계급을 선택하는 행위를 한다. 따라서 그

---

[*] 아토스 리사가 감옥에 있는 그람시와 대화한 기록에서.

정당은 계급 정당이며 단일한 계급, 즉 노동자 계급 정당이라고 선포한다.[*]

그람시는 토지를 소유하지 못한 농업 노동자들과 농민들을 획득하는 것이 혁명에서 매우 중요하다는 점을 결코 부인하지 않았다. 그는 중간계급을 견인하면 노동자 계급에서 매우 유리하다고 생각했다. 그러나 그는 이러한 과정에서 노동자 계급이 지도를 해야지 자신들의 사회적 목적을 감추어서는 안 된다고 생각했다. 혁명가는 민주적인 제헌의회처럼 사회주의와는 거리가 먼 요구를 하는 비혁명가들과 함께 싸울 준비를 해야 한다. 그러나 다음과 같은 점은 명확히 해야 한다.

이탈리아에서 사회주의 혁명이 아닌 다른 혁명의 가능성은 없다. 자본주의 국가에서 실질적이고 깊숙한 사회 변화를 이룰 수 있는 유일한 계급은 노동자 계급뿐이다.[**]

이러한 기초 위에서 그람시는 초좌익적인 보르디가와 결별한 뒤 공산당 내에서 타스카가 지도하는 우익적 경향에 대해서도 격렬히 반대하였다.

그람시의 사상 가운데서 가장 뛰어난 측면은 혁명적 노동자 계급의 의식 발전을 위한 투쟁에 관한 것이다. 그는 노동자 계급은 군대

---

[*]   그람시, 앞의 책, p.362.

[**] 같은 책, p.343.

와는 달리 투쟁을 위해 기계적으로 훈련될 수 없다고 주장했다. 노동자 계급의 규율은 의식에 달려 있다. 그리고 의식은 투쟁이라는 실천적 경험과의 연관 속에서 성장한다.

이것은 제1차대전이 끝난 첫해에 이탈리아 좌익에게 주된 세 조류를 훨씬 뛰어넘는 것이었다.

세라티가 이끄는 최대의 좌파는 사회당을 계급의식성의 구현체로 보았다. 세라티는 프롤레타리아 독재는 '사회당의 독재'일 것이라고 생각했다. 그에게 계급의식성 획득은 당 건설과 마찬가지로 느릿하고 점진적인 과정이었다. 둘째 조류는 보르디가 주변의 초좌익주의자들인데, 이들은 노동자 계급의 의식성을 공산당, 즉 고도로 훈련되고 규율있는 간부들로 이루어진 소수의 엘리트 집단에서 구현되는 것으로 보았다. 당이 계급을 위해 권력을 장악한 이후에야 소비에트(노동자평의회)가 형성될 것이다. 셋째 조류는 타스카가 이끄는 공산당 우파인데 이들은 한편으로는 노동자들을 가르치는 것과 다른 한편으로는 '좌파' 노조지도자와의 협상을 강조했다. 이들 세 조류는 서로 조금씩 차이점은 있지만, 계급의식을 참새에게 던져주는 빵부스러기처럼 당 지도자가 노동자들에게 내던져주는 것으로 생각했다.

이와는 반대로 그람시는 자생적으로 발전하는 노동자들의 투쟁과 조직, 그리고 이에 대한 지도가 노동자 계급 의식의 성장을 결정한다고 생각했다. 레닌, 트로츠키와 마찬가지로 그람시도 소비에트는 적절한 순간에 당이 고안하여 창조하는 것이 아니라 공장에서 노동자 투쟁의 기관으로 탄생할 것이라고 생각했다. 1920년 9월 금속 노동조합과 경영주 사이의 임금 협상이 결렬되면서 금속공들의 반(半)봉기적인 공장 점거가 촉발된 것처럼, 소비에트는 처음에는 그리 중요하지 않은 쟁점을 둘러싸고 등장할 수 있다. 소비에트는 부문이나 지역에 관계 없이 모든 노동자들을 심지어 미조직노동자들까지도 함께 아우르는 조직이다. 이것은 생산과정에 연계된 다른 노동자들을 투쟁으로 단결시키는 조직, 생산을 통제할 수 있는 노동자들의 힘과 능력에 대해 자각하게 만드는 조직에서 발전해야 한다.

튜린의 공장평의회는 무에서 등장하지는 않았다. 공장평의회는 평조합원들의 요구와 열망 그리고 전투성을 표현하면서 공장의 '내부위원회'로 처음 등장했다. 그람시는 자신과 동지들이 튜린에서 냈던 신문 《신질서》가 이러한 자생적인 발전을 도와주고 내부 위원회를 일반화하며 그 토대를 확대하고 또 공장평의회가 경영주로부터 더욱더 많은 권력을 넘겨받도록 북돋우는 역할을 한다고 보았다.

그람시는 다음과 같이 썼다.

내부위원회의 발전에서 생기는 문제는 《신질서》의 사상, 즉 중심 문제가 되었다. 그것은 노동자 혁명의 근본적인 문제처럼 보였다. 그것은 프롤레타리아의 "자유"의 문제였다. 우리 자신에게나 우리의 동지들에게 《신질서》는 "공장평의회의 신문"이 되었다. 노동자들은 《신질서》를 좋아했다. 왜 그들이 《신질서》를 좋아했을까? 왜냐하면 그들은 《신질서》에서 자신들이 최고로 여기는 것을 발견했기 때문이다. 그들은 이 신문이 자신들이 경험했던 내적 탐색의 정신으로 충만해 있다는 것을 느꼈기 때문이다. "우리는 어떻게 하면 자유로울 수 있을까? 우리는 어떻게 하면 우리 자신이 될까?" 그 글들이 냉철하고 지적인 구조를 갖고 있기 때문이 아니라 최고의 노동자들과의 토론을 통해서 이루어졌기 때문이다. 그 글은 우리 자신이 고무받았고 또 검증받았던 튜린 노동자들의 실제의 정서와 목표와 열정을 정교화하였다. 그 글은 실제 사건에 대한 "기록"이었으며, 노동자 계급 일부에서 내적 해방과 자기 표현 과정의 순간들로 보여졌기 때문이다. 이 점이 노동자들이 《신질서》를 좋아한 이유였고 또 《신질서》의 사상이 어떻게 "형성되었는지"를 보여준 것이다.*

그람시가 이러한 주장을 했을 때, 그는 여전히 사회당의 일원이었다. 공장점거가 패배한 뒤인 그 해 말이 되어서야 그람시는 개량주의 좌파와 단절하고 혁명정당을 건설할 필요성을 절감하였다. 따라서 공장평의회에 대한 그의 글에는 혁명 정당이 이 속에서 어떤 역할을 하는지에 대한 고찰이 들어있지 않았다. 그러나 그의 글에는 공장평의회가 자생적으로 등장하여 공산주의 조직의 맹아적 요소들을 연결하고 일반화하며 또 노동자들이 이것을 인식함에 따라 개별 혁명가와 혁명적 신문이 이러한 맹아적 요소들을 어떻게 포착해야 하는지를 강조했다.

그람시는 1923년 보르디가의 교조주의 아래서 3년 동안 자신의 입장을 거둬들였던 것을 비판하면서 똑같은 문제로 되돌아왔다.

우리는 당이 혁명적 대중의 자생적인 운동과 중심의 조직적이고 지도적인

---

* A Gramsci, *Selections from the Political Writings 1910~20*, London, 1977, pp.293~294.

의지가 수렴되는 변증법적 과정의 결과가 아니라 공기 중에 떠다니며 스스로 발전하며 대중의 상황이 유리하게 되고 또 혁명적 파고가 정점에 도달했을 때, 대중이 다다를 수 있는 그 어떤 것이라고 생각했다.*

혁명정당을 건설하는 것은 추상적 선전을 통하여 사상을 노동자들에게 가르치는 과정은 아니다. 또한 이것은 노동자들이 경제적 위기의 영향에 고무받아 행동할 때까지 기다리는 문제도 아니다. 이것은 모든 자생적이고 부문적인 투쟁들과 연관을 맺고 또 이것을 일반화하는 문제이다. 그람시는 《옥중수고》에서 이 주제를 다시 다루었다. 그는 당의 임무는 노동자 계급의 집단적 투쟁에서 가려진 '이론'의 요소들을 이끌어내어 노동자들의 머리 속에 이미 존재하는 후진적인 모든 '이론들' 대신에 이 '이론'을 제시하는 것이라고 썼다.

교육과 전적으로 구분되는 지도만을 강조하면 아동들은 전적으로 수동적이고 추상적인 관념의 '기계적인 수용기'가 될 수밖에 없다. 이는 기계적인 지도에 반대하는 순수한 참교육의 지지자들에게서 엉터리라고 반박당하는 내용이다. 아동의 의식에서는 '확실한 것'이 '진리'이다. 그러나 아동의 의식은 '개별적'인 것이 아니라, 그 아동이 살고 있는 시민사회 부문과 아울러 그의 가정과 이웃, 동네 등의 사회적 관계를 반영한다.**

---

*   A Davidson, *Antonio Gramsci*, London, 1977, p.208.

**   그람시, 《옥중수고 II》, 거름, 48~49쪽.

이것은 사회주의를 위한 투쟁을 노동자 계급에게 순수한 이데올로기만을 점진적으로 가르쳐 이들이 선거에서 자신들에게 투표하도록 하는 것과 동일시하는 유러코뮤니즘이나 사회민주주의와는 근본적으로 다르다.

노조관료주의에 대한 반대

그람시는 개량주의 정치가들을 경멸했다. 이들은 계급투쟁의 발전을 협소한 과정에 한정시키고 자의적으로 투쟁의 발전 가능성을 차단하려 했다. 1919년에 그람시는 이것의 뿌리가 사회당의 의회주의와 노동조합 관료주의라고 주장했다. 그는 많은 노동자들이 자신들의 노조에서 느끼는 소외를 강조하였으며, 또 노동조합이 자본주의 내에서 개량을 획득하기 위해 작동하며 그에 따라 조직되고 건설된다는 점에서 이러한 현상의 기원을 분석하려 했다.

그람시는 노동조합을 이렇게 설명했다.

노동조합이란 역사에서 자본에 의해 지배되는 시기에 나타나는 특수한 프롤레타리아 조직의 형태이다. 개별 사람들이 상품들을 소유하고 있으며 자신의 재산을 거래하는 한에서만 가치가 있는 이러한 시기에 노동자들은 그들이 소유한 유일한 재산, 즉 노동력의 거래인이 된다. 노동자들은 살아있는 노동력을 집중시키기 위해 이러한 거대한 기구들을 만들어내며 노동가격과 노동시간을 정하고 시장을 정돈한다. 노동조합은 본질적으로 경쟁적이긴 하지만 공산주의적이지 않은 성격을 지니고 있다. 노동조합은 사회의 근본적 쇄신을 위한 도구가 될 수 없다.[*]

튜린 공장평의회의 경험과 분석 때문에 그람시는 노조관료주의를 계급투쟁의 적극적인 방해자로 보았다. '노동조합 관료들은 산업의 합법성을 사태의 영구적인 상태로 본다. 이들은 너무나 자주 자산가와 비슷한 전망을 방어한다.' 1920년의 배신으로 그람시는 노조관료들의 반혁명적 역할에 대해 명확하게 인식하게 되었다.

튜린과 피드몬트 총파업은 노동조합 조직의 사보타주와 저항에 정면으로 충돌하였다. 노동조합 조직의 전반적인 관료적 기제와 투쟁하는 것이 긴급히 필요하게 되었다. 관료주의적 기제는 노동자 대중의 일부에서 모든 혁명적 이니셔티브를 질식시키는 목적을 지닌 의회주의자와 개량주의자의 기회주의적 행동을 위한 가장 견고한 보루를 형성하였다.[**]

그래서 그는 리용 테제에서 이렇게 썼다.

노동연합[20년대 초에 있었던 이탈리아노동연맹]을 지도하는 집단들을 이러한 관점으로 바라보아야 한다. 달리 말하자면 다른 계급의 분산적인 영향력

---

[*]   A Gramsci, *Selections from the Political Writings 1910~20*, London, 1977, p.99.

[**] 같은 책, p.320.

이 노동자들에게 미치도록 하는 통로로 바라보아야 한다.[*]

그람시는 《옥중수고》에서 이러한 '미성숙한' 입장을 버리지 않았다. 그는 1930년에 이렇게 썼다.

이른바 '자생적'인 운동을 무시한다거나 경멸하기까지 한다는 것, 다시 말하여 그 운동에 의식적 지도를 부여한다거나 그 운동을 정치 속으로 끌어들여 더 높은 단계로 끌어올리는 것에 실패한다는 것은, 종종 매우 심각한 결과를 초래할 수도 있다.[**]

그람시는 계급투쟁에서 마르크스주의자의 개입주의적 역할을 결코 과소평가하지 않았다. 그는 1922년 무솔리니가 집권하도록 길을 닦아주었던 1920년의 패배를 세라티, 보르디가 그리고 타스카가 노동자와 농민의 자생적인 운동에 혁명적 지도를 제공할 수 없었던 점과 연관시켰다.

그러나 김기환 씨는 그람시의 핵심 사상이 레닌주의와는 구별되는 공장평의회론에 있다고 주장하면서 그람시가 계급 투쟁에서 혁명 정당의 개입을 고려하지 않은 것처럼 다음과 같이 묘사하고 있다.

그람시주의의 핵심을 레닌주의 변혁전략과는 구분되는 그의 공장평의회론

---

[*]   A Gramsci, *Selections from the Political Writings 1921~26*, London, 1977, p.355.

[**]   그람시, 《옥중수고 I》, 거름, 205쪽.

에서 찾는다.*

러시아에서 나타났던 변혁전략이 '단절적 이행전략'이라는 지적은 일반적으로 승인될 수 있다. 더욱이나 레닌의 고민과는 달리 역사적으로 형성된 볼셰비즘'에서는 단절적 이행전략의 문제의식이 더욱 명확하게 나타나고 있다.**

김기환 씨는 그람시가 마치 평의회공산주의자인양 묘사하고 그람시의 변혁전략과 레닌의 그것을 대립시킨다.

하지만 그의 주장은 너무나 터무니없는 것이다. 그람시는 1919~20년 사이의 활동에서 비록 완벽하지는 않다 할지라도 마르크스주의자가 계급투쟁에 어떻게 개입해야 하는지의 본보기를 보여 주었다. 또 그는 이 과정에서 혁명적 당의 지도가 자생적인 노동자 계급 투쟁에서 필수불가결한 요소임을 강조했고 이러한 생각은 볼셰비키의 경험을 이어받아 이탈리아공산당을 만드는 것으로 구체화되었다.

또 옥중수고에서도 그는 혁명정당의 필요성과 노동자 계급의 투쟁과의 연관을 잘 지적하고 있다.

시민사회론 — 개량주의의 이론적 기초?

그람시의 사상에 대한 개량주의자들의 왜곡은 다음과 같은 주장

---

* 김기환, 《이행의 아포리》, 과학과 사상, 338쪽.

** 같은 책, 340쪽.

으로 되풀이되고 있다.

이들은 그람시가 서구 사회는 차르 러시아와는 꽤 상이하게 바라보았다고 주장한다. 서구에서 지배계급의 힘은 주로 군대-경찰 기구를 통한 물리적 통제에 있는 것이 아니라 일상 생활에 만연되어 있는 자발적인 기구들, 즉 정당, 노동조합, 교회 또는 언론을 의미하는 '시민사회'를 통하여 작동하는 이데올로기적 지배에 있다는 것이다. 억압적인 국가기구는 자본주의 사회를 방어하는 수많은 것 가운데 하나일 뿐이라는 것이다.

사회주의 이행전략은 국가기구 자체를 분쇄하는 기동전에서 시민사회의 참호들을 장악하는 전략, 즉 대항헤게모니를 구축하는 장기적인 진지전으로 전환되어야 한다.
이러한 그람시의 진지전은 민주주의에 대한 이중적인 의미를 내포하고 있다. 한편에서 이 진지전은 시민사회 내 대항헤게모니 구성에서 민주적 동의와 절차의 중요성을 부각시킴으로써 민주적인 사회주이로의 이행을 위한 전략적 기초를 제공하고 있다.*

위와 같은 주장은 다음과 같은 결론으로 이어진다. 혁명가들의 주된 전략은 국가 권력에 대한 직접적인 공격이 아니라 그람시가 '헤게모니'라고 불렀던 이데올로기적 지배를 위한 투쟁으로 되어야 한

---

* 김호기, '그람시적 시민사회론과 비판이론의 시민사회론', 《경제와 사회》, 93년 가을, 48쪽.

다. 헤게모니란 노동자 계급의 일부에서 무한한 참을성과 희생이 요구되며 많은 시간이 걸리는 지난한 과정을 통해 획득되는 것이다. 특히 노동자 계급은 이데올로기적 지배 기구를 획득하는 데서 결정적인 공한을 하는 지식인과 이들이 대표하는 계급의 주요 부분을 획득함으로써만 '대항 헤게모니'가 될 수 있다. 노동자 계급은 이것을 성취하기 위해서 단기적인 경제적 이익을 희생할 준비를 해야 한다. 그리고 노동자 계급이 이 과제를 달성하여 '헤게모니' 계급이 될 때까지는 국가권력을 장악하려는 시도는 단지 패배로 끝날 수 있다. 개량주의자들은 이러한 주장을 근거로 하여 그람시가 이데올로기 투쟁에만 관심을 가진 것처럼 묘사하고 있다.

또 개량주의자들은 혁명정당의 전략·전술로서 계급세력관계에 따라 취할 수 있는 진지전과 기동전을 러시아와 서구라는 견지에서만 구별할 수 있는 개념으로 이해하고 있다. 대부분의 논자들은 차르 전제정의 러시아에서는 기동전이, 서구의 시민사회가 형성된 곳에서는 진지전이 어울린다는 그람시의 주장을 근거로 삼는다.

러시아에서는 국가가 모든 것이었고 시민사회는 아직 원시적이고 무정형한 것이었지만, 서구에서는 국가와 시민사회 사이에 적절한 관계가 형성되어 있었고 국가가 동요할 때에는 당장에 시민사회의 견고한 구조가 모습을 드러내었다.[*]

---

[*]　그람시, 《옥중수고 Ⅰ》, 251쪽.

물론 그람시의 주장은 아직 명료하게 체계화되지는 않았고, 오해를 일으킬 만한 모호한 내용이 있는 것도 사실이다. 그렇다고 해서 이것이 개량주의자들의 논거로 정당하게 사용될 수 있음을 뜻하지도 않는다. 그는 기동전과 진지전을 이분법적으로 분리하지도 않았고 혁명의 가능성을 차단하는 무기로 사용하지도 않았다. 다음의 글은 이것을 보여 주는 예이다.

　일리치[레닌 ─ 인용자]는 1917의 동구에서는 성공적으로 적용된 기동전이, 서구에서 가능한 유일한 형태인 진지전으로 바뀔 필요가 있다는 것을 이해했던 것 같다. … 그의 '통일전선' 공식은, 그가 이러한 상황을 이해하고 있음을 의미하고 있는 것 같다. 통일전선 공식은 협상국들이 포쉬의 단일지휘 하에 단일전선을 형성하자는 구상과도 일치한다.[*]

　그람시는 기동전에서 진지전으로의 이행의 문제를 러시아와 서구, 전제와 부르주아 민주주의의 차이로 바라보지 않았다. 그는 어느 나라의 혁명정당이든 그 둘을 조건에 따라 적절하게 사용할 수 있다고 생각했다. 즉, "현시대에 있어서 기동전은 1917년 3월부터 1921년 3월까지 정치적으로 행해졌다. 그 후에는 진지전이 행해진다."[**] 그람시는 자신의 진지전을 레닌의 통일전선과 동일한 것으로 이해하고 있었다.

───────

[*]　같은 책, 250~251쪽.

[**]　존 몰리뉴, 《마르크스주의와 당》, 책갈피, 1993, 169쪽[지금은 《마르크스주의와 정당》, 책갈피, 2013 ─ 엮은이].

무엇보다도 핵심은 진지전조차 혁명정당의 임무이며 계급투쟁의 연속이지 결코 선거와 같은 것이 아니라는 점이다.

민주화과정의 성격과 내용을 결정하는 것은 이 과정을 주도하는 연합과 연대, 이들 사이의 이해관계와 헤게모니 투쟁에 좌우된다. 이 헤게모니 투쟁은 현실적으로 수의 게임인 선거에 의해 부분적으로 결정된다.[*]

위와 같은 강문구 씨의 잘못된 주장을 비판하는 데 굳이 그람시의 말을 인용할 필요는 없다. 알튀세에 호의적인 자빈 케비어조차 이러한 입장에는 반대한다.

그람시가 볼 때 상부구조를 둘러싼 투쟁은 헤게모니를 둘러싼 투쟁의 중요한 한 측면이지 전체 내용이 아니다. 그람시는 상부구조를 둘러싼 싸움이 국가의 권력 장악을 위한 싸움과 병행해서만 수행될 수 있으며 국가를 장악해야 비로소 완전한 헤게모니가 가능해진다는 것을 전혀 의심하지 않았다.[**]

그람시도 지적했듯이, 국가를 정복하기 전에는 어느 누구도 모든 노동자 계급의 의식을 완전히 변화시킬 수 없다. 왜냐하면 진지전에

---

[*] 강문구, '변혁지향 시민사회운동의 과제와 전망', 《경제와 사회》 18호, 1993년 여름, 106쪽.

[**] 자빈 케비어, 《안토니오 그람시의 시민사회론》, 백의, 77쪽.

서는 노동자들의 자발적인 전투성이 고양되기보다는 사기저하와 낙심이 찾아오기 때문이다. 그람시는 "포위된 진영에서의 지나치게 장기화되는 저항은 원래 사기를 저하시키게끔 되어 있다."는 마르크스의 말을 인용하면서 일상적 시기에조차 혁명정당은 '계급의 기억'이 되어야 함을 강조하였다.[*]

그람시는 어느 국가보다도 이탈리아가 '진지전'이 필요한 사회라고 보았다. 그러나 1920년대나 1930년대 이탈리아는 전형적인 선진국이 결코 아니었다. 그람시가 '시민사회'의 특징으로 들었던 요소 가운데 일부, 즉 교회, 도시의 정치·문화 결사체들, 다양한 부르주아 또는 프티부르주아 정당들 그리고 교사나 변호사 목사와 같은 '기능적 지식인들'의 영향력은 그 당시 후진적이었던 이탈리아 상황에서 연유하는 것이었다.

사실 지금 남한만 보더라도 변호사, 교사, 의사 또는 성직자들과 같은 '기능적 지식인들'은 더이상 지역적 여론 형성에 주요한 역할을 하지 못한다.

자본주의가 발전하면 할수록 이데올로기적 힘의 집중을 낳고, 또 작업장에 기초한 노동조합을 제외한다면 대중의 원자화를 낳으며, 낡은 정치적·문화적 조직의 약화를 초래할 것이다.

한편으로 노동과정이 집중되면서 더 큰 변화를 초래한다. 작업 성격이 변화하면서 지역의 정치적·문화적 결사체가 조직되는 것을 어렵게 만들기 때문이다. 다른 한편으로 사회 생활의 상품화, 라디오와

---

*   그람시, 《옥중수고 Ⅰ》, 252쪽.

TV의 대량 보급, 대중매체에 대한 통제의 집중은 다른 '여가' 활동을 불필요하게 만들었다. 개인과 국가 사이에 존재했던 많은 효과적인 구조를 가진 '시민사회'는 무너지고 있다. 대중 통신수단이 더욱 직접적인 중간매체 역할을 하고 있다. 동시에 작업장에 기초를 둔 노동조합 조직의 중요성이 매우 커져서 노동자 대중을 원자화시키는 것으로는 전복되지 않은 하나의 '시민사회' 기구가 되고 있다.

이러한 상황에서 위기의 시기에 노동자들이 행동에 나서기만 한다면 지배계급에게 유용한 '방어적인 참호'는 매우 약하게 될 것이다. 사실 부르주아지는 이 때문에 노동자들을 제압하는 데에 개량주의 정당들보다는 노동조합 관료들에게 더욱 의존하고 있는 실정이다. 하지만 시간이 갈수록 노동자들은 개량주의 지도자에게 신뢰를 주지 않고서 심지어 이들이 통제할 수조차 없는 자생적인 분출을 일으킬 수 있다. 이러한 상황에서 실제로 '기동전'이 발전할 수 있으며, 이때 노동자들은 혁명적 의식이 결여되어 있음에도 불구하고 자본주의 국가와 직접 대결하게 될 것이다.

자본주의 국가는 '사유화'와 '무관심'을 낳는다. 그러나 '무관심'이라는 개념은 결코 정적인 것이 아니다. 개별적인 개혁의 길이 봉쇄됨에 따라 무관심은 그 반대의 것, 즉 직접적인 대중 행동으로 바뀔 수도 있다. 전통적인 조직에 대한 충성심을 잃어버린 노동자들은 그들 스스로 매우 폭발적인 투쟁을 하게 될 것이다.

그람시의 약점과 강점

그람시는 파시스트 감옥에서 감시의 눈초리 때문에 이솝우화로 이야기했으며 또한 자료의 부족 등의 제약적인 조건 때문에 주장을 일관되게 펴지 못한 구석도 있다.

예컨대 그람시는 1925년에 스탈린-부하린 분파에 대한 지지를 천명했다. 스탈린-부하린 분파가 농민에 대한 양보를 통해 '일국사회주의'를 건설하려는 시도를 국제적인 '진지전'으로 받아들였기 때문인 것 같았다. 또한 트로츠키가 통일전선 전술에 대한 주요 공헌자라는 점을 명확히 알고 있었음에도 불구하고 그가 일국사회주의론에 반대한 것을 통일전선에 대한 초좌익적 반발이라고 생각했다. 이것은 그가 감옥에 있었기 때문에 러시아가 돌아가는 상황을 제대로 알지 못한 결과였다. 그래서 그는 《옥중수고》에서 스탈린의 시도에 대해 "진지전은 무한한 인민 대중에게 막대한 희생을 요구한다. 따라서 거기에는 헤게모니가 전례없을 정도로 집중될 필요가 있으며 그래서 '개입주의적'인 정부가 요구된다."고 말하기도 하였다.

하지만 이러한 결점이 존재한다손치더라도 그람시의 주장은 개량주의자들에게는 결코 좋아할 만한 것이 못된다.

진지전은 오늘날 그람시 추종자들이 즐겨 말하는 것처럼 계급협조주의를 의미하는 것이 결코 아니다. 비록 두 편이 참호에서 팽팽한 긴장으로 대치하고 있는 상황이긴 하지만 하나의 전쟁인 셈이다. 계

---

* 같은 책, 252쪽.

급협조주의를 설교했던 개량주의에 대한 그람시의 경멸은 감옥 속에서도 조금도 흔들리지 않았다. 그람시는 파시스트에 직면해서 개량주의자들이 보여준 수동적인 모습을 "의약재를 추출하려고 자신의 고환을 노리는 사냥꾼의 추적을 받고, 생명을 구하기 위해 스스로 고환을 떼어 버리는"* 비버에 비유하고 있다.

그람시는 혁명정당이 '진지전'을 위해서 많은 시간을 들여야 한다고 주장하였다. 레닌과 트로츠키는 1921년 코민테른 제3차대회에서 노동자 계급 다수를 공산주의로 끌어들이기 위해서는 개량주의 정당과 통일전선을 이룩해야 한다고 주장하였다. 이들은 독일공산당 내에 있는 비록 모호하지만 초좌익적인 '공세 이론'에 맞서 격렬히 투쟁했다. 이들의 입장은 노동자 계급 다수의 지지 없이도 공산당이 권력을 장악할 수 있으며 따라서 공산당은 모험주의적 봉기를 반복해야 한다는 것이었다. 그람시는 코민테른을 통일전선전술로 전환시킨 트로츠키의 공헌을 인식하였다. 그리고 그는 '진지전'이 '통일전선의 공식'과 같은 것이라고 명시적으로 밝히고 있다.

리용 테제에서 그람시는 통일전선 전술을 이탈리아에 적용시키려고 노력하였다. 레닌과 트로츠키가 그랬던 것과 마찬가지로, 이 전술을 채택한 것이 그가 개량주의자들에 대한 적대감을 누그러뜨렸다는 것을 의미하지는 않는다. 그는 '통일전선 전술을 대중의 기반을 가지고 있는 소위 프롤레타리아 혁명적 정당과 집단들의 본질을 폭로하기 위해 고안된 정치적 활동'으로 보았다. 이 전술은 공산당이

---

* 같은 책, 235쪽.

프롤레타리아가 혁명을 대안으로 선택하지 못하도록 방해하는 장해물과 싸우기 위해서도 필요한 것이다.

그람시는 헤게모니를 위한 투쟁이 단순한 이데올로기적 투쟁은 아니라고 생각했다. 그람시는 노동자들의 경제적 조건의 악화가 자동적으로 혁명적 의식을 가져다줄 것이라는 믿음을 계속 거부하였다. 세계 위기가 그 스스로 세계 혁명으로 나아갈 것이라고 생각한 스탈린의 '제3기 정책'을 비판하면서 그람시는 이 점을 특별히 강조하였다. 그는 마르크스주의의 기계론적 일탈을 바로잡기 위해 막대기를 반대로 구부렸다.

그러나 그람시는 정치 생활에서 경제의 지배적인 역할을 결코 부인하지 않았다. 오히려 그는 경제와 이데올로기 사이의 연관을 정식화하는 데 열중했다. "대중의 이데올로기적 요인은 언제나 대중의 경제적 현상에 뒤처지며, 따라서 어떤 순간이 되면 경제적 요인에 의해 생겼던 자동적인 추진력은 그 힘이 떨어지게 되고 전통의 이데올로기적 요소들에 의해 방해받거나 일시적으로는 와해되기조차 한다는 것, 따라서 대중의 경제적 처지에서 비롯되는 당면의 요구를 확보하기 위해서는 설사 그 대중의 전통적 지도부의 정책과 마찰이 생긴다 하더라도 의식적이고 계획적인 투쟁이 있어야 한다는 것이 이해되지 않고 있다."* 그래서 이데올로기적 지체 때문에 개량주의자들로부터 노동자들을 획득하기 위해서 혁명정당의 개입은 필수적인 것이다.

그람시는 다른 피억압 계급을 획득하기 위한 투쟁은 노동자 계급

---

*   같은 책, 170쪽.

이 자신의 이해관계를 위한 투쟁을 접어두는 것을 의미하지 않는다고 생각했다. 그람시는 '조합주의적' 접근을 '헤게모니적'인 것과 대비시켰는데, 이것은 개량주의 노조 지도자들이 하는 것처럼 자본주의 사회 내에서 자신들의 이익을 단순히 방어하는 데에만 관심이 있는 자들과 노동자 계급의 투쟁을 모든 피억압 계급의 해방에서 핵심고리로 계획하는 사람들을 대비시키는 것이었다.

1920년대와 1930년대에 이탈리아에서 헤게모니적 접근은 남부의 지주와 성직자들에 의해 고통받는 농민들의 빈곤에 대해 눈감는 대가로 양보를 얻으려는 구 개량주의자들의 전략과 단절하는 것을 의미했다. 그 반대로 노동자 계급은 자신의 조건을 개선시키는 투쟁을 할 뿐 아니라 농민에게는 토지를, 지식인에게는 더 가치있는 사회의 전망을 제공해야 했다. 노동자 계급 의식성을 위한 투쟁에서와 마찬가지로, 그람시가 활동했던 그 당시 남부의 농민을 획득하는 데서 핵심은 정치적 과제를 실천적 요구와 연결시키는 것이었다.

노동자 계급은 다른 계급의 지지를 얻기 위해서는 "경제적-조합주의적 성격의 희생"을 해야할지도 모른다. "그러나 그러한 희생과 그러한 타협이 본질을 건드릴 수 없다는 것 또한 분명하다. 왜냐하면 헤게모니가 비록 윤리적·정치적이긴 하지만, 그것은 또한 경제적이지 않을 수 없으며 경제적 활동의 결정적인 핵심에서 지도적 집단[노동자 계급 — 인용자]이 수행하는 결정적 기능에 근거하지 않을 수 없는 것이기 때문이다."*

---

*   같은 책, 161쪽.

그람시가 리용 테제에서 지녔던 사상을 《옥중수고》에서 버렸다는 증거는 하나도 없다. 그는 노동자 계급이 농민을 획득하기 위해 노력했지만 이것은 노동자들이 공장에서 자신들의 경제적 지위에 바탕을 둔 노동자 위원회를 건설하고 또 농민 위원회의 건설을 고무하기 위해 이 위원회를 이용할 때에만 가능하다고 생각했다. 흥미있게도 그람시는 "지배 블럭"을 말했음에도 불구하고 또 노동자 계급이 농민을 획득해야 한다고 강조했음에도 불구하고 그는 '노동자-농민 연합'이라는 스탈린주의적 용어를 결코 사용하지 않았다. 그런데도 신광영 교수는 그람시를 여느 스탈린주의자와 하등 다를 바 없이 묘사하고 있다.

> 그람시가 제시한 구체적인 운동내용은 당의 전략과 관계된 것으로서 이탈리아공산당이 노동자와 농민의 연합을 통하여 광범위한 이탈리아 민중의 당이 되어야 하며, 프롤레타리아가 이 연합의 지도력을 행사하여야 한다고 보았다.[*]

하지만 그람시는 중간계급 지식인을 노동자 계급의 동맹자로서 그와 동등한 수준으로 결코 생각하지 않았다. 중간계급 지식인은 투쟁 과정에서 노동계급의 지도에 따라 획득될 수 있을 뿐이다.

그람시는 헤게모니를 위한 투쟁은 그 자체로 국가 권력의 문제를

---

[*]　신광영, '시민사회와 시민운동, 어떻게 볼 것인가', 《경제와 사회》, 91년 겨울, 한울, 20쪽.

해결할 수 있을 것이라고는 결코 생각하지 않았다. '진지전'이 지배적인 역할을 하는 시기에조차 그람시는 운동의 부분적인 요소로써 '기동전'을 잊지 않았다.

대부분의 시간 동안 혁명가들은 개량주의자들로부터 지도력을 획득하기 위해 제한된 쟁점에서 통일전선 전술을 사용하며 이데올로기 투쟁에 참여한다. 하지만 어느 순간에는 한편이 정면공격을 통해 다른 한편의 참호를 파괴하려는 격렬한 대결이 벌어지는 일시적인 순간이 존재한다. 그람시가 옥중의 대화에서 명확히 표현한 바 있는 '투쟁의 결정적 순간'이란 바로 무장봉기를 의미하였다.

그람시가 《옥중수고》에서 '진지전'을 강조한 것은 역사적 맥락을 염두에 두고 이해해야 한다. 그것은 구체적인 정치적 사항을 언급하기 위한 은유이기 때문이다. 위기의 순간에 수천의 혁명가들의 혁명적 의지만으로는 무장봉기를 성공시키기 위한 전제조건을 만들 수 없다. 이러한 전제조건은 정치적 개입과 이데올로기적 투쟁이라는 기나긴 과정에 의해 준비되는 것이다. 이 때문에 1930년대초 톨리아티나 스탈린의 '제3기 정책'은 재앙적인 것이었다. 이러한 상황에서 그람시는 레닌이 1917년 7월에 그리고 1921년 독일의 섣부른 봉기 시도에 반대했던 것처럼 무장봉기가 노동 계급 다수의 적극적인 지지가 있을 때에만 성공할 수 있다는 점을 강조하지 않을 수 없었다.

파시스트 검사는 그람시를 재판하는 과정에서 "그의 뇌 활동을 20년 동안 중단시켜야" 한다고 말하였다. 그람시가 계급 투쟁에 직접 개입하지 못하게 하기 위해서였다. 물론 검사의 의도는 몇 년간 성공했을지 모른다. 하지만 이 파시스트 검사와 그 후계자들인 지금의 지배자들이 두려워할 정도로 그의 사상은 오늘날 투쟁하는 사람들에게 커다란 무기가 될 수 있다.

그람시는 "시민사회의 발전과정과 부르주아 헤게모니의 깊은 뿌리를 분석하는 가운데 선진자본주의와 러시아 사이의 차이점을 다른 누구보다도 극명하게 간파하고, 그리하여 레닌주의 틀을 확장시킨"* '서구 혁명의 이론가'였다.

---

* 몰리뉴, 앞의 책, 179쪽.

국가, 동의, 진지전

마르크스주의에 대한 흔한 비판은 마르크스주의가 경제 결정론이고, 이데올로기를 조야하게 설명하는 이론이라는 것이다.

이것은 한때 옛 소련과 중국을 지배한 공식 '마르크스주의'를 반영한다. 공식 '마르크스주의'는 노동자들이 허위 의식에 사로잡혀 있지만 당[공산당]의 지도를 따라 진정한 계급의식에 이르게 된다고 설명한다.

이탈리아 마르크스주의자인 안토니오 그람시는 카를 마르크스의 이데올로기 분석을 발전시켰다. 그람시는 무솔리니의 파시스트 독재정권 치하 감옥이라는 끔찍한 조건에서 그런 작업을 했다.

그람시를 재판한 판사는 선고 결정문에서 "이 자의 두뇌를 20년 동안 정지시켜야 한다"고 말했다. 이런 기도는 실패했다. 그람시는

크리스 뱀버리. 〈맞불〉 41호, 2007년 4월 25일. https://wspaper.org/article/4090. 이 글들은 영국의 혁명적 반자본주의 주간지 〈소셜리스트 워커〉 편집자인 크리스 뱀버리가 2005년에 쓴 것을 모아 번역한 것이다.

감옥에서 많은 글을 썼다. 그러나 검열 때문에 빙빙 돌려서 글을 써야 했다.

그람시가 가장 먼저 다룬 문제는 1917년 러시아 혁명 후 서유럽을 휩쓴 혁명적 격변의 실패였다. 이탈리아는 조건이 러시아와 가장 비슷한 나라였고, 그람시는 1919~20년의 "붉은 2년" 동안 토리노 노동계급의 투쟁에서 핵심적 구실을 했다. 토리노는 이탈리아의 대규모 공업 중심지였다.

그람시는 러시아 혁명의 지도자들인 레닌과 트로츠키가 서유럽과 동유럽의 차이에 대해 주장한 바를 발전시켰다.

그람시는 지배계급이 그리스 신화에 나오는 켄타우로스 — 반(半)은 사람이고 반은 짐승인 — 와 비슷하다고 생각했다. 지배계급은 국가의 강제력뿐 아니라 피지배계급의 동의를 통해서도 지배한다.

차르 치하 러시아에서는 시민사회가 막 생겨나고 있었다. 그 시민사회는 "원시적이고 젤라틴[아교]과 비슷한" 상태였다. 러시아에서는 국가의 강제력이 압도적이었다.

혁명가들의 과제는 기회가 왔을 때 국가를 직접 공격하는 것이었다. 그람시는 이것을 "기동전"이라고 불렀다.

서유럽에서는 지배계급이 대부분의 시기에 [피지배계급의] 동의에 의존했고, 시민사회 내에 다양한 기구들을 보유하고 있었다. 그런 기구들은 거대한 요새를 둘러싸고 있는 복잡한 방벽 구실을 했다.

그람시에 따르면, 그런 기구들과 그런 기구들이 사회 전체에 퍼뜨리는 사상을 무너뜨리려면 직접 공격을 감행하기 전에 오랜 이데올로기 투쟁을 벌여야 한다. 혁명정당은 노동계급과 다른 피업악 집단들에 대한 지도력을 획득하기 위한 경쟁에서 승리해야 한다. 그람시는 이를 "진지전"이라고 불렀다.

붉은 2년

그람시는 "진지전"이 투쟁, 즉 노동계급 내에서 "유기적 지식인들"을 창출하는 데 집중하는 일상의 사상 투쟁을 포함한다고 봤다. 이 "유기적 지식인들"은 노동계급의 필수적 일부로서 노동계급과 관계 맺고 있는 혁명적 노동자들이다.

동유럽이든 서유럽이든 국가는 탄압과 동의에 의존해 지배했다. 그람시는 국가가 서유럽에서 더 강력하고 압박을 받으면 [동유럽에서보다] 더 강력한 적이 될 것이라고 경고했다.

[그러므로,] "진지전"의 일환인 참호전은 어느 시점에서는 공세로 전환할 것이다. 즉, "기동전"으로 바뀔 것이다.

이 모든 것은 혁명정당과 노동계급의 역동적인 쌍방향 관계를 중심으로 전개된다.

토리노 노동계급 투쟁에서 자신이 겪은 경험을 돌아보며 그람시는 노동계급의 자생적 반란이 결정적으로 중요하다고 주장했다. "이 '자생성'이라는 요인은 무시되지 않았고 하물며 경멸당하는 일은 더욱 없었다. 오히려 그것은 교육받았고, 지도받았고, 그것을 오염시킬 수 있는 이질적 요인들이 모두 제거됐다."

1924년에 그람시는 혁명정당을 다음과 같이 묘사했다. "혁명적 대중의 자생적 운동과 중심의 유기적인 지도 의지가 서로 수렴하는 변증법적 과정의 결과물."

다른 곳에서 그는 "'자생성'과 '의식적 지도'의 통일"을 주장했다. "정당이 강력하게 중앙집권화돼 있다는 바로 그 이유로 기층 당원들 속에서 엄청난 선전·선동이 필요한 것이다. 정당은 당원들을 교육하고 그들의 이데올로기 수준을 조직적으로 끌어올려야 한다."

그러나 당원들은 단순히 명령을 따르는 로봇들이 아니다. 그람시는 이렇게 말했다. "모든 당원들이 능동적인 정치적 인자, 지도자여야 한다."

당은 일상의 투쟁 속에서 지도력을 입증해야 한다. "이런 지도는 '추상적'이지 않았다. 그것은 어떤 과학적·추상적·이론적 공식들을 기계적으로 반복하지 않았다. 그것은 정치, 현실의 행동을 이론적 논문과 혼동하지도 않았다. 그것은 현실의 사람들에게 스스로 맞췄다." 모든 당원은 작업장·학교·지역사회 등 자신의 "주위 환경" 안에서 지도자가 돼야 한다.

1937년 질병과 파시스트 정권의 학대 때문에 죽을 때까지 그람시의 궁극 목표는 여전히 혁명이었다.

계급, 이데올로기, 서유럽 혁명

그람시는 사상이 널리 대중에게 받아들여지려면 일단의 개인들이 그 사상을 사회 전체로 전파해야 한다고 주장했다.

그람시가 살던 20세기 초에 이탈리아인들은 대부분 소도시나 농촌에서 살았다. 당시 유력한 사상을 전파한 사람들은 성직자·교사·법률가·의사 등이었다.

그람시는 모든 작업장과 지역사회에 공산주의자들의 네트워크를 건설해야 한다고 주장했다. 그래서 상식적인 사회관에 도전할 수 있어야 한다고 주장했다.

오늘날 많은 사람들은 언론이 우리 삶을 속속들이 좌우하는 전능한 존재라고 생각한다. 그러나 지배계급의 사상이 사회에서 헤게모니를 획득하려면 국가나 집권당에 헌신하는 사람들의 네트워크가 필요하다. 이런 네트워크가 그런 사상을 상점이나 술집이나 가정의 일상 생활 속으로 옮길 수 있다.

크리스 뱀버리. 〈맞불〉 41호, 2007년 4월 25일. https://wspaper.org/article/4088

토니 블레어가 직면한 한 가지 문제는 그의 당의 뿌리가 시들고 있다는 것이다. 노동당이 곧 사라지지는 않겠지만, 노동당 뿌리의 영향력은 그 어느 때보다 약하다. 오늘날 우리는 모든 지역사회에서 대안 사상을 주창할 사람들을 결집시킬 네트워크가 부족한 문제를 다뤄야 한다.

그람시는 이렇게 주장했다. "대중은 가장 광범한 의미에서 스스로 조직하지 않고는 눈에 띄지도 않고, 자체적으로 독립하지도 못한다."

"그리고 지식인들, 즉 조직자들과 지도자들이 없는 조직은 없다. 다시 말해, 이론-실천 관계의 이론 측면이 없는 조직은 없다. 그것은 사상을 개념적·철학적으로 정교화하는 일종의 '전문가들'이 존재하는 것에서 구체적으로 드러난다.

"그러나 지식인들을 만들어내는 과정은 힘들고 모순으로 가득 찬 오랜 과정, 전진과 후퇴, 뭉치고 흩어짐을 거듭하는 과정이다. 이 과정에서 대중의 충성심은 흔히 심각한 시험을 거친다."

감옥에서 검열을 피해 글을 써야 했던 그람시는 "혁명정당"이라는 단어를 사용할 수 없어서 "유기적 지식인들"이라고 표현했다.

유기적 지식인

운동의 지도라는 생각은 자연히 의심을 불러일으킨다. 왜냐하면 그것은 블레어나 스탈린의 지도 개념, 즉 한 사람이 모든 것을 좌우하는 지도를 연상시키기 때문이다.

그러나 지도는 어떤 투쟁에도 있기 마련이다. 마치 1789년 [프랑스 혁명 당시] 파리에서 누군가가 바스티유로 진격하자고 호소했듯이, 누군가는 일어서서 "우리는 피켓라인을 지켜야 한다[파업 참가자와 파괴자의 출입을 통제해야 한다]" 하고 말해야 한다.

그람시는 이런 종류의 지도는 "어떤 과학적·추상적·이론적 공식들을 기계적으로 반복하지 않았다"고 썼다. "그것[바람직한 지도]은 정치, 현실의 행동을 이론적 논문과 혼동하지도 않았다. 그것은 현실의 사람들에게 스스로 맞췄다."

그는 이렇게 덧붙였다. "그것은 경제적으로 능동적인 대중 전체에게 유기적 지도를 제공하는 문제다. 이 지도는 낡은 도식들을 따르지 말고 혁신해야 한다."

그람시는 노동계급의 자생적 반란이 우선 중요하다고 봤다. 그리고 그는 "자생성"과 "의식적 지도"의 통일을 주장했다. 이런 관점에서 우리는 제1차세계대전 후 그람시 자신이 경험한 토리노 노동자들의 반란과 공장 평의회를 되돌아볼 필요가 있다.

서구 사회에서 노동계급은 의회 민주주의나 부르주아 민주주의를 당연하게 여긴다. 여기에는 상식이 깃들어 있다. 의회 민주주의나 부르주아 민주주의가 이런저런 독재보다 낫고, 따라서 이는 우리가 쟁취하고 지켜야 할 대상이라는 것이다.

그러나 프롤레타리아 민주주의를 직접 경험한다면, 노동계급은 부르주아 민주주의의 한계를 깨닫고 이를 뛰어넘어 새롭고 더 민주적인 사회로 나아갈 수 있을 것이다.

그람시의 주된 관심사는 서유럽 노동계급이 혁명 쪽으로 넘어오지 않았다는 사실이다.

페리 앤더슨은 1977년 그람시를 다룬 주요 논문["안토니오 그람시의 이율배반"이라는 제목의 글로 〈뉴 레프트 리뷰〉지에 실렸다]에서 이렇게 결론지었다. "공동전선 — 레닌이 죽기 전에 서유럽 노동계급 운동에 충고한 마지막 전략이자 옥중의 그람시의 첫째 관심사 — 의 문제의식은 오늘날에도 여전히 타당하다. 긴급한 과제는 권력 장악을 이야기하기 전에 먼저 노동계급을 설복하는 것이다."

공동전선

혁명가들은 이런 혁명적 위기 전까지는 소수임을 인식한 채 노동계급과 피억압 집단 사이에서 오랫동안 정치적·이데올로기적 활동을 해야 한다.

이 말은 혁명가들이 혁명적이지 않은 노동자들이나 그들의 대표들과 함께 활동하면서도 혁명적 사상과 전략을 가장 명료하게 표명하며 대화를 나누는 비(非)종파적 태도를 가져야 한다는 뜻이다.

공장 평의회나 러시아에서 소비에트라고 부른 것이 이 점을 가장 고차원적으로 보여 준다.

우리가 "기동전"으로 공세를 취할 수 있기 전까지 우리는 사회주의 사상이 운동에서 득세하도록 "진지전"을 벌이며 "진지전"에서 승리해야 한다.

모순을 드러내 보여 주는 철학

흔히들 철학은 평범한 사람들이 이해할 수 없는 것으로 여긴다. 위대한 사람들 사이에서 대대로 전해 내려 온 영원한 진실이 철학이라는 것이다.

안토니오 그람시는 철학이 그 시대의 문제들에 대한 응답이라고 생각했다. 역사적·사회적 관점에서 판단해야 하는 당대의 사고방식을 사용해 당대의 문제들에 답변하는 것이 바로 철학이라는 것이다.

철학은 특정 사회의 사상을 이루는 구성 요소다. 그람시가 볼 때 우리는 모두 철학자다. 우리의 문화·종교·민속뿐 아니라 우리가 사용하는 언어, 일상 생활 상식 등 모든 것이 특정 세계관을 담고 있다.

우리의 삶에서 유력한 사상은 걸러지고 파편화해서 우리에게 전달된 것으로, 흔히 철학자들과 지식인들이 처음에 표현한 방식과 다른 방식으로 표현된다.

크리스 뱀버리, 〈맞불〉 41호, 2007년 4월 25일, https://wspaper.org/article/4089.

대중적 의식에는 온갖 종류의 현대적·진보적 사상과 함께 끔찍한 반동적 사상도 들어 있다.

그람시가 보기에, 똑같은 노동자가 온갖 인종차별·성차별 사상을 드러내는 "걸어다니는 화석, 시대착오적 인물"임과 동시에 결코 피켓 라인을 넘지 않는[파업 때 사용자 편으로 넘어가지 않는] 충성스런 노동조합원일 수 있다.

대중적 의식은 "석기 시대의 요소들과 첨단 과학의 원리들, 지역 수준의 과거 역사의 모든 단계에서 비롯한 편견들과 미래 철학 — 세계적으로 결속된 인류의 철학이 될 — 의 직관들을 모두 포함한다."

그람시는 1919~20년 혁명적 시기에 토리노 노동계급 투쟁에 몰두한 자신의 경험에서 교훈을 끌어냈다. 모순적 의식이 섞여 있다는 것은 자본주의 사회에서 노동계급이 그들 자신만의 이익을 추구하는 자율적 세력이 아닌 이유를 설명해 준다.

대중적 의식에서 혁명적 의식으로의 발전은 단선적 과정이 아니다.

노동자들은 자신의 말과 모순되게 행동할 수 있다. 생각과 행동의 이런 차이가 대중적 의식의 핵심적 모순이다. 노동자들은 유력한 이데올로기를 신봉하면서도 자생적으로 반격할 수 있다.

상식과 양식

그람시는 이렇게 썼다. "우리는 그[노동자]가 두 가지 이론적 의식 (또는 하나의 모순적 의식)을 갖고 있다고 말할 수 있다. 하나는 그의 행동에 함축돼 있고, 현실 세계의 실천적 변혁 과정에서 그와 동료 노동자들을 단결시켜 주는 의식이다. 다른 하나는 겉보기에 명백하거나 말로 드러난, 그가 과거로부터 물려받아 무비판적으로 받아들인 의식이다."

가장 중요한 모순은 노동자가 받아들인 세계관과 그가 투쟁 속에서 경험한 현실 사이의 모순이다. 이 때문에 노동자들은 계급의식을 각성하게 되고, 지배계급의 권력과 반대편에 서게 된다. 이것은 "상식"에서 엄청나게 발전한 "양식(良識)"이다.

이것은 둘째 더 높은 단계, 즉 부문적 이해관계를 뛰어넘는 공통의 계급 정체성으로 발전할 수 있다.

이제, "셋째 계기는 자신의 집단적 이해관계가 순전히 경제적인 계급의 집단적 한계를 뛰어넘는다는 것, 그리고 다른 하위집단들의 이해관계도 될 수 있고 돼야 한다는 것을 깨닫는 단계이다.

"이것은 가장 순수하게 정치적인 단계이다. 이 단계에서는 전에 싹트기 시작한 이데올로기들이 '정당'을 형성하고, 서로 대립하고 충돌해서 그 중 오직 하나만 유력하게 된다.

"이것은 경제적 목표와 정치적 목표의 조화뿐 아니라 지적·도덕적 통일성도 불러일으킨다. 그리고 '보편적' 차원에서 벌어지는 투쟁들과 관련된 문제들을 모두 제기한다. 그래서 다양한 하위 집단들에 대한 근본적 사회 집단의 헤게모니를 창출한다."

그람시는 이렇게 설명했다. "모든 혁명에는 열성적인 비판 활동의 오랜 과정, 새로운 문화적 통찰과 사상의 확산 과정이 선행했다. 그런 사상을 처음에는 받아들이지 않은 사람들에게까지 확산된 것이다."

그람시는 혁명정당의 중요성을 강조했다. "우리는 인류의 발전 과정에서 노동계급이 맡은 복잡한 사명 전체를 완전히 이해하라고 모든 노동자 대중에게 요구할 수 없다.

"그러나 당원들에게는 그렇게 요구해야 한다. 당은 전체로서 이 더 높은 의식을 나타낼 수 있고 나타내야 한다. 그러지 않으면 당은 노동자 대중을 이끌기는커녕 오히려 그들에게 끌려다닐 것이다. 따라서 당은 마르크스주의를 흡수해야 한다."

당과 당의 사상은 일상의 현실과 분리될 수 없다. "현대의 이론[마르크스주의]은 대중의 '자생적' 정서에 반대할 수 없다. 전자는 후자로 바뀔 수 있어야 하고, 그 역도 마찬가지다."

안토니오 그람시의 문화적 헤게모니 이론

지배계급의 권력 유지 방식을 이해하기

자본주의는 위기에 빠져 있다. 전 세계에서 일자리를 없애고 수많은 사람들을 굶주리게 하고 사람들의 집을 빼앗아 간다. 자본주의는 기후 변화를 돌이킬 수 없게 만들어서 지구를 파괴하려 한다.

그러나 다수의 사람들은 사회 운영 방식은 자본주의뿐이라고 생각한다. 사람들은 날마다 지루하고 힘든 노동을 해야 하고 가족이 먹을 음식을 마련하고 공과금을 납부하려고 애쓰는 것 말고는 달리 대안이 없다고 생각한다.

이탈리아 마르크스주의자인 안토니오 그람시는 노동자들이 자신들에게 적대적인 체제를 받아들이는 이유를 연구했다. 그는 1918년에서 1921년 사이에 분출한 노동자 투쟁에 참여했다. 1917년 러시아를 휩쓴 혁명에 고무된 노동자들이 공장을 점거했다.

그는 한때 자본주의를 받아들였던 노동자들이 어떻게 급진화하고

톰 워커. 〈레프트21〉 8호, 2009년 6월 18일. https://wspaper.org/article/6674.

체제를 바꾸기로 결심하게 되는지를 직접 목격했다. 그러나 투쟁은 1922년에 패배했고 파시스트 무솔리니가 권력을 장악했다.

그람시는 투옥됐다. 끔찍한 환경에서도 그람시는 노동자들이 사회주의 사상을 받아들이게 되는 과정을 연구하기 시작했다. 그리고 혁명이 러시아에서는 성공하고 이탈리아에서는 실패한 이유에 대해서도 연구했다.

그는 마르크스주의에 대한 "결정론적" 해석을 거부했다. 그런 해석은 심각한 경제 위기가 노동자들을 자동으로 혁명가로 만들 것이라고 가정하기 때문이다.

그람시는 문화적 헤게모니 이론을 내놓았다. 그는 지배계급이 어떻게 노동자들에게 자본주의만이 최상의 사회 운영 방식이라고 설득하는지 연구했다.

동의와 강제

헤게모니 이론은 영국 같은 현대 사회에서 지배계급이 권력을 어떻게 유지하는지 이해하는 데서 특히 중요하다.

카를 마르크스는 "모든 시대의 지배적 사상은 지배계급의 사상이다" 하고 말했다.

그람시는 이런 생각을 더 발전시켜 어떻게 지배계급이 시민사회의 구조들을 통해 "지적·도덕적 지도력"을 유지하는지를 보여 주었다.

그람시가 말한 시민사회는 교회·학교·언론·정당뿐 아니라 심지어 노동조합 같은 제도도 포함한다.

이 제도들이 모두 자본주의를 지키는 "강력한 성채와 보루 체계"로 기능한다. 자본주의를 지지하는 지배계급의 사상이 "상식"이 된다.

노동자가 아니라 기업주가 부를 창출한다거나 사회복지를 주장하는 사람들은 "게으르다"는 주장 따위가 상식으로 여겨진다.

자본주의를 폐지하면 대혼란에 빠지거나 전체주의가 득세한다고들 한다.

정부는 테러리즘에 대한 공포를 이용해서 공포심과 차별을 부추긴다. 정부는 자신들의 실책을 은폐하려고 무슬림을 속죄양으로 삼았다.

이를 통해 정부는 시민적 자유를 집요하게 공격할 수 있었고 그런 공격은 고문과 긴급조치, 재판 없는 구금에서 극에 달했다.

국가는 이런 식으로 우리를 분열시키고 사람들의 투쟁 의지와 투쟁력을 약화시킨다.

터무니없이 불공평한 일이 정상적이고 불가항력적인 일처럼 보이게 된다.

사람들은 체제란 바꿀 수 없는 것이고 우리는 그저 열심히 일이나 하고 고분고분 살아야 한다고 믿게 된다. 사람들이 체제에 도전하지 않기 때문에 지배계급은 동의에 의한 지배를 주장할 수 있는 것이다.

이렇게 지배계급의 헤게모니 덕분에 정부와 기업은 거의 눈에 안 보이는 방식으로 노동계급을 계속 지배할 수 있다.

그렇다고 해서 자본주의가 더는 폭력에 의존하지 않는다는 말은 아니다. 오히려 우리는 부드러운 벨벳 장갑을 낀 철권의 지배를 받는다.

그람시도 지적했듯이 "헤게모니 행사의 특징은 … 강제와 동의의 결합이고, 이 둘은 서로 보완한다."

자본주의는 여전히 "강제라는 갑옷"에 의존한다. 비록 영국에서는 이 점이 자주 눈에 띄지는 않지만 말이다.

사람들은 아무리 장시간 노동이나 저임금 직종이라도 먹고살려면 일을 해야만 한다. 수도와 전기 같은 필수재의 요금을 내지 못하면 집달관이 들이닥칠 것이다.

영국 국가는 일상으로 공공연하게 탄압하지는 않는다. 영국 정부는 혁명적 사회주의자가 공공연하게 반정부 활동을 조직하는 것을 허용한다. 훼방이 없는 것은 아니지만 말이다.

국가의 폭력적 본질을 지적하는 우리 같은 사람들은 흔히 과대망상에 빠져 있다는 핀잔을 듣는다.

왜냐하면 지배자들이 위협받는다고 느낄 때에만 폭력에 의존하기 때문이다. 사람들이 저항을 하기 시작하면 지배계급은 억압적 국가 기구들을 이용해 더 노골적인 형태의 강제에 의존한다.

의회 민주주의와 시민적 자유가 국가의 "부드러운 벨벳 장갑"이라면 경찰과 군대는 "철권"이다.

영국의 경우 가장 분명한 사례 중 하나는 1984~85년에 벌어진 광원 파업이다. 지배계급은 이 파업이 단지 탄광을 둘러싼 싸움이 아님을 깨달았다.

지배계급은 노동계급의 가장 강력한 부문을 격파할 수 있는 절호의 기회라고 생각했다.

그래서 지배계급은 이 투쟁에 전력을 쏟아 부었다. 경찰은 피케팅 대열을 폭력적으로 공격하고 대체 인력이나 파업 불참자를 보호했다. 주류 언론은 광원들을 비난하고 광원노조의 지도자들을 중상 모략하고 '용감한' 경찰을 편들었다.

법원은 파업을 불법으로 규정하고는 광원노조의 기금을 압류했다.

오늘날에도 국가 기구는 저항하는 사람들에 맞서 이런 방식으로 이용된다. 국가는 반전 시위나 기후변화 저지 행동, 고용 보장 요구 집회를 위협으로 여긴다.

국가는 경제 위기 때문에 더 많은 사람들이 시위에 나설까 봐 노심초사한다.

지난해에 경찰은 반전 시위대에 폭력을 행사했다.

경찰은 지난해 7월 미국 대통령 조지 부시의 방문에 항의하는 시위대를 공격했으며 올해 1월에는 가자 지구에서 벌어진 이스라엘의 잔인한 전쟁에 항의하는 행진 대열을 곤봉으로 진압했다.

올해 4월 G20 반대 시위에서 국가 폭력은 더욱 심각해졌다. 시위를 구경하던 이안 톰린슨이 시위 진압 경찰에게 구타당하고 땅바닥에 내팽개쳐진 뒤 사망했다.

경찰의 야만적인 시위 진압은 전혀 새로운 일이 아니다. 국가는 언제나 급진적인 사람들 앞에서는 기꺼이 가면을 벗어 던졌다. G20 반대 시위에서 한 가지 새로운 특징은 카메라폰이 널리 보급돼서 국가 폭력을 더 많은 사람들에게 폭로할 수 있었다는 점이다.

G20 반대 시위대에 대한 경찰의 공격에 분노하는 정서가 점차 커졌다. 지배계급은 경찰 내에 "몇몇 썩은 사과"가 있다는 식으로 우리

를 설득하려 한다.

그러나 역사가 보여 주듯 이것은 자본주의 국가의 진정한 억압적 면모가 드러난 것이다.

"철권"은 자본주의가 1930년대 대공황 이후 최악의 경제 위기를 겪는 요즘 더 자주 등장할 것이다. 지배계급은 공포에 질려 강제력을 사용한다. 왜냐하면 사람들이 자본주의의 "상식"을 문제 삼기 때문이다.

전략

그람시는 지배계급의 사상이 사회를 지배하는 것이 필연적이라고 여기지 않았다. 저항을 시작하는 사람들은 시민사회가 강요하는 사상에 도전하기 마련이다.

사람들은 파업, 점거와 시위 그리고 저항을 경험하면서 우리가 사는 체제의 본질에 대해 의문을 품기 시작한다.

부자들은 돈더미 위에 앉아 있는데 왜 수많은 사람들이 실직해야 하는가? 이윤이 나지 않는다고 해서 곧바로 작업장을 폐쇄해야 하는가? 왜 국가는 사람보다 재산 보호를 더 중요하게 여기는가?

투쟁 과정에서 이러한 물음이 날카롭게 제기된다.

투쟁 과정에서 노동자들은 지배적인 사상에 도전할 수 있는 지도자로 변신한다. 그와 동시에 계급 내부에서 대안적인 노동계급 문화가 나타난다.

사람들은 상아탑의 학자가 아니라 "조직자이자 지도자"인 "유기적 지식인"이 된다. 이들은 노동계급 대중의 조직과 기구를 건설할 수 있다. 그런 조직과 기구는 사회주의적 "대항 헤게모니"를 만들어내기 시작한다.

그람시는 이러한 교훈을 바탕으로 선진 자본주의 사회의 혁명 전략을 내놓았다. 그는 "기동전", 즉 혁명을 시작하기 전에 "진지전"에서 승리해야 한다고 말했다.

진지전은 사상 투쟁이고 이 투쟁에서 사회주의자들은 언론에서, 노동조합 같은 노동계급 대중 조직에서, 학교와 대학에서 체제의 진정한 본질을 폭로하고 대안을 제시하려 한다.

사회주의자들이 독자적인 출판물을 내고 노동조합에서 조직하고 학생 단체를 운영하고 대규모 토론회를 열고 혁명정당을 건설하려할 때 바로 그런 일을 한다.

어떤 사람들은 그런 더딘 활동은 때려치우고 당장 거리에서 국가의 강제력에 맞서 싸우자고 주장한다.

이것은 많은 아나키스트들의 관점이고 이 관점은 헤게모니의 중요성을 간과한다.

많은 노동자는 지금도 경찰과 군대가 우리를 보호하기 위해 존재한다는 지배계급의 주장을 믿고 있다.

물리적 대결 그 자체를 선동하는 것으로는 아무것도 이루지 못하며 오히려 사람들로 하여금 우리에게서 멀어지도록 만들 뿐이다.

그러나 국가가 시위대를 공격해서 본색을 드러낸다면 국가는 지금 당장 정말로 중요한 전투인 사상 투쟁에서 우리에게 무기를 건네

주는 셈이다.

광원파업을 겪으며 국가의 폭력적 본질을 깨닫게 된 수많은 사람들이 정치적으로 급진화했다. 경찰이 피케팅 대열이나 시위대를 공격할 때마다 똑같은 일이 벌어질 수 있다.

사회주의자들은 모든 진보적 투쟁과 군건하게 연대해야 하고 체제에 대해 의문을 품기 시작한 사람들과 대화해야 하고, 우리가 자본주의의 본질을 이해하고 스스로 조직한다면 이길 수 있다고 주장해야 한다.

노동자들이 지배계급의 헤게모니를 분쇄하기 시작할 때 비로소 수많은 사람들이 들고 일어나서 자본가 계급의 지배에 직접 도전할 것이다.

제7부
계급과 계급투쟁

계급과 계급투쟁

계급이란 무엇인가

계급에 대해 말할 때 가장 흔히 빠지는 오류는 재산이나 수입을 주된 판단 기준으로 삼는 것이다. 그런 관점에 따르면 한쪽에는 대궐 같은 집에 고급 가구를 갖추고 값비싼 외제 승용차를 타는 집단이 있다. 그리고 그 반대쪽에는 단칸 월세방에서 하루하루의 생계를 걱정하며 살아가는 집단이 있다. 이런 분석은 과학보다는 차라리 도덕에 더 가깝다. 이 관점에 따르면 높은 임금을 받는 노동자들은 노동자 계급이 아니라 중간계급이 된다. 또 '청렴'한 자본가들은 자본가답지 못한 것이 된다.

계급에 대한 또 다른 오해는 직업에 따라 계급을 나누는 것이다. 그런 눈으로 보면 육체 노동자는 노동자 계급이지만 넥타이를 매고

이 글은 《사회주의 평론》 8호(1996년 3~4월)에 실린 것이다.

사무를 보는 화이트 칼라 노동자 — 아무리 낮은 임금을 받고 그들의 일이 아무리 판에 박힌 것일지라도 — 는 '중간계급'이 된다. 마찬가지로, 자기 소유의 기업을 운영하는 사장은 자본가로 보여도 봉급을 받는 경영자나 고위 공무원이나 군 장성들은 자본가 계급으로 보이지 않는다.

이 같은 대중적 견해들은 핵심을 빗나가고 있다. 그러나 그 생각들이 현실을 반영하고 있는 것은 사실이다. 예컨대 하나의 집단으로서 노동자들은 다른 계급보다 대체로 더 적은 임금을 받는다. 고급 주택이나 외제 승용차들은 거의 대부분 지배계급이 향유하고 있다. 또 일부 화이트칼라 봉급 생활자들은 분명히 노동자 계급이 아니다.

그러나 이런 접근은 계급을 분석하는 데에 참고가 될 수는 있어도 현실을 제대로 해명하지 못한다.

마르크스주의는 소유나 생활방식 등의 겉모습보다는 그 뒤에 가려져 있는 사회관계를 계급 구분의 출발점으로 삼는다. 계급사회가 발전하면서 힘을 가진 소수가 잉여생산물의 통제권을 얻었다. 그들은 노동하는 사람들인 직접 생산자들을 착취함으로써 그렇게 할 수 있었다. 이것이 바로 계급분화이다. 그러므로 계급은 일차로 생산수단에 대한 관계라는 관점에서 규정해야 한다. 이것은 고대 그리스의 노예와 노예소유주, 중세의 농노와 봉건영주 그리고 자본주의 사회의 노동자와 자본가 등 모든 계급사회에 적용된다.

자본주의에서 노동자 계급과 자본가 계급은 착취를 매개로 관계를 맺고 있다. 그 때문에 그 둘은 서로 적대적이다. 노동자 계급이 사라지고 있다는 온갖 주장들에도 불구하고 이 관계는 근본적이다.

그리고 객관적이다. 사람들이 어떻게 느끼는가 — 예컨대 사무직 노동자가 자신을 중간계급이라고 여기든 자영업자가 자신을 노동자 계급이라고 여기든 간에 — 는 중요하지 않다. 그들을 계급관계로 몰아넣는 것은 개인들의 머리에 있는 각각의 생각들이 아니라 현실의 착취관계이다.

물론 이렇게 말한다고 해서 계급이 고정되어 있다는 뜻은 아니다. 그것은 몇 가지 기준에 따라 사람들을 분류하는 딱딱한 사회학적 범주가 아니다. 그것은 인간관계이다. 따라서 산업이 발달함에 따라 변하고 발전한다. 그러므로 계급은 새로운 노동자 집단이 계속 나타나고 낡은 집단이 사라져 가는 과정을 포함하는 역사적인 관계이다.

그러면 자본주의 사회에서 적대적인 두 계급을 좀더 살펴 보자. 그들은 서로 마주 보고 있는 관계이지만 각자의 상황은 매우 다르다.

자본가 계급은 하나의 계급으로서 자신의 이익에 굉장히 의식적이다. 그들은 군대, 경찰, 사법체계, 언론, 관변단체 등을 통해서 자신의 지배를 계속 유지하려고 노력한다. 동시에 그들은 자기 계급 안에서 분열해 있다. 경쟁에서 살아남기 위해 언제나 서로를 견제하는 것이 그들의 속성이다. 그러나 만약 그들 전체의 재산과 권력과 통제가 다른 계급에 의해 위협받을 경우, 그들은 하나의 계급으로 단결하는 것을 주저하지 않는다.

노동자 계급은 물질적 생산수단도 정신적 생산수단도 갖고 있지 않다. 또 그들은 자신의 노동 생산물에 대한 통제권도 없다. 그 때문에 나약함, 무기력, 원자화를 노동자 계급의 특징으로 꼽는다. 또 노동자 계급 안에는 지배계급이 조장하는 인종적·민족적·성적 분열이 있다. 노동자 계급이 그런 분열을 극복하고, 공통된 목표를 추구하는 하나의 세력으로 단결하기 시작하는 것은 오직 투쟁 속에서이다.

그런데 생산수단의 소유 여부로 노동자 계급이나 자본가 계급으로 구분하기 어려운 집단들은 어떻게 보아야 하나? 실제로 자본주의 사회에는 임금 노동자도 아니고 착취자도 아닌 수많은 사람들이 있다.

이들 가운데 일부는 분명히 노동자 계급이다. 예컨대 퇴직한 연금 생활자의 대부분은 더 이상 착취를 요구받지 않을 뿐이지 노동자 계급인건 분명하다. 그들은 더 이상 자본가 계급에게 쓸모가 없어진 노동자들이다. 또 자본가 계급의 필요에 따라 언제든지 형성될 수 있는 실업자도 잉여 노동자들이다. 그들 가운데 일부 — 특히 나이든 노동자들 — 는 다시 임금 노동자가 되지 못할 가능성이 크지만, 다른 일부는 얼마 후 다시 일자리를 얻게 된다. 마지막으로 노동계급 주부 역시 언제든지 착취당할 수 있는 임금 노동자이다.

물론 이러한 범주에 꼭 들어맞지 않는 사람들도 많이 있다. 그들은 마르크스가 말한 프티 부르주아지 또는 중간계급이다. 자영업자, 영세 사업가, 가게 주인, 여관 주인, 농민, 변호사 등이 여기에 속한다. 이들은 주로 정치적으로 보수적이고 친자본주의적이다. 또 그들은 문화나 이데올로기의 영역에서 노동자 계급에게 큰 영향을 미친다. 프티 부르주아는 신분 상승을 강하게 열망하는데도 마르크스 시대 이후로 계속 몰락해 왔다. 대기업이 영세기업을 먹어삼키고 수퍼마킷 체인이 구멍가게를 대체하고 심지어 컴퓨터 프로그래머 같은 전문직 종사자들조차 거대한 기업으로 조직됨에 따라 몰락해 왔다.

그러나 이런 몰락과 나란히 오늘날 '신중간 계급'이 성장하고 있는 것도 사실이다. 그들은 봉급을 받지만, 주로 전문가나 관리자 또는 경영자이며, 때때로 노동자들을 통제(감독)하는 지위에 있다는 점에서 임금 노동자와 구별된다. 그들은 종종 높은 봉급과 상대적으로 자율적인 작업환경을 제공받는데 이것은 착취당하는 노동자 대중의 작업환경과는 퍽 대조된다. 대부분의 기업 관리자, 대학교수나 의사들이 대표적이다.

중간계급은 독립적인 지위를 갖고 있지 않다. 그들은 어느 쪽이 더 강한가에 따라 자본가 계급이나 노동자 계급쪽으로 끌려간다. 일상에서 그들은 대부분 거대 자본가들쪽으로 끌려간다. 그러나 중간계급도 자본주의 사회의 압력 — 거대 독점자본들에게 압박받고 많은 대부와 저당을 갚느라고 고생하는 등 — 에 시달리고 있다. 때문에 노동자 계급이 지도를 제공한다면 그들도 노동자 계급의 투쟁을 지지하는 쪽으로 획득될 수 있다.

오랫동안 좌익들은 이 중간계급 문제에서 많은 혼란을 빚어왔다. 그들은 노동자 계급의 규모가 줄어들고 있기 때문에 노동자 계급이 다른 계급, 특히 중간계급과 동맹해야 한다고 주장했다. 그러나 그것은 노동자 계급이 동맹을 유지하기 위해서 자신의 요구를 타협하며 후퇴하도록 만들었을 뿐이다.

노동자 계급이 더 크고 더 영향력 있게 성장하고 있기 때문에 자본주의에 맞서는 투쟁의 중심이라는 사실은 너무나 명확하다. 또 소규모 기업의 노동자들이 대규모 작업장으로 집중되면서 기계화되고 집단화된 노동을 하지 않을 수 없는 처지에 놓이게 된다. 그 때문에 더 많은 노동자들이 계급으로서 생각하고 행동할 수 있는 조건이 늘어난다.

계급투쟁이란 무엇인가

마르크스와 엥겔스는 《공산당 선언》에서 인간 역사의 동력을 이렇게 밝혔다.

지금까지 존재한 모든 사회의 역사는 계급투쟁의 역사이다. 자유민과 노예, 귀족과 평민, 영주와 농노, 동업조합의 장인과 직인, 요컨대 억압하는 자와 억압받는 자는 때로는 은밀하게 때로는 공공연하게 투쟁을 끊임없이 벌여왔다. 그리고 이 투쟁은 언제나 사회 전체의 혁명적 개조로 끝나든가, 혹은 서로 투쟁하는 계급들이 함께 몰락함으로써 끝을 맺었다.

그러나 오늘날 좌익을 포함한 많은 사람들이 계급투쟁을 매우 다양하게 이해하고 있다. 그들은 계급투쟁을 낡은 것으로 여긴다. 그들은 노동자 계급이 줄어들고 있고, 그나마 남아 있는 대부분의 노동자들도 이제 더 이상 체제로부터 배제되기보다는 이익을 나누어 갖게 되었다고 생각한다. 따라서 파업이니 투쟁이니 하는 것은 이제는 아련한 추억거리일 뿐이지 현실에 적절한 수단은 아니라는 것이다.

하지만 사회주의자들에게 계급투쟁 사상은 근본 가운데에서도 근본이다. 이 이론이 말하는 것은 매우 간단명료하다. 그리고 아직도 여전히 유효하다.

사유 재산에 바탕을 둔 사회는 계급으로 나뉘어지게 된다. 부를 생산하지만 다양한 억압을 받는 계급이 사회의 대부분이 될 수밖에 없다. 아주 작은 집단이 다른 사람들이 생산한 부에서 이익을 얻는 계급을 구성하기 때문이다. 자본주의 사회의 특징은 두 개의 주요한 적대 계급으로 나뉘어 있다는 것이다. 그것이 바로 노동자 계급과 자본가 계급이다. 그리고 그 밖의 다른 모든 집단들은 자본주의가 발전함에 따라 사라지거나 약화되는 경향이 있다.

오늘날 부르주아지에 대립하는 모든 계급 중에서 프롤레타리아트만이 정말로 혁명적인 계급이다. 다른 계급은 현대 산업이 발전함에 따라 몰락하고 마침내 소멸한다. 프롤레타리아트는 현대 산업의 특별하고 핵심적인 생산물이다.

자본주의 생산과정 그 자체가 자본주의의 '무덤을 파는 자'인 산업 노동자 계급을 만들어 낸다. 노동자들은 도시에 있는 대공장으로 집중된다. 노동자들은 공장에서 부를 생산하지만 그것을 소유할 수는 없다. 소외된 노동만이 반복된다. 그리고 노동자들은 단지 자신과 가족의 생계를 충당하는 정도의 임금만을 받는다. 그 밖에 그들이 생산한 어마어마한 부는 착취자의 몫이 된다. 한쪽이 얻는 만큼 다른 한쪽은 잃을 수밖에 없다. 이런 조건이 끊임없는 계급투쟁을 낳는다. 착취 과정에서 형성되는 적대는 노동 강도와 건강과 안전 그리고 무엇보다도 임금을 두고 충돌을 빚는다.

물론 그런 투쟁이 비슷한 수준으로 벌어지는 것은 아니다. 어떤 작업장은 몇 년 동안 투쟁이 일어나지 않을 수도 있다. 심지어 가장 전투적이고 잘 조직된 공장들조차 오랫동안 아무 일도 일어나지 않을 수 있다.

이것은 두 가지 이유 때문이다. 하나는 자본가들이 노동자들에게 패배를 안겨 주는 경우이다. 다른 하나는 적대감이 더 커다랗게 발전하는 것을 막기 위해서 자본가들이 기꺼이 임금과 노동조건을 개선해 주는 경우이다. 물론 후자는 지배계급에게 그럴 만한 경제적 여유가 있을 때에만 가능하다.

일반으로 자본가들은 국내외에서 다른 자본가들과 끊임없이 경쟁하기 때문에 노동자들에게 더 적게 주고 더 많은 것을 얻는 방법을 찾는다. 그러므로 그들은 노동자들에게 똑같은 임금을 주더라도 더 많은 노동을 시키려고 한다. 즉 임금을 깎으려는 것이다. 그러나 모든 일이 늘 자본가의 뜻대로 순조롭게 되지는 않는다. 이러한 공격이 도리어 노동자들로 하여금 더 많은 임금과 더 나은 노동조건을 위해 투쟁하도록 만들 수 있다. 노동자들은 목적을 이루기 위해 때로는 일하는 것을 거부할 수도 있다.

실제로 우리는 그런 투쟁을 수도 없이 많이 보고 있다. 최근에도 프랑스 노동자들이 임금과 복지가 축소되는 것에 항의하며 대대적인 파업을 했다. 규모는 그보다 훨씬 작지만, 1987년 대투쟁 이후로 이 나라에서도 해마다 노동자들의 파업투쟁이 벌어졌다. 최근에는 오랫동안 노동운동의 불모지였던 공공부문에서 의미있는 투쟁들이 벌어지고 있다. 올해의 산업투쟁도 지난해 못지 않은 규모로 전개될 가능성이 충분하다.

대다수의 파업은 처음엔 아주 제한된 목적을 갖고 소규모로 그리고 부문적으로 시작된다. 그것들 가운데 많은 것은 일찍 해결되고 더 나아가지 못한다. 그러나 사회주의자들에게 파업이 중요한 것은 그것이 아무리 작을지라도 착취과정, 즉 자본주의가 조직되는 방식에 대한 도전의 출발이기 때문이다.

파업이 진행되면서 참가하고 있는 노동자들의 생각이 바뀌기 시작한다. 그들은 옛날 방식이 아닌 완전히 새로운 방식으로 세상을 보기 시작한다. 그들은 사회주의자들이 종종 지적하는 것들 — 체제의 불평등, 경찰과 언론이 노동자들을 공격하는 방식, 노동자들이 집단으로 행동할 때 갖게 되는 힘 — 을 비로소 발견하게 된다. 이렇게 되는 까닭은 노동자들이 보통 때 외면했던 사회주의 사상이 집단으로 투쟁할 때의 경험과 일치하기 때문이다. 이것은 직접 투쟁하고 있지 않은 노동자들에게도 영향을 줄 수 있다. 그렇게 될 때 투쟁은 일반화된다. 바로 이러한 투쟁과 노동자들의 사상 변화가 혁명적 변화의 가능성을 높여 준다.

계급투쟁의 효과나 지속성을 의심하면서 자본가와의 협상이나 국회의원들의 압력 따위에 의존하면 결코 아무 것도 얻지 못한다. 설사 그렇게 해서 무엇인가 작은 양보를 얻는다 할지라도 노동자들은 수

동화될 뿐이다. 이와 대조되게도 파업은 노동자 계급의 사상뿐 아니라 자신감에 커다란 영향을 미친다.

파업은 만약 그것이 성공하면 사회의 계급세력 균형을 노동자 계급에게 유리하도록 바꿀 수 있기 때문에 더욱 중요하다. 그 때문에 사회주의자는 모든 투쟁에 대해서 작업장에 기초를 두는 계급행동이 중요하다고 강조한다. 또 노동자 계급은 과거 어느 때보다도 많다. 남성 노동자뿐 아니라 다수의 여성 노동자와 화이트칼라 노동자들이 있다. 그래서 노동자 계급의 행동이 성공으로 이어질 수 있는 가능성이 더 많다.

그러나 일상의 시기에 많은 노동자들은 자신이 노동자 계급의 일부라고 느끼지 못한다. 그들은 자신의 삶과 가족과 봉급 액수를 유지하는 것에만 관심을 갖는다. 그들은 자신을 혁명적 잠재력을 지닌 계급의 일부가 아니라 단지 한 명의 개인으로 여긴다. 노동자들은 투쟁을 하는 과정에서만 생각을 바꾸고 계급으로서 뭉친다. 그들은 투쟁 속에서만 자신들이 착취에 맞서는 하나의 계급으로서 공통된 이해를 갖고 있다는 것을 깨달을 수 있다. 투쟁을 통해 노동자들은 자신을 계급으로 의식하고 또 집단적 잠재력 쪽으로 기운다. 투쟁이 없으면 그런 발전도 일어나지 않는다. 노동자 계급이 강한지 약한지를 판단하는 데서 계급투쟁의 수준이 그토록 중요한 이유는 바로 이 때문이다.

오늘날 계급투쟁의 수준은 아직 충분히 높지는 않다. 그러나 행동하고 싶어하는 노동자들의 수가 늘고 있는 것은 분명하다. 그래서 투쟁이 급작스럽게 터져나오곤 한다. 또 예전에 투쟁을 해 본 경험이 적은 부문이 오히려 더 전투적으로 싸우기도 한다. 서유럽 몇몇 나라들은 이미 상승기의 초입을 통과하고 있는 것으로 보인다. 만약 노동자들이 지금 느끼고 있는 불만이 더 깊어지고 지금보다 조금만 더 자신감을 갖는다면 20세기의 나머지는 자본가 계급에게 전례 없는 큰 도전이 될 수 있다.

왜 노동자 계급인가?

마르크스주의는 더 나은 사회를 만들기 위해 사회를 변화시키는 데서 가장 중요하고 결정적인 사회 세력은 노동자 계급[*]이라고 본다. 왜 노동자 계급인가?

왜 마르크스주의는 새로운 사회라는 원대한 목표와 사회의 한 부문인 노동의 이해관계 사이에 특별한 관계가 있다고 보는가? 마르크스주의자들이 노동자들은 노동자가 아닌 사람들보다 더 착하다거나 더 똑똑하다거나 더 정직하다거나 더 용감하다거나 또는 더 인정이 많다고 그들을 "미화" 또는 "짝사랑"하고 있기 때문인가?

오히려 다수의 노동자들은 김근태나 노무현을 신뢰하고 근본적

핼 드레이퍼 지음, 최일붕 편역.

[*] 우리는 마르크스를 좇아 노동자 계급을 공장·광산·사무실·부두·항만·공항·병원·학교·백화점 등지에서 사용자에게 노동력을 팔아 임금을 받음으로써만 자신과 가족을 부양할 수 있는 사람들이라고 규정한다. 그렇다면, 그들은 경제활동인구 가운데 약 70퍼센트를 차지한다.

사회 변혁에 대해서는 별로 관심을 보이지 않는 것이 사실 아닌가? 그들 역시 사회의 다른 부문처럼 기만당하고 환상을 좇아 오지 않았던가? 그리고 노동자들이 여성 차별 관념을 특별히 덜 가진 것도 아니고, 계급 협력을 근본적으로 내포하고 있는 포퓰리즘 정서를 덜 가진 것도 아니다.

이런 식의 질문은 마르크스주의의 (노동)계급관을 오해한 데서 비롯한 것일 뿐이다. 마르크스주의자들은 어떤 의미에서도 노동자들을 "미화" 또는 "이상화"하지 않는다.

노동자 한 사람 한 사람을 개인으로서 직시해 보라. 그가 단지 노동자라는 이유만으로 다른 사람보다 더 착한 사람이라고 주장할 근거는 단 하나도 없다. 도대체 그런 식으로 계급을 보는 것 자체가 마르크스주의의 관점과는 전혀 관계 없는 것이다.

달리 설명해 보자. 대우차 노동자들은 그 동안 열심히 일하고도 대량 해고의 위협을 받고 있다. 설상가상으로 그들은 임금도 제때 지급받지 못해 더 한층 고통을 받고 있다. 자본가들이 못된 자들이라서 그런가? 그러기는커녕 때로는 자본가들도 자상한 아빠요, 친절한 남편이요, 의리 있는 친구요, 자선과 온정을 베푸는 데 인색하지 않은 인정 많은 사람들이다. 한 개인으로서 행동한다는 것과 자본가 계급이라는 계급의 일부로서 행동한다는 것은 때때로 다른 것이다.

자본가는 이것을 두고 "공(公)은 공이고 사(私)는 사야" 하고 말한다. 또는 "비즈니스는 비즈니스지"라고도 말한다. 자본가는 한 개인으로서의 자신의 태도 및 역할과 재계의 한 성원, 즉 자신이 속한

계급의 한 성원으로서의 자신의 태도와 역할을 바로 그런 식으로 구별한다. 후자의 경우, 자본가들은 존재 조건과 사업상의 이해관계 때문에 자신의 개인적 성품과 때로 닮은 데가 없는 사회 세력이 된다.

다른 모든 계급이 그러하듯이, 노동자 계급도 그것에 속한 개인들의 총합 이상의 것이다.

도덕적으로, 노동자들이 다른 사람들보다 더 변혁적인 것은 아니다. 문제의 본질은 노동자들이(그들뿐 아니라 다른 계급 집단도) 하나의 계급으로서 자신의 존재 조건에 의해, 그리고 노동자로서 자신의 이해관계에 의해 어느 방향으로 떠밀리느냐 하는 것이다.

마르크스주의 사상이 그 자신은 노동자가 아니었던 마르크스와 엥겔스 같은 "교육받은 계급", 즉 중간 계급 지식인들에 의해 체계적으로 주창되는 경우가 많았지만, 그러한 사상의 체계화를 자극하는 추진력은 사회의 여타 부문이 아니라 노동 대중의 투쟁과 조건에서 비롯했던 것도 바로 그 때문이었다. 마르크스주의의 주창자 개개인은 마침내 노동자 계급 운동에 동조하게 됐다.

그들이 그 방향으로 이끌렸던 것은, 사회 변혁 사상에 피와 살을 더해 주는 결정적인 사회 세력이라고 그들이 인정한 역동적인 사회 세력이 거기에 있었기 때문이다.

노동자 계급이 정치적·사회적 미성숙 상태에 있을 때는, 노동자들은 온갖 후진적·보수적 사상에 감염돼 있을 수밖에 없다. 예컨대, 교육 정도가 높을수록 여성 차별 관념을 덜 갖고 있다고 말하는 사람들이 있다. 노동자 계급 사람들이 자본가들보다 교육을 덜 받았을 테니 그들 말대로라면 노동자 계급 사람들이 여성 차별 관념을 더 많이 갖고 있어야 한다. 하지만 사실은 그렇기도 하고 안 그렇기도 하다.

노동자들이 하나의 계급으로서 잘 조직돼 있지 못하고, 투쟁 경험도 많지 않고, 계급 의식에 바탕을 두고 조직돼 있지 못할 때는 여성 차별 관념에 더 크게 좌우된다. 예를 들어 보자. 지난 11월 26일 서울역에서는 '제2차 공공부문 노동자 총력투쟁 결의대회'의 사전 집회로 '철도 노동자 총력 투쟁 선포 대회'가 열렸다. 집회 끝무렵에 철도 노조 간부들은 삭발한 뒤 여성 조합원들로 하여금 자신들의 머리띠를 묶게 했다. 여성 조합원들에게 일종의 '시중 들기'를 하도록 한 것이다. 철도 노동자들은 이에 대해 별다른 거부 반응을 보이지 않았다. 만약 투쟁 경험이 풍부한 민주노총 집회였다면 상상하기도 어려운 광경이었을 것이다.

조직 노동자들이 여성 차별주의가 덜한 것은 학교 교육 덕분이 아니다. 그것은 계급 교육의 결과다. 또한 조직 노동자들은 미조직 노동자 개개인보다 여성 차별이 덜하다 — 미조직 노동자 개개인의 견해보다는 계급 투쟁의 필요성의 동역학에 더 크게 영향을 받아 계급을 분열시키는 여성 차별에 반대하게 되는 것이다.

내가 지금까지 역설해 왔던 바는, 마르크스주의가 원자화된 개인으로서의 노동자에게서 뭔가 특별한, 불가사의한 힘을 보는 것은 아니라는 사실이다. 노동자 계급의 "특별한 지위"는 사회 속에서 그들이 차지하는 계급적 위치에 본래부터 있는 추동력, 다시 말해서 그들이 하나의 집단으로서 가지는 없애 버릴 수 없는 이해관계, 즉 그들의 생활 조건에서 비롯하는 것이다. 그리고 그러한 지위는 노동자 계급이 스스로 조직하고 그럼으로써 계급적 경험들을 거쳐 구성원들의 생각이 상당히 바뀔 때 비로소 확보되기 시작한다.

바로 이것을 마르크스주의는 "계급 의식의 발전"이라고 부른다.

언제 어디서나 노동자 계급 투쟁은 자유와 인간 해방을 지향하는 노력 하나하나와 밀접한 관계가 있다. 노동자 계급이 패배해 온 곳에서는 민주주의와 진보 그리고 인간성 또한 패배해 왔다. 자유의 세력이 싸우는 곳에서는 어디에서든 전위에 섰던 세력은 노동자 계급이었다. 노동자 계급말고 다른 어느 계급도, 사회의 다른 어떤 부문도 — 중간 계급도 지식인도 학생도 — 노동자 계급을 대신하지 못했다.

존재 조건과 조직화

노동자 계급이 자본주의 사회에서 자신이 처한 존재 조건 때문에 좋든 싫든 보유하는 강점은 무엇인가? 개개 구성원으로 보자면야 남들보다 더 선할 것도 더 악할 것도 없는 노동자 계급이 한 사회계급으로서 지니고 있는 특징들을 개괄해 보자.

우선, 노동자 계급은 자신의 존재 조건 때문에 조직하게 된다. 물론 이 점에서 노동자 계급과 맞먹을 만한 계급이 하나 있기는 있다. 뭔고 하니 바로 자본가 계급인데, 그 계급 의식과 정교한 조직이야말로 노동자들이 언제 어디서든 본받을 만한 모델이다.

농민은 엄청나게 전투적으로 싸울 수 있다. 그리고 농민은 노동자에 의한 근본적 사회 변혁을 지지할 수 있다. 하지만 농민이 조직면에서 노동자 계급에 견줄 만한 성과를 올릴 수는 없다. 이 차이는 농민 개인에 문제가 있어서 그런 것이 결코 아니다. 농민들은 그들의 존재 조건상 자급자족과 단독성과 개별성을 중시하는 원자화한 집단들을 이뤄 살아 간다.

노동자들은 조직하는 것을 배운다. 그들의 지능이 다른 계급 또는 집단보다 우월해서 그런 것도 아니고, 외부의 선동자들 때문도 아니며, 바로 자본주의 덕분에 그렇다. 노동자들은 조립 라인에서, 작업반에서, 근무교대조에서, 분임조에서, 즉 자본주의 분업 자체에서 조직된다. 자본주의는 존속하려면 노동자들을 조직하지 않을 수 없다. 자본주의 자체가 노동자들에게 협동과 규율이라는 덕목을 가르친다. 자본주의는 노력의 집중을 강제한다. 자본주의는 협동의 이점을 매일 통감케 하고, 집단이 필요로 하는 바에 개인의 사리사욕을 종속시킨다.

자본주의가 이 교훈을 모든 노동자들에게 가르치는 것은 아니다. 예컨대, 사장 개인의 지시를 받으면서 동료 노동자들과 떨어져 사장과 함께 일하는 비서보다는 대공장 조립 라인에서 동료들과 함께 일하는 노동자들이 자본주의가 가르치는 집단성의 교훈을 더 쉽게 체득한다. 이것은 자본주의가 조성하는 조건들이 서로 다른 부류의 노동자들에게 행하는 서로 다른 수준의 "교육"에 대해 독자들이 쉽게 이해하게끔 들어 본 간단한 사례다. 또한, 이러한 사실은 서로 다른 노동자 부문들 — 조직의 수준이 다른 — 이 보이는 서로 다른 사회관들과도 관계가 있다.

투쟁의 반자본주의성

노동자들은 자본주의에 의해 조직된 하나의 결속된 집단으로서 자신들의 이해관계에 이끌려 투쟁하게 된다. 노동자들의 조직된 투쟁은 반자본주의적 경향을 띠기 마련이다. 즉, 자본주의의 제도와 사상의 틀을 넘기 마련이다.

노동자 계급이 사회에서 자신의 "주인 됨"을 자각해 감에 따라, 곧 노동 운동이 스스로 다른 모든 부문에 대한 "중심 부문 됨"을 주장하기 시작함에 따라 노동 운동은 날이 갈수록 자본가 계급의 사유 재산권 주장과 갈등을 일으키게 된다. 왜냐하면 자본주의 사유 재산 관계의 본질은, 경제 분야라는 인간 생활 영역이 전과는 달리 지역사회의 통제에서 벗어나 (마치 타고난 권리인 양 지배권을 행사하는) 자본의 일방적인 권력의 지배를 받게 된다는 사실에 있기 때문이다.

그렇게 되기까지 자본주의는 많은 타협을 해 오지 않을 수 없었는데, 그것은 익히 알려져 있는 바이다. 즉, (1) 국가가 사회의 대표자로서 개입할 권한을 부여받는다는 사실과 (2) 그 전제조건으로서, 자본가 계급 전체가 그러한 국가에 대해 최종 지배력을 유지한다는 사실이다. 하지만 자본주의가 내놓은 타협안이 무엇이든 간에 그것은 노동자 계급 운동을 결코 만족시킬 수 없다.

계급 투쟁이 격렬했던 1987년 7~8월에는 노동자들은 사유 재산권에 대한 일말의 켕김도 없이 공장을 장악한 바 있다. 선진적 노조 활동가들은 경제적 개인주의(사유재산)냐 집산주의(공기업화)냐 사이에서 후자를 지지하는 경향이 있다. 그러한 공기업화가 진정한 민주주의를 — 즉 밑으로부터의 통제를 — 수반하지 않는다면, 그것은 자본주의의 민주화가 아니라 관료화로 끝나게 될 것이다. 하지만 만약 그러한 민주적 통제가 주어지는 집산주의라면 그것이야말로 노동 운동의 본질에 내재하며 그리하여 도저히 근절시켜 버릴 수 없는, 사회 변혁의 싹이라고 할 수 있다.

"더 나은 생활수준"에 대한 노동의 요구가 자본가의 요구와 양립할 수 없는데도 노동이 일관되게 압박을 가하는 한, 즉 노동이 기업의 더 많은 "사회적 책임"과 더 적은 지배를 거듭 요구하는 한 — 자본가들이 노여워하는데도 노동이 물러서지 않고 이 방향으로 밀어붙이는 한 — 노동은 자신의 존재에 내재한 논리를 자본주의의 틀 밖으로 몰고 나가 그것을 폭발시킬 수도 있다. 노동자의 계급적 조건과 필요·욕구·이해관계는 노동자들의 조직된 투쟁을 자본주의 체제의 테두리를 파열시키는 방향으로 몰고 가는 경향이 있다.

이것은 다른 어느 사회계급에도 결코 해당되지 않는 얘기다.

중간 계급은 사유 재산의 지배와 양립할 수 있는 방식들로써 자기 계급의 운명을 개선시키려는 제안들에 자신들의 전망을 국한시킨다. 특히 소기업인으로 말하자면 그들 자신이 바로 집요한 소재산 소유자이며, 따라서 그들이 그러한 계급적 한계를 넘어서는 것은 불가능한 일이다. 이 점에서는 농민도 마찬가지다.

운동의 강령과 목표가 빨리든 늦게든 자본주의 체제 자체의 근본에 대한 공격으로 향하는 것은 오직 노동자 계급의 경우뿐이다.

포퓰리즘을 고집하는 모든 사조들은 이런 사태를 두려워한다. 하지만 삶 자체는 마르크스주의자들이 "노동자 계급의 특별한 역할"이라고 부르는 것을 가리키고 있다. 반면에, 노동자 계급을 하나의 계급으로서 보지 못하는 — 사회의 단지 한 "부문"으로만 여기는 — 포퓰리스트들은 삶 자체를 국민의 이익이라는 허상을 통해 각색하기 때문에, 삶이 가리키는 노동자 계급의 특별한 지위도 보지 못한다.

투쟁의 대담성과 용기 그리고 전투성

노동자 계급의 조건과 이익은 노동자 계급을 반자본주의 투쟁의 방향으로 떠밀 뿐 아니라, 대담성과 용기 그리고 전투성이 요청되는 투쟁의 중대한 순간들에서 오직 노동자 계급에만 있는 그 속성들을 노동자 계급이 지향하도록 만든다.

우리는 노동자들이 하나의 계급으로서 지니고 있는 잠재력에 관해 얘기하고 있다. 투쟁 속에서 받은 교육과 존재 조건이 강요한 집단성이 몸에 배어 그들이 언제든 단체행동을 할 때마다 뚜렷하게 드러나는 내면화된 자질들에 대해 말하고 있다. 즉, 우리가 관심을 갖고 있는 것은 계급 행동이다.

판에 박힌 정형을 얘기하는 것 자체를 싫어하는 사람들도 있겠지만, 계급 "정형"이라는 것이 존재함은 사회 속에서 날마다 확인되는 객관적 현실이다. 그러므로 소심하지 않은 교수 개인들이 꽤 많은데도 우리는 교수 집단은 소심하다고 말할 수 있는 것이다. 즉, 교수라는 한 중간 계급의 정형 — 소심하고 개인주의적이며 규율 없는 인간상 — 은 상아탑 생활과 그것이 교수들의 사회심리에 미치는 영향 또는 그에 가하는 압박을 나타내고 있다.

중간 계급 일반을 정형화시켜 보면, 한마디로 다른 누군가가 먼저 움직이기를 기다리는 "후위"로 나타낼 수 있는데, 그 이유는 하나의 집단으로서는 응집력을 결여하고 있는 데다 최고 입찰자에게 팔릴 수 있는 가장 유망한 후보이기 때문이다. 그들은 자신들의 존재 조건에 대해 지속적인 불만을 갖고 있지도 않을 뿐 아니라 그것을 개선하기 위해 책임 있게 투쟁하지도 않는다. 그들이 품는 불만은 상상력을 필요로 하며 심지어는 비전이 요구되기도 하는 성질의 것이다.(그래서 중간 계급의 사회주의는 공상적 사회주의와 비슷하다.) 반면에, 책임 있는 투쟁은 지도력을 필요로 한다. 사적인 지위에 있는 개인들인 프티부르주아는 의견 내놓기를 주저하며 내놓아도 혼동으로 가득 차 있고 오락가락하기 일쑤다. 또, 그 행동은 초점이 없이 흐리터분해 도무지 집중돼 있지 않으며, 지속성이 없는 단절과 불연속 투성이다. 그런가 하면 그들에게는 걱정과 불신을 집중시킬 표적이 없다. 그들은 정치적으로 조급하며 열정을 지니지 못한다. 그들은 두려워서 툴툴대지도 못하면서 박수갈채에는 과민한 반응을 보이는 합창단과 같다. 단기적으로는, 그들은 전전긍긍하며 특권을 추구한다. 장기적으로는, 그들은 권력으로 가는 길을 따라간다.

다시금 이 묘사가 중간 계급에 속하는 개인들에 관한 인신공격이 아니라 하나의 계급으로서 중간 계급의 집단적 행태를 서술한 것이라는 점을 강조해야겠다. 우리는 중간 계급 출신의 훌륭한 사회 변혁 운동가들을 흔히 만난다. 하지만 중간 계급 자체는 사회 변혁적으로 행동하는 일이 결코 없다.

왜 중간 계급과 그 단체들이 "용기와 대담성과 전투성"을 발휘하는 데 꼭 필요한 역동적 추진력을 가동시키지 못하는지를 이해하려면, 시민단체 지도자들의 명망 중심주의를 상기해 보면 된다. 중간 계급 인사들은 부르주아적 "체통"에 제약받기 때문이다. 그들은 노동자 계급보다 계급 사회에서 덜 소외돼 있는 만큼 더 점잔 빼며 위풍 당당하게 호통치는 것을 선호하고, 물리적 충돌은 무섭기도 하거니와 영 스타일 구기는 창피한 일로서 회피하려 한다. 그럴수록 "용기와 대담성 그리고 전투성"과는 거리가 멀어진다.

또한 역사는 이러저러한 유명한 영웅들보다 익명의 수많은 노동자들이 저항 운동에서 보여 준 용기와 희생을 증언하고 있다. 집단성을 존재의 본질로서 내면화하고 있는 노동자 계급만이 진정으로 영웅적인 솔선수범의 귀감이 돼 왔다. 그렇기 때문에, 노동자와 중간 계급을 대등하게 병렬해 "국민"으로 뭉뚱그리는 포퓰리스트들은 동맹 중간 계급이 투쟁의 일정한 단계에 이르러 노동자 계급의 수족을 묶게 될 사태를 준비하고 있는 셈이라고 말할 수 있다.

사회적 권력과 비중을 가진 유일한 계급

노동자 계급은 옛 질서를 폐지하고 새 사회를 세울 수 있는 사회적 권력과 비중을 가진 유일한 계급이며, 따라서 조직된 전투적인 반자본주의 투쟁을 수행할 수 있는 유일한 계급이기도 하다.

우익이 폭력에 관해 무어라 말하든 간에, 마르크스주의의 원칙은 사회 변혁이 총으로 이루어지는 게 아님을 분명히 밝혀 왔다. 마오쩌둥의 "권력은 총구에서 나온다"는 많이 인용되는 말은 마르크스주의와 아무런 관계도 없다. 사회 변혁을 군사로 환원시켜 버리는 것은 잘못이다. 마르크스주의는 노동자 계급이 자신을 지지하는 다른 피억압 민중(빈농과 도시 빈민 등)을 지도하며 자본주의 철폐를 향해 움직일 때 그 최종 결과를 결정하는 것은 노동자 계급의 사회적 권력이라고 본다.

노동자 계급의 사회적 권력은 그 계급의 규모에만 달려 있는 것은 아니다. 노동자 계급의 사회적 권력은, 우리가 이제까지 논의해 왔듯이, 오히려 그들의 동질성과 조직 가능성, 요컨대 그들의 타격력에 주로 달려 있는 것이다. 또한 노동자의 사회적 권력은 사회가 돌아가도록 그들이 바치는 노력의 필수불가결함에도 달려 있다.

노동자 계급만큼 사회가 돌아가는 데 근간이 되는 활동 ─ 이것이 이뤄지지 않으면 체제는 삐걱거리다 급기야는 멈추고 만다 ─ 에 긴밀히 종사하는 계급은 없다. 다른 어느 계급도 조직된 핵심의 목적 의식적 결단에 의해, 예컨대 대규모 파업을 통해, 사회적 위기를 재촉할 수 없다. 노동자 계급이 투쟁에 돌입하면 모든 사회가 그 투쟁의 소용돌이에 휘말려든다. 왜냐하면 사회 전체가 그에 의존하기 때문이다. 노동자 계급이 요동칠 때마다 사회의 나머지 부분이 전율한다. 그런데도 노동자와 그 밖의 다른 국민을 무차별로 뒤섞는 것은 각각의 계급적 특질을 추상해 버리는 것이다.

사실, 중간 계급의 "후위"적 성격은 그 계급 특유의 이해관계에 효과적으로 조응하는 사회적 계획 또는 강령을 갖지 못하기 때문에 사회를 이끌어 나갈 수 없다는 점에서 비롯한다. 그들의 존재 조건으로부터는 사회 전체를 위한 탈출구를 가리키는 지침이 생겨나지 않기 때문이다.

이와는 대조적으로, 모든 계급 가운데 기저층으로서 노동자 계급은 일단 움직이기 시작하면 아무리 자기 자신은 강령을 배격한다 할지라도 어떤 강령을 가리키기 마련이다. 즉, 자본주의의 지양과 그것을 반대하는 계급의 타도, 기업 대신에 민주적으로 조직된 대중이 "사회적 책임"을 떠맡는다는 계획을 가리키기 마련이다.

노동자 계급이 자유와 해방을 위한 모든 투쟁에서 전위 구실을 떠맡게 되는 것은 투쟁에 필연적으로 끼어들어 있는 노동자 계급 이익이 사회를 근저에서부터 변혁하고 재구성하는 계획을 가리키기 때문이다.

노동자 계급과 그 이익이 그 적과 거짓 동맹들에 의해 얼마나 자주 기만당하고 배반당했는가 하는 점은 자본주의의 역사가 어떤 면에서는 노동자 계급에 대한 계속된 기만의 역사일 뿐이라는 사실을 지적하는 것으로써 충분히 설명될 수 있다. 사실, 노동자 계급에 대한 기만은 자본주의 체제 유지를 위한 가장 중요한 조건들 가운데 하나다.(중국이나 북한의 체제가 유지돼 온 비결들 가운데 하나도 바로 노동자 계급에 대한 기만이었다 — 자기 체제가 노동자 계급에 의해 운영되는 체제라는 우리 시대 최대의 거짓말로써.) 그러므로 자본주의에 반대하는 투쟁은, 그 정의상 노동자들이 더 이상 속지 않게 되자마자 승리를 거두게 되는 투쟁이다. 보수 세력이 결정적으로

속이려 하는 대상은 중간 계급이나 그 밖의 "후위"가 아니라 바로 노동자 계급이다.

이와 관련지어, 로자 룩셈부르크가 근본적 사회 변혁이란 반드시 끊임없는 패배의 연속을 겪은 뒤에 단 한 번의 승리로 끝나는 전쟁이라고 말한 것을 상기해 보자. 이 전쟁에는 사악한 체제에 비열하게 마음과 정신을 적응시키기보다는 새롭고 더 좋은 세상을 위해 싸운다는 긍지와 존엄성 외에는 아무것도 보장돼 있지 않다. 무릇 마르크스주의자라면 착취에 맞서는 대중의 자생적 저항만으로도 충분하다고 가정해서는 안 된다. 이와 동시에, 자생적 저항에 못 미친다고 해서 노동조합 운동을 업신여겨서도 안 된다. 사회 변화를 갈망하는 사람이라면 누구나 사회 변혁에서 노동자 계급 대중이 하는 중심적 역할에서 출발해야 한다. 마르크스주의의 과제는 노동자 투쟁과 연계될 수 있어야 한다는 것이다. 나는 마르크스주의가 그럴 수 있으리라고 본다.

제3세계의 도시와 노동계급

내년 중에 농촌 인구보다 도시 인구가 더 많아진다. 지난주에 UN 이 펴낸 〈세계 인구 상태 보고서〉에 따르면, 인류는 역사상 둘째로 거대한 세계적 도시화 물결을 겪고 있다.

최초의 도시화 물결은 유럽에서 1750년과 1950년 사이에 걸쳐 일 어났고 4억2천만 명이 도시로 이주했다. 그러나 현재의 도시화 물결 은 주로 남반구에 영향을 미쳐, 아프리카·아시아·라틴아메리카의 도 시들이 확장될 것이다.

2030년이 되면 아시아의 도시 인구는 거의 갑절이 돼, 26억 명에 이를 것이다. 같은 기간에 아프리카의 도시 인구는 4억 4천만 명이 늘 것이고, 라틴아메리카와 카리브해 지역의 도시 인구는 2억 명이 증가할 것이다.

그러나 토라야 오바이드 UN 인구기금 총무는 이렇게 경고한다.

알렉스 캘리니코스. 〈맞불〉 51호, 2007년 7월 5일. https://wspaper.org/article/4320.

"[남반구의] 도시들은 대부분 이미 범죄, 깨끗한 물과 위생시설 부족, 슬럼가 확산 등 이러저러한 심각한 문제들을 안고 있다. 우리가 미리 계획을 세워두지 않는다면, [도시화는] 커다란 재앙이 될 것이다."

단지 '계획'이 없는 것만 문제는 아니다. 마이크 데이비스(Mike Davis)가 그의 중요한 저서 〈슬럼, 지구를 뒤덮다〉(Planet of Slums)에서 보여 주듯이, 남반구 도시들의 급격한 확장은 신자유주의적 자본주의의 발전과 밀접한 관계가 있다.

거대 농업 기업과의 경쟁으로 빈곤에 허덕이게 된 농민들은 어떻게든 살아남을 수 있기를 바라며 도시로 몰려든다. 그러나 결국 그들이 정착하게 되는 곳은 정식 도시 지역의 변두리에 있는 광대한 빈민촌이다. 한편, 국제통화기금(IMF)과 세계은행(WB)이 가하는 엄청난 압력 하에서 제3세계 나라들은 공공주택 건설 등 도시 주민을 위한 공적 서비스 제공을 대거 포기해 왔다.

이런 변화들이 갖는 정치적 의미는 무엇일까? 많은 사람들이 남반구 대도시들의 성장을 전통적 노동계급 정치의 사망을 뜻하는 것으로 여긴다. 정식 취업이 아닌 다른 수단으로 생계를 유지하는 도시 빈민, 즉 마이클 하트와 토니 네그리가 "다중"이라고 무차별적으로 부른 집단이 임금 노동자들을 대체한다는 것이다.

하트와 네그리는 이 "다중"을 새로운 혁명 주체로 본다. 하트와 네그리의 분석을 기본적으로 공유하면서도 신자유주의가 '인간의 얼굴'을 하기를 바라며 서구의 지원을 받는 비정부기구들(NGOs)은 도시 빈민을 자신들이 자비심을 갖고 개입해야 할 대상으로 여긴다.

신자유주의의 최대 희생자인 아프리카 사하라사막 이남 지역에는

[남아공] 케이프타운 외곽의 카예리차(Khayelitsa)에서 [케냐] 나이로비 주변의 키베라까지 대규모 빈민촌이 많이 있다.

그러나 이런 곳들은 또한 주요 대중 파업이 잇달아 벌어진 곳이기도 하다.

2007년은 기니의 독재자 란사나 콩테로부터 양보를 이끌어낸 코나크리 시(市)[기니의 수도]의 총파업과 함께 시작됐다.

지난 몇 주 동안 아프리카의 두 주요 강국인 남아프리카공화국과 나이지리아에서 대중 파업이 벌어졌다. 한 달 동안 지속된 남아공 공공부문 노동자 파업에 참가한 노조의 다수는 지난주 정부의 임금 제안을 받아들이기로 결정했다.

2주 전에는 나이지리아에서 공기업 사유화, 부가가치세와 유가 인상 등으로 촉발된 나흘 간의 총파업이 비슷한 타협으로 종료됐다.

이러한 협약들은 모두 전투적인 일부 파업 노동자와 도시 청년들한테서 비난을 받았다. 그러나, 그 결과가 아무리 어정쩡하다 해도, 이러한 파업들은 조직 노동계급이 아프리카에서 강력한 사회적·정치적 행위자임을 여실히 보여 줬다.

이것은 아프리카 사회들이 다른 여느 곳과 마찬가지로 오직 임금 노동자들의 노동 덕분에 돌아갈 수 있는 자본주의 사회임을 반영한다. 심지어 산업이 비교적 취약한 곳에서도, 교육에서 운송에 이르는 공공 서비스는 임금 노동자들이 제공한다.

남반구는 주민이 빈곤하고 자본주의 발전이 불균등해, 노동자들이 노점상 같은 일로 연명하는 도시 빈민 대중과 뒤섞이게 된다.

그러나 이것이 뜻하는 바는 정치적으로 예정돼 있지 않다. 때때로 노동자들은 중간계급 정치인들이 이끄는 포퓰리스트 운동에 말려들 수 있다. 그래서, 남아공의 파업은 집권당인 아프리카민족회의(ANC)의 지도권을 둘러싸고 타보 음베키 대통령과 전직 부통령 제이콥 주마가 벌인 다툼과 얽혔다.

그러나, 때때로 조직 노동계급이 집단적 행위자로서 강력히 나설 때 그들은 나머지 도시 빈민들을 이끌 수 있다. 남아공과 나이지리아는 모두 노동자 운동과 지역사회 운동이 연합해 기존 체제에 대한 강력한 도전을 제기한 투쟁 역사가 풍부하다. 이런 일은 다시, 심지어 최근의 파업들보다 훨씬 더 큰 규모로 벌어질 수 있다.

농민의 계급적 성격

대부분의 세계에서 농민은 주요한 사회 계급이다. 농민(peasant)과 자본가적 농장주(farmer)는 구별해야 한다. 미국과 영국 같은 선진 자본주의 나라에서 농업은 자본주의적 기업이다. 대기업을 운영하는 대토지 소유자들이 대체로 농업을 지배한다. 그들은 공장주나 다국적 기업들처럼 농업 노동자들을 고용하고 있다.

그러나 개발도상국의 농업 생산은 선진국과는 다르다. 개도국의 농업 생산은 주로 농민에 의존한다. 이런 나라들에서 농민은 작은 땅뙈기를 경작하거나 자신의 생산물을 지주에게 갖다 바쳐야 한다.

최일붕. 〈월간 다함께〉 16호, 2002년 9월 1일. https://wspaper.org/article/483.

민주노동당을 비롯한 진보 진영 내에서 대선 후보 선출 논쟁이 벌어지고 있다. 논쟁의 핵심 축 가운데 하나는 노동자와 농민의 관계다. 정현찬 전국농민회총연맹 의장은 "농민들은 민주노동당 강령에 동의할 수 없다" 하고 말했다. 즉, "노동"이 중심 구실을 하는 민주노동당이 아닌 다른 당이 필요하다는 것이다. 농민의 계급적 성격, 사회 변혁의 주도 세력, 노농 동맹의 가능성 문제를 살펴본다.

인도, 중국, 중동과 중앙아시아와 아프리카의 나라들에서 보듯이 세계 인구의 대다수는 지금도 이런 방식으로 살아가고 있다. 지난 1천 년 동안 대부분의 사람들은 농민이었다. 농촌의 변화 속도는 도시에 비해 확실히 더뎠다. 사람과 기술 혁신은 도시에 집중됐다.

그렇다고 농민의 삶이 전혀 변하지 않았다는 뜻은 아니다. 세계 시장의 창출과 함께 자본주의가 확산됐다. 자본주의의 확산은 산간 오지에 살고 있는 농민의 생활 방식에도 커다란 영향을 미쳤다. 농민은 점점 더 세계적인 규모로(예전처럼 지방적 규모가 아니라) 판매되고 교환되는 농작물을 생산하기 시작했다. 농업 생산자와 소비자 사이에 다국적 기업들이 있다. 다국적 기업들은 될수록 싸게 생산물을 사들여 비싼 가격으로 소비자에게 판매했다.

자본주의는 다른 생활 양식에도 영향을 미쳤다. 18~19세기 영국에서 공장과 광산과 제분소가 늘어나기 시작하자 사람들은 농촌을 떠나 도시로 몰려들었다. 오늘날 개발도상국들에서도 그 비슷한 과정이 벌어지고 있다. 테헤란·리우데자네이루·방콕·멕시코시티·알제리·카이로·라고스·봄베이 같은 도시들은 지난 20년 동안 급속하게 성장했다.

유엔 보고서에 따르면, 날마다 16만 명이 더 나은 일자리와 삶을 기대하며 농촌을 떠나 도시로 이동하고 있다. 그 결과 대기업들이 점점 더 많은 토지를 소유하게 된다. 브라질 농촌에서 가장 격렬한 저항 운동은 정착 소작농이 아니라 "무토지 노동자들"이 주도하고 있다.

세계 시장을 겨냥한 생산 때문에 농촌은 세계 시장의 상품 가격

변동에 연동됐다. 그리하여 도시의 자본주의 기업들에 맞선 투쟁에서 농민과 노동자 들은 더한층 밀접한 관련을 맺게 됐다.

농민층의 분화

한편, 토지를 둘러싼 농민층의 분화가 심화하고 있다. '농민'이라는 용어는 언제나 상이한 범주들을 포괄했다. 그래서 농업 문제의 핵심은 사회적으로 분화된 상이한 농민층들이다. 오늘날의 제3세계나 신흥 공업국(한국을 포함한)에서도 사회적으로 분화된 상이한 농민층들이라는 문제가 핵심 쟁점이다.

마르크스주의자들이 일반으로 '농민'에 대해 얘기할 때는 다양한 형태의 비자본주의적 또는 비사회주의적 농업 생산을 가리키기 위함이다. 농민의 농업은 마르크스의 용어로 말하면 소상품생산이다. 소생산자인 농민은 생산 수단을 보유(소유권 여부와 관계 없는)하고, 자신의 노동으로 그 생산 수단을 사용한다. 농민 노동력과 농민 생산 수단 사이의 관계만으로도 농민 농업의 특징을 규정할 수 있다. 이러한 특징을 가진 농민층들은 역사 시대가 시작된 이래로 다양한 생산 양식 내에서 존재해 왔다. 유물론은 농민층들이 처해 있는 생산 양식과 그 생산 양식 특유의 생산력·생산관계를 고려하면서 농민층들을 분석하려 한다. 농민층들은 자율적 존재가 아니라 기존 농촌 계급 구조의 일부다.

이 농촌 계급 구조 속에서 빈농은 프롤레타리아의 지위로 전락할 조짐을 보인다. 부농은 자본가 계급으로 바뀔 수도 있다. 중농은 전형적인 영세 소농민이 되는 경향이 있다. 이러한 경향들은 약하게 발전할 수도 있고 강력하게 발전할 수도 있다. 그리고 완전히 발전된 자본주의적 농업으로 전환될 것이라는 보장은 전혀 없다.

한편으로 임금 노동자 계급과, 다른 한편으로 자본가적 농장주를 농민과 구별할 필요가 있다. 자본주의가 발전한다면 돌이킬 수 없이 농민은 해체돼 앞의 두 계급들 가운데 하나로 바뀔 테지만, 경제가 후진 상태에 있으면 농민은 그 계급들과 완전히 따로 존재할 것이다. 또한 지주 계급과 농민을 구별해야 한다.

순전한 임금 노동자는 생산 수단과 분리돼 있다. 그는 생산 수단을 보유하고 있지 않고 생계 수단도 없다. 그러므로 그는 자기 노동력을 팔아야 한다. 이와 대조적으로, 농민은 생산 수단과 분리돼 있지 않다. 그는 토지를 잃었을 수도 있고 앞으로 더 잃을 수도 있다. 즉, 그는 빈농일 수도 있고 앞으로 그렇게 될 수도 있다. 하지만 그가 토지와 생산 도구들을 보유하고 있는 동안에는 농민이다. 그는 토지를 소유하고 있을 수도, 임차할 수도, 둘 다 할 수도 있다. 그의 토지 이용 방식이 무엇이든 간에 농민의 결정적 특징은 그 토지를 보유(소유권 여부와 관계 없는)하고 있다는 사실이다. 그는 생계를 위해 자기 노동력을 팔아야 할지도 모른다(역시 빈농의 경우). 하지만 이것이 그의 유일한 생계 수단이 아닌 한, 그는 농민이다.

자본가적 농장주가 다른 사람들의 노동력을 구매해 사용하는 것과 대조적으로, 농민은 가족 노동을 이용한다. 전형적인 빈농 또는 중농은 오직 가족 노동만을 이용할 것이다. 하지만 빈농이나 중농조차 가족이 아닌 사람의 노동을 이용할 수 있다. 그는 자기 노동력을 파는 것은 물론 노동을 고용할 수 있다. 특히 수확기나 모내기 때 그럴 수 있지만, 더 장기적으로 그럴 수 있다. 설사 부농이 임금 노동을 이용하는 계급일지라도 자본가적 농장주와 농민을 구별시켜 주는 점은 농민이 가족의 육체 노동에 계속 의지한다는 점이다.

지주 계급은 토지를 소유하고 그 토지를 소작인에게 임대하는 사람들의 집단이다. 지주는 자기 토지의 일부를 노동 지대 형태의 농민 노동에 의해, 또는 채무 약정에 속박된 노동에 의해, 또는 임금 노동에 의해 경작시킬 수 있지만, 착취의 유력한 형태가 지대라면 그는 역시 지주이다. 농민이 자기 토지를 소유하고 있고, 그 일부를 경작하고 있고 다른 일부를 임대하고 있을 수 있지만, 그렇다고 그가 지주인 것은 아니다. 그가 여전히 경작하고 이것이 그의 주된 활동이고 그가 농민의 다른 특징을 지니고 있는 한은 그는 부농일지는 몰라도 지주는 아니다. 설사 고리대를 하는 농민일지라도 이 점은 마찬가지다.

농민 투쟁의 성격

농민층의 분화는 농민 투쟁이 노동자와 자본가 사이의 적대만큼 뚜렷하게 구분되지 않는다는 것을 뜻한다. 종종 빈농은 "부농"에 대항해 싸운다. 공장 노동자든 사무직 노동자든 노동자는 집단적으로 투쟁한다. 노동자들은 결코 공장이나 사무실의 일부를 소유하는 전략을 추구하지 않는다. 반면, 농민 투쟁은 토지의 일부를 통제하려는 개별 생산자들이 주도한다.

그래서 농민 봉기는 대토지 소유주나 지배 계급의 대리인에 맞서 비통함이 폭발하는 형태를 띤 뒤 분열했다. 이런 투쟁들이 노동자들의 집단적 힘과 연결되지 않는 곳에서는 지배 계급이 농민 투쟁을 진압할 수 있었다.

오늘날 세계 시장 때문에 가난한 농민들은 더욱 가난해지는 반면, 소수는 더욱 부유해진다. 그리고 소수의 부농은 세계적 착취 구조에서 지역 대리인 노릇을 한다. 그 때문에 토지를 둘러싼 첨예한 투쟁이 벌어지고 전통적인 복종 이데올로기가 흔들리고 있다.

현대 매스컴의 발달 덕분에 많은 농민들은 다른 세계에서 벌어지는 노동자와 빈민 투쟁의 폭발력을 한 세대 전보다 훨씬 더 잘 이해할 수 있게 됐다. 일부 세계에서 농민들은 도시에서 일하고 있는 가족 구성원의 임금에 의지하기도 한다.

그러나 농민들이 착취자에 저항하는 데는 여전히 강력한 장애물이 존재한다. 노동자와는 달리, 농민들은 세계를 지배하는 다국적 기업들의 심장부를 타격할 수 없다. 그들에게는 자본가들의 이윤에 직접 타격을 줄 수 있는 노동자들의 집단적 힘 같은 게 없다. 게다가 농촌에서는 보수적 사고 방식이 도시에서보다 더욱 무겁게 짓누른다.

세계화는 전 세계에서 많은 농민들에게 커다란 고통을 안겨 주고 있다. 그러나 세계화 때문에 도시의 피착취자들과 농민 투쟁이 그 어느 때보다 밀접한 연관을 맺고 있다. 노농동맹이 필요한 이유다.

그러나 근대의 위대한 변혁 — 1789년 프랑스, 1917년 러시아, 1949년 중국 — 에서 농민 투쟁이 한몫을 할 수 있는 경우는 오직 다른 계급 — 도시의 두 주요 계급 가운데 하나 — 에 의해 지도될 때였다. 산업이 발달한 우리 나라에서 농민을 지도할 세력은 도시 노동자 계급밖에 없다. 도시 노동 계급이 농민을 지도하기 위해서는 노동자 정당의 정치적 독립성이 필요하다.

"노동자 계급이여, 안녕"?

상승기에 대한 전망이 사라지자 '노동자 계급은 사회적·정치적 생명을 다했다.'는 주장이 유행하고 있다. 1992년 《노동과 진보》 3월호에 실린 신지호의 '고백'은 계급 정치에 대한 가장 노골적인 거부이자 계급 정치로부터 벗어나는 선구자 역할을 했다. 소련의 몰락 이후 더 이상 지탱할 수 없었던 스탈린주의의 정치적 파산을 은폐하기 위한 그의 수사학은 노동자 계급이 지닌 잠재적 혁명성을 부정하기

─────

이 글은 《사회주의 평론》 2호(1995년 3~4월)에 실린 것이다.

* 서구에서는 이미 1970년대 이래 영국과 미국, 그리고 선진 자본주의 나라들에서 겪은 노동자 운동의 패배로 노동자 계급이 사회주의 혁명의 주체로서의 역할을 더 이상 기대할 수 없다는 주장이 제기되었다. 영국공산당의 에릭 홉스봄과 그의 동료들, 프랑스의 작가 앙드레 고르스가 대표적 인물이다. 이들은 노동자 계급을 중심으로 하는 혁명적 변혁 전략을 폐기하는 대신 '범민주주의 동맹'이라는 전략을 주장했다. 그러나 최근에 서구에서 노동자 계급이 전투성을 회복하면서 실천적으로 '범민주주의 동맹' 전략을 역사의 박물관으로 밀어 넣고 있다. A 캘리니코스 & C 하먼, 《오늘날의 노동자 계급》, 갈무리, 1994.을 참조하시오.

에 이른 것이다. 잇따라 정치적 파산 선고를 받은 좌익들은 자신들의 정치적 무능력을 노동자 계급에 대한 부정으로 대체하려는 일련의 시도를 전개했다.

그 가운데 가장 일반적인 주장은 "'사회주의'권의 붕괴와 '신보수주의'의 확산으로 표상되는 세계적인 이데올로기 지반의 변화, 보다 구체적으로 '보수화' 내지 '자본주의화'가 노동자들의 '친자본주의화'와 내지 그러한 경향을 강화시켰다."는 것이다.

또 다른 유행 — 사실은 앞선 주장의 실천적 귀결이지만 — 은 노동자 계급 중심성에서 시민운동(혹은 주민운동)으로의 확장이다. 계급 편협성에서 탈피하여 더 광범한 대중을 운동의 영역으로 흡입해야 한다는 논리이다. "80년대 후반부터 드러난 한국 사회의 변화는 … 계급 운동, 계급 대중조직만으로는 근본적인 변혁을 이루는 데 한계를 가질 수밖에 없다." 따라서 체제 내적으로 전개되는 시민 (주민)운동을 "자본주의의 근본적인 극복을 향한 주민운동"으로 전환시켜야 한다.* 방향을 상실한 스탈린주의 좌익들은 개량주의적 시민운동으로 '우향우'했다.

노동자 계급 헤게모니에 대한 부정과 그 운동으로부터의 정치적 후퇴는 1990년대의 국내외적 상황이 가했던 커다란 압력에 제대로 대응할 수 없었던 정치 좌익들의 한계에서 비롯했다.

89년 독일 통일에서 시작된 동유럽에서의 변화는 1991년 소련 쿠데타 실패에서 절정을 이루었다. 고르바초프의 페레스트로이카에서

---

* 박정구, '진보적인 주민운동과 지방자치제' 《진보》 1994년 3월호, , PP.74~75

촉발된, 모순에 찬 국가자본주의적 개혁의 '게걸음질'에 어떠한 대응도 하지 못한 채 혼란에 빠졌던 남한 좌익에게 소련의 몰락은 충격 그 자체였다. 그것은 세상의 끝이었다.

좌익들이 봉착한 또 다른 한계는 남한 자본주의의 내적 발전이라는 현실적 변화다. 사무직 노동자의 양적 비중 증대와 사무직 노동운동의 급속한 발전은 전체 노동자 계급의 성장이기보다는 노동자 계급의 파괴로 여겨졌다. 그러나 사무직 노동자의 증가는 자본축적의 필요가 바뀜에 따라 노동자 계급 직업구조의 재조직과 재구조화가 이루어진 결과이다. 즉, 자본의 변화하는 필요에 조응하는 노동자 계급의 변형이다.

계급을 협소하게 이해하고 있던 사람들에게 전통적인 산업 노동자 계급의 비율적 감소는 계급운동의 종말을 의미했다. 물론 여기에는 상승기의 끝물결이 지나고 '기만적인 계급 평온기'로 접어든 남한의 정치상황 ― 계급투쟁이라는 객관적 조건 ― 도 크게 작용했다. 하지만 계급에 대한 마르크스주의적 분석은 더 광범하고, 역동적이며, 동태적이다.

노동자 계급은 결코 어떤 고정된 직업구조를 갖고 있었던 것이 아니었다. 오히려 이 구조는 자본축적의 필요가 바뀜에 따라 변화해 왔다. 위기의 시대들은, 비효율적 부문들이 무너지고 파산한 자본들은 인수되며 새로운 부문들과 더욱 효율적인 자본들이 그 자리에 대신 들어섬에 따라 노동자 계급 직업구조의 재조직과 재구조화가 이루어지는 시기로 볼 수 있다. 어떤 일자리가 없어지고 다른 일자리가 만들어짐에 따라 노동자 계급 자신도 이 과정 속에 참여하게 된다.*

두 가지 어려움에 부딪힌 남한 좌익은 사회주의로의 혁명적인 길을 포기하고 의회주의적인 길로 진로를 선회했다. 이 가운데 동유럽과 소련에 대한 우리의 입장과 좌익의 주장에 대한 반박은 그 동안 발간한 각종 저널과 신문 및 팸플릿에서 수차례 밝힌 바 있다.

남는 문제는 사무직 노동자의 증가에 대한 다양한 개량주의적 해석[과 이에 기초한 그릇된 실천]에 반대하여 마르크스주의적 진실을 밝히는 일이다. 이를 위해서 우리는 계급 개념에 대한 고전적 마르크스주의 분석에서 출발해야 한다.

마르크스주의적 계급 분석은 무엇보다 계급의 존재와 계급투쟁을 분리하지 않는다는 데 있다.

계급은 마르크스 이전에 이미 아담 스미스나 그 당시 부르주아 사회학자들이 사용하였던 개념이다. 그들은 계급의 존재를 인정했을 뿐, 그것이 갈등과 대립을 통해 역동적인 투쟁으로 나아간다는 점을 이해하지 못했다. 마르크스의 말을 빌면,

지금까지 존재한 모든 사회의 역사는 계급투쟁의 역사이다.

자유민과 노예, 귀족과 평민, 영주와 농노, 길드장인과 직인, 한 마디로 억압자와 피억압자는 항상 서로 대립하면서 때로는 숨겨진, 때로는 공공연한 싸움을 벌였다. 그리고 각각의 싸움은 그때마다 대대적인 사회의 혁

---

* A. 캘리니코스, 앞의 책, '저자 서문', pp.38~39.

명적 재편 또는 경쟁하는 계급들의 공동파멸로 끝났다.[*]

캘리니코스는 계급과 계급투쟁의 상호연관성을 다음과 같이 요약했다.

우선 그것[마르크스주의적 계급 개념]은 계급을 하나의 관계로 간주한다. … 사회적 집단의 일부로서 그(혹은 그녀)가 다른 사회적 집단들과 맺는 관계에 달려 있다. 둘째로 이 관계는 적대적이다. 말하자면 그것은 무엇보다도 생산수단을 통제하는 소수의 지배계급이 직접적 생산자들로부터 잉여가치를 추출하는 것에 달려 있다. 결론적으로 말해서 계급은 착취자와 피착취자가 싸워나가는 과정인 계급투쟁으로부터 분리할 수 없는 것이다.[**]

계급은 사회를 구성하는 착취적 생산관계에 의해 규정되며, 생산관계는 생산수단의 분배에 의존한다. 자본가는 생산수단을 소유하고 있고 노동자는 그렇지 못하다. 따라서 계급은 개인의 의식이 아니라 객관적인 생산관계 내부에서 결정되는 것이다.

그러나 계급에 대한 흔한 접근은 계급을 사회의 횡적 분할선이 아니라 종적 분할선으로 이해하는 것이다. 소위 직업, 신분, 소득 등을 사회적 분할선의 기준으로 삼는 경우가 이에 해당한다.

---

* 마르크스, 《공산당 선언》, 백산서당, 1989, p.51.

** A. 캘리니코스, 앞의 책, p.36.

이러한 분할 기준은 부르주아 사회학자와 부르주아 이데올로그가 퍼뜨리는데, 좌익들의 일부도 이들의 영향력에 감염되어 있다. 이 기준에 따라 계급을 분석하게 된다면 사회는 수많은 계급들로 파편화될 것이다.

예를 들어, 사회주의자들이 계급 정치를 바탕으로 자기 주장을 펼때 곧잘 직면하는 문제는 직업에 근거한 다양한 계급론이다. 사실 직업에 기초한 계급 분류 방법은 가장 보편적인 접근 방법이다. 이것은 예전에는 미처 생각할 수도 없었던 다양한 직업의 출현을 근거로 하여 더 이상 계급의 양극화는 발생하지 않으며 반대로 현대 사회는 다원적 사회구조로 나아간다는 주장이다.

> 이 방식[계급을 직업으로 대체하는 상식적 주장]은, 어떤 사람의 계급 위치의 핵심이 그들이 수행하는 특수한 종류의 노동에 있다고 주장한다. … 이러한 접근 방식이 중시되어야 할 이유 중의 하나는 이에 기초한 연구들이 노동자 계급을 육체적 직업에 종사하는 사람들과 동일시하는 경향이 있기 때문이다. 바로 이런 관점에서 보면 선진 자본주의 나라들[뿐 아니라 남한도 — 인용자]에서는 육체적 직업에 종사하는 피고용인이 노동인구의 구성비율에서 보면 점점 줄어들고 있기 때문에 노동계급은 소멸하고 있다는 결론은 내리는 것은 쉬운 일이다. …
>
> 그러나 그것은 이 과정에서 생산에 종사하고 있는 여러 사회적 집단 사이의 내재적 적대를 은폐한다.*

---

* 같은 책, p.31.

직업에 따른 노동의 분류 — 즉, 계급과 직업의 동일시 — 는 자본주의 사회의 근본적 갈등을 모호하게 만든다. 개개의 직업을 예로 들면서 노동자 계급인가 아닌가를 따지는 것은 사회적 생산방식을 결정짓는 핵심이 생산관계라는 점을 도외시하는 것이다. 다만 다양한 직업에 종사하는 사람들을 개별화하여 집단적 성격과 대비시킬 뿐이다.

직업에 따라 계급을 규정하게 되면 자본의 축적방식 변화에 따라 결코 무시할 수 없는 거대한 집단을 형성하게 된 화이트칼라를 '신중간계급'으로 간단히 치부하고, 화이트칼라 내부에서 진행되는 계급분화에 눈을 감아 버린다.

알렉스 캘리니코스와 크리스 하먼의 글《오늘날의 노동자 계급》(The Changing Working Class)은 "마르크스 사후의 자본주의에서 일어난 변화들이 과연 자본과 임금노동 사이의 계급 적대를 갈수록 현대 사회의 사회구조와 무관한 것으로 만들었는가"를 핵심적으로 제기한다.

이 논문들은 세 가지 쟁점에 집중하는데, 첫 번째 쟁점은 "20세기 개시 이래 노동인구의 구성비율상에서 볼 때 화이트칼라 노동자가 증가하고 육체노동자가 감소하고 있는 장기적 경향에 관한 것이다." 과연 이것은 중간계급의 성장을 의미하는가?

둘째 쟁점은 "1970년대초 이래 계속된 세계적 경기 침체는 과연 서구에서 노동자 계급을 없애버릴 '탈산업화'의 과정을 열어젖혔는가?"이다.

세 번째 쟁점은 선거를 중심으로 계급구조와 정치행동 사이의 연관성을 해명하는 문제이다.[*]

---

[*] 같은 책, pp.37~39.

영국에서 벌어진 계급 논쟁은 남한에서도 시차를 두고 유사한 양상으로 반복되었다. 아마 독자들은 영국이라는 조건을 무시하더라도 캘리니코스와 하먼이 제기한 세 가지 쟁점이 쉽게 다가올 것이다. 90년대 남한에서 전개된 계급논의와 너무나 유사하기 때문이다.

남한에서도 화이트칼라의 출현과 더불어 등장한 실천적 함의에 대한 빗나간 주장이 서구와 비슷한 맥락 하에 등장했다.

> 대기업 노동자와 화이트칼라 노동자들은 실질임금 수준, 노동시간, 업무의 자율성, 고용안정성, 승진기회와 같은 노동조건과 자기주택이나 자가용의 소유와 같은 생활조건에 있어서의 유리한 위치를 점하고 있기 때문에, 현체제를 수용하고, 실리지향적이며, 집단주의적 의식(연대의식)보다는 개인주의적 성향이 강하고, 노사협조에 의해서 목표를 추구하려는 경향이 강하다.[*]

이에 반해 열악한 노동조건에 처해 있는 중소규모의 제조업 노동자들은 상대적으로 비타협적·전투적이며, 연대의식과 변혁지향성이 강하다는 것이다.

하지만 현실은 종종 그 반대의 모습을 나타내곤 한다. 변혁지향적인 부문으로 규정한 중소기업 제조업 노동자들은 오히려 경기침체와 더불어 조합 조직률의 감소를 경험하고 있다. 도산이나 위장 폐업, 해외 이전으로 해당 사업장의 노동자들이 해고와 실업의 위험에 처해

---

[*] 정영태, '한국 노동자 계급의 형성:그 객관적 조건', 《이론》 1994년 여름호, p.203.

있기 때문이다.

반면에 사무직 노동자들은 87년 6월 투쟁에서 중요한 역할을 수행했다. 그 이후 언론·방송사와 금융부문에서 노동조합이 결성되었고 1989년에는 전교조가 집요한 탄압을 뚫고 법외노조를 결성했다. 그리고 최근 한국통신, 조폐공사, 한전, 교육방송 등 공공부문 노동자들의 투쟁은 화이트칼라 노동자들이 전통적인 노동자 계급 투쟁에 뒤이어 노동자 투쟁에 한몫했음을 보여 준다. 이런 사실은 화이트칼라 노동자들의 등장에 대해 부정적이거나 혹은 중간계급화의 과정으로 바라보는 사람들에게는 경험적 반박이 될 것이다.

사무직 노동자의 보수와 노동조건은 지난 반세기에 걸쳐 육체 노동자 대중의 그것에 더욱 가까이 접근해 왔다. '제1차 세계대전 무렵 남성 사무원과 숙련 육체 노동자는 같은 수준의 보수를 받았다. 그리고 이러한 보수의 동등함은 1936년까지 유지되었다. 1935~36년과 1955~56년 사이에 이 추세는 사무직 노동자에게 불리한 방향으로 매우 뚜렷하게 바뀌었다. … 1978년이 되자 반숙련 남성 노동자의 평균소득은 자신들의 사무직 경쟁자들을 처음으로 따라잡았다. … 게다가 사무직 노동자가 누렸던 노동조건의 전통적 우월성 중의 상당 부분이 육체 노동자에게 돌아갔다.*

화이트칼라 노동자의 출현을 계급 전투성의 잠식으로 보는 사람들은 화이트칼라 노동자를 '신중간계급'과 동일시한다. 앞서 지적했

---

* C 하먼, 앞의 책, '경기침체 이후의 노동자 계급', p.132에서 재인용.

듯이 화이트칼라 피고용인이란 개념은 노동자 계급 내부에서 진행된 차별화 과정을 놓치게 된다.

백 년 전에 사무직 노동자들은 대개 남성이었고 네 명 정도의 작은 단위에서 일했다. 이들은 고용주와 밀접하고도 사적인 관계를 유지했다. 이들이 수행하는 작업에 필요한 교육 훈련들 때문에 육체노동자와 이들은 분리되었다. 설령 수입이 육체노동자와 비슷한 하급직 사무원조차 부르주아지 '귀족'이나 전문직 중간계급의 생활 양식을 갈망했다.

하지만 금세기 초반에 들어서면서 사무직 노동은 커다란 변화를 겪게 된다. 영국의 예를 살펴 보면 1901년 총노동인구 가운데 사무직이 차지하는 비중은 4.0%로 1851년의 0.8%보다 500% 증가율을 기록한다. 이 비중은 1951년에 이르면 10.5%로 더욱 크게 늘어난다.

이 통계 수치는 다음을 의미했다.

과학적 경영이 도입되면서 생산비용과 시장 수요에 대한 상세한 계산을 해야 한다는 강박관념이 생겨났다. 사무기계화가 이루어짐에 따라 새로운 유형의 자료 기록 방식들도 더욱 증가되었다. … 19세기의 마지막 10년 동안 초등교육의 의무제가 도입되면서 사무직 노동자가 모집되는 공간 역시 크게 확장되었다. 문자를 읽고 쓸 줄 아는 모든 사람은 잠재적인 사무원이 되었고 이것이 지금까지 사무직 노동자가 차지했던 독점적 지위를 깨뜨렸다.*

---

* A 캘리니코스, 앞의 책, '신중간계급과 사회주의 정치', pp.60~61에서 재인용.

중요한 또 다른 측면은 화이트칼라 고용 내부의 이러한 양극화가 많은 수의 여성이 화이트칼라 노동자가 되는 것과 때를 같이한다는 점이다. 총사무원 가운데 여성사무원의 비중은 1851년 0.1%에서 1901년 13.4%, 1951년에 가면 59.6%로 비약적으로 증대했다.

여성사무원의 임금은 남성 미숙련 육체노동자보다 적다. 심지어 남성사무원조차 숙련 육체노동자에 비해 적은 보수를 받는다.

하지만 근본적으로 중요한 것은 "대부분의 사무직 노동이 반숙련의 반복적이고 육체적인 활동들로 구성되기에 이르렀다."는 점이다. 해리 브레이버먼은 이 과정을 "사무노동의 산업화"라고 불렀다.

'화이트칼라'라는 개념에는 노동의 성격이 공장과 사무실에서 본질적으로 차이가 난다는 것을 전제한다. 그렇지만 이 개념은 서로 상이한 계급집단을 포함한다. 상급 경영자와 관리자, 노동자 계급인 화이트칼라 노동자, 그리고 이렇게 양극화된 집단 사이에는 전문직, 경영직, 그리고 관리직 피고용자가 존재한다. 같은 '화이트칼라'라 할지라도 삼성 그룹의 이사와 영업부 사원이 동일한 계급에 속한다고 할 수는 없지 않는가? '화이트칼라'에 대해 말할 때 그 사이에 놓여 있는 계급 분화를 간과해서는 안 된다.

화이트칼라를 설명할 때 사회주의자들을 자주 혼란스럽게 하는 '신중간계급'**은,

---

* 　같은 책, p.61.
** 　이 용어는 처음에는 카우츠키에 의해 사용되었고 이후 트로츠키에 의해 사용되었으며, 가장 최근에는 알렉스 캘리니코스가 이 용어를 발전시켜 사용하고 있다.

성숙한 자본주의를 특징짓는 신흥의 관료제 구조에서, 높고 후한 보수를 받는 직책에 자리잡고 있는 계급을 말한다.[*]

생산의 규모와 자본의 크기가 상대적으로 작은 시기에는 자본가들이 자신들이 고용한 적은 수의 사무원이나 직장(職長)의 도움을 받아가면서 감독과 통제를 스스로 하는 것이 가능했다. 그러나 자본의 집적과 집중이 엄청난 규모로 증대되면서 자본가들이 그러한 일을 혼자 맡기에는 더 이상 불가능하였다. 감독과 통제의 업무 가운데 많은 부분을 그들이 고용한 피고용인들에게 위임하지 않을 수 없게 됐다.

이것은 자본가가 전체 인구 중에 차지하는 수적 비중이 작다는 사실을 반영한다. 즉, 오늘날 자본가의 핵심부는 아주 작다. 영국 같은 경우 기업가 계급의 핵심부는 전체 인구의 0.1%도 채 안 된다. 이것이 의미하는 바는 자본가 계급이 통제의 위계체제를 창출하지 않는다면 살아남을 수 없다는 것이다. 모순적 계급위치 — 신중간계급: 경영자나 관리자 — 는 바로 위계체계 내에서 생성된다. 캘리니코스는 신중간계급이 두 가지 점에서 지배계급과 구별된다고 지적한다.

첫째는 각각이 갖는 통제권의 성격에서 구별된다. … 신중간계급은 조작적 통제라는 범주에 소속된다. 이들은 전략적 통제를 하는 사람들[자본가계급]에 의해 설정된 틀 내에서 몇몇 결정들을 내린다.

---

[*] C 하먼, 앞의 책, p.141.

둘째로 어떤 사람이 어떻게 부르주아지와 신중간계급 각각에 접근하는가 하는 문제가 있다. 자본가들은 '관료적 임명이나 진급이라는 절차를 밟지 않고 자기 자신의 힘으로 자신의 지위를 얻는다.' … 이와는 대조적으로 신중간계급은 관료적 경력구조를 타고 오르는 개인적 성공에 의거하여 위로부터 그들에게 위임되는 일정한 정도의 조작적 통제권을 갖는다.[*]

동시에 '신중간계급'은,

또 임금노동자들 ― 육체적 노동자든 화이트칼라 노동자든 ― 과 구별된다. 임금노동자들은 자신의 노동력 가치 이상을 받지 못함에 비해 신중간계급의 구성원들은 자신의 노동력 가치보다 심지어는 그들의 노동이 생산적 산업에 사용되었을 때 창출했을 가치보다 훨씬 더 높은 소득을 얻는다. 이런 식으로 그들은 임금노동의 착취로부터 이득을 얻을 수 있는 것이다.[**]

신중간계급은 전통적인 중간계급(농민)이나 프티부르주아지처럼 자기모순적인 위치에 처해 있으며 체제에서 종속적이고 의존적인 역할을 수행한다. 따라서 그 자체로는 자본과 동질적일 수는 없지만 노동자에 대한 착취를 통해 이윤축적을 꾀하는 지배계급의 편에 섬으로써 이득을 챙긴다. 그 이득은 높은 봉급의 형태를 취한다.

그러나 이들도 관료제적 위계체제에서 한편으로는 사장계급에게

---

[*] A 캘리니코스, 앞의 책, pp.76~77.
[**] C 하먼, 앞의 책, p.141.

로, 다른 한편에서는 노동계급에게로 이리저리 이끌리는 계급, 다시 말해서 하나의 독립된 계급으로 존재하지 못하는 구(舊)중간계급과 똑같은 불행한 운명의 소유자들이다.

영국과 같은 서유럽의 계급구조 변화를 얘기하면서 결코 잊어서는 안 되는 사실이 있다. 그것은 선진 자본주의 나라들에서 화이트칼라 노동자의 양적 성장에도 불구하고 국제적인 노동계급 구성비율에서는 여전히 산업 프롤레타리아트가 우세하다는 것이다. 이 책(《오늘날의 노동자 계급》) 부록에 실려 있는 폴 켈록의 '과연 노동자 계급에게 안녕을 고할 때인가?'는 산업 프롤레타리아트의 성장이 인구 성장과 거의 비슷한 보조로 이루어져 왔음을 유엔(UN)의 '산업통계연감' 자료를 빌어 입증하고 있다.

서구에서 산업 노동자 계급의 감소는 절대적 수치에 기초해서는 안 되고 상대적 수치에 기초해서만 성립될 수 있다. 왜냐하면 산업 노동자 고용비의 상대적 감소는 총노동인구의 절대적 증가라는 맥락 안에서 일어났기 때문이다.*

《오늘날의 노동자 계급》에서 세 명의 마르크스주의자들이 주장하

---

* 폴 켈록, 앞의 책, p.176. 이 논문에서 제시된 자료는 대단히 유용하다. 켈록은 유엔(UN)의 자료를 인용하여 제3세계에서 산업 프롤레타리아트가 폭발적으로 증가하고 있음을 증명한다. 켈록의 계산에 의하면, 남한을 비롯한 36개의 주도적 산업 국가에서 1977년과 1982년 사이에 날마다 5천6백8십8 명의 새로운 산업 노동자가 '전통적 사회주의 노동당의 핵심' — 산업 프롤레타리아트에 대한 홉스봄의 표현 — 대오에 합류했다.

려는 핵심 내용은 노동자 계급 내에서 벌어진 직업구조 변화에도 불구하고 산업 프롤레타리아트의 주도성은 여전히 유효하다는 마르크스주의의 제일명제이다.

폴 켈록은 경험적 사실을 근거로 "산업 프롤레타리아트의 중심성을 옹호할 때 우리가 방어적 자세를 취할 필요는 그 어디에도 없다."고 단언한다. 캘리니코스는 전통적인 노동계급의 소멸을 주장하면서 '급격히 팽창'하고 있는 신중간계급과의 계급동맹 — 범민주주동맹 — 을 주장하는 홉스봄과 그 동료들의 개량주의적 실천에 대해 "역사적 경험은 언제나 재앙적인 것"이었음을 경고한다.

이보다 훨씬 정당한 모델은 1917년 러시아혁명기에 프롤레타리아트와 농민 사이의 관계에 의해 제시되었다. 여기에서 노동자 계급은 그 자신의 목적을 추구하면서 두 계급의 이익이 어떻게 일치하는가를 실천적으로 보여줌으로써, 즉 오직 소비에트 권력만이 농민에게 평화와 빵을 보장해 줄 수 있다는 것을 보여줌으로써 농민을 자기편으로 전취했다. …
그러므로 노동자 계급이 신중간계급의 일부를 자기편으로 전취하려면 계급타협의 방법을 추구해서는 안 되고 계급투쟁의 방법을 추구해야 한다.

---

* A 캘리니코스, 앞의 책, pp.102~103.

알렉스 캘리니코스의
21세기 자본주의와 노동계급

오늘 이 토론회를 마련해준 중앙대학교 사회학과와 총학생회에 감사드립니다. 그리고 특별히 고려대학교 학생들에게 먼저 연대를 표명하고 싶군요. 왜냐하면 삼성과 같은 거대 기업들이 전 세계를 집어삼키려 드는 상황에서 사람들이 그것에 반대해 싸우는 것은 매우 중요한 일이기 때문입니다. 고려대학교 학생들의 투쟁과 오늘 제가 이야기하려는 주제 사이에는 밀접한 관계가 있습니다.

사람들은 '세계화'에 대해 말합니다. 사람들은 그것이 마치 기후처럼 인간과는 관계 없는 자연 현상인 양 말합니다. 그러나 우리가 알

알렉스 캘리니코스. 격주간 〈다함께〉 61호, 2005년 8월 17일. https://wspaper. org/article/2364. 이 글은 2005년 5월 21일 중앙대학교 사회학과와 총학생회의 알렉스 캘리니코스 초청 강연이다. 캘리니코스는 영국의 혁명적 사회주의 정치단체 SWP(사회주의노동자당)의 중앙위원이자 영국의 신자유주의 세계화 반대 운동단체 '저항을 세계화하라' 소속 활동가이기도 하다. 이 강연에 앞서 울산건설플랜트 노동자들, 이주노동자들, 삼성에 항의한 고려대학교 학생들 등등의 투쟁 사례 발표가 있었다.

고 있듯이 기후는 더는 인간의 행위로부터 독립적이지 않습니다. 인간은 특히 이산화탄소 배출을 통해 기후를 변화시키고 있습니다. 이와 마찬가지로, 세계화는 인간이 어찌할 수 없는 현상이 아닙니다.

세계화는 경제적으로 득세하는 세력들이 그로부터 득을 보기 위해, 특히 이윤을 증대시키기 위해 추진하는 정치적 프로젝트입니다. 이 프로젝트는 다국적기업들에 최대한 많은 이윤을 보장하기 위해 전 세계 국가에 현존하는 장벽을 모두 철폐하려 합니다.

다국적기업들은 이윤 창출을 위해 단지 인간만이 아니라, 자연과 과학발명까지도 착취하려 듭니다. 우리 생활의 가장 기본적인 것, 예컨대 물을 들 수 있겠죠. 우린 물 없이는 살아남을 수 없으니까요. 기업들은 세계에서 라틴아메리카와 아프리카의 최빈국들이 물을 사유화하도록 강제해 그로부터 이윤을 얻습니다.

이것이 세계화의 본질입니다. 그것은 결코 자비로운 과정이 아닙니다. 그것은 우리가 어떻게든 순응해야 할 불가항력도 아닙니다. 세계화는 자본주의의 착취를 증대시키기 위해 경계를 허무는 매우 특정한 경제적·정치적 프로젝트입니다.

한국과 전 세계의 많은 사람들은 이제껏 제가 말한 것들에 동의할 거라 생각합니다. 왜냐하면 지난 수년간 우리는 자본주의의 세계화에 저항하는 운동이 세계적으로 고양되는 것을 보아 왔기 때문입니다. 이 운동은 1999년 시애틀 시위에서 시작해 단 몇 년 만에 세계의 다른 여러 지역으로 확산됐죠.

그러나 우리는 자본주의 세계화를 단지 공공연히 비난하는 데서 더 나아가 매우 엄밀하고 신중하게 그것을 분석하기 위해 노력해야 합니다. 예컨대, 통념에 따르면, 금융이 지배하는 세계에 우리가 살고 있다는 겁니다. 이것은 전 세계 모든 사람들의 경제 생활을 좌우하는 국제 시장을 금융 위주로 바라본 것입니다.

특히, 1997~98년 외환 위기를 경험한 한국인들이 이 관점을 받아들이는 것은 정말로 이해할 만한 것입니다. 외국 자본이 한국에서 철수하면서 그런 파괴적인 결과가 빚어졌죠.

지난 20~30년 동안 금융시장이 점점 더 강력해진 것은 분명한 사실입니다. 날마다 세계 금융시장에서는 엄청난 양의 돈이 이동하고 있습니다. 정부·기업·개인은 모두 금융시장의 움직임에 적응하려 애써야 합니다.

그러나 이윤은 금융시장에서 만들어지지 않습니다. 이윤은 허공에서 떨어지는 것이 아니죠. 근본적으로, 금융시장 이윤의 원천은 공장과 사무실, 콜센터, 병원, 그 밖의 모든 부문에서 일하는 임금노동자들이 창출해 내는 이윤에 있습니다.

흔히들, 철과 같은 것들을 생산하는 산업체들이 갈수록 약해지는 반면 금융은 갈수록 강력해진다고 합니다. 그러나 실상은 그보다 훨씬 복잡합니다.

세계에서 가장 부유한 가문은 소매기업인 월마트를 소유한 가문입니다. 월마트는 국제적으로 엄청난 경제력을 자랑합니다. 저는 월마트가 이미 한국에도 상륙했는지는 잘 모르겠습니다만, 유럽에서는 빠른 속도로 소매 시장에 침투하고 있습니다.

만일 여러분이 중국과 미국의 관계를 이해하고자 한다면, 중국에서 미국으로 수입되는 제품 전체의 가치에서 10분의 1을 월마트가 차지한다는 사실을 알아야 할 것입니다. 이를 통해 여러분은 중국으로부터 들여온 값싼 상품들을 이 거대 유통기업의 점포들이 판매할 것이라는 사실을 예상할 수 있을 겁니다.

이것은 금융시장·금융제도보다는 진정한 경제력과 오히려 더 관계 있는 문제입니다. 사실, 상업이 금융보다 더 영향력이 있습니다.

흔히들 거대 다국적기업들이 국가로부터 달아나고 있다고 주장합니다. 이런 주장을 하는 좌파 가운데 가장 저명한 인물은 라틴아메리카와 유럽에서 유명한 책인 《제국》의 공저자 안토니오 네그리일 것입니다.

네그리는 우리가 '제국'의 시대에 살고 있다고 말합니다. 그가 말하는 '제국'이란 자본주의 권력의 새로운 초국가적 형태를 뜻합니다. 그는 국가 간 차이와 적대, 국가 권력 모두가 이 초국가적 세계 자본주의 체제로 용해됐다고 말합니다.

이 이론엔 한 가지 문제가 있습니다. 그 문제의 이름은 조지 W 부시입니다. 왜냐하면 부시는 지금껏 자신과 각료들의 이익을 야만적이고 무자비하고 오만하게 실현해 왔고, 무장한 군인들과 무기 그리고 세계 '제국'의 '신하'들이 미국 권력의 국제적 이익을 떠받치고 있기 때문입니다.

9·11 이후 일어난 일들, 곧 아프가니스탄 전쟁과 이라크 전쟁은 세계화를 이해하려면 제국주의를 명확히 이해해야 한다는 점을 아주 분명히 보여 줍니다.

미군 병사들이 이라크인들에게 총을 난사하고 폭탄을 투하하는 것을 볼 때, 아부 그라이브 감옥 같은 곳에서 미군 병사들이 이라크인들을 고문하고 욕보이는 것을 볼 때 우리는 제국주의의 야만성을 분명히 알 수 있습니다.

그러나 우리는 더 본질적인 것, 즉 중동에서 드러나는 미국의 제국주의 권력 이면에 있는 것을 알아야 합니다. 제 관점은, 레닌과 부하린 같은 위대한 마르크스주의자들이 그랬듯이, 우리가 제국주의를 자본주의의 특정 발전단계로 이해해야 한다는 것입니다. 전에는 뚜렷이 구분됐던 경쟁의 경향들, 즉 경제적 경쟁과 지정학적 경쟁이 융합돼 나타나는 것이 제국주의입니다.

경제적 경쟁이란 앞서 제가 말한 바, 곧 거대 다국적기업들이 시장을 둘러싸고 서로 싸우는 것이고, 지정학적 경쟁이란 경쟁 국가들이 영향력과 주도권을 둘러싸고 서로 싸우는 것을 말합니다. 이 두 가지 형태의 경쟁은 서로 다른 방식으로 중첩되고 개입하면서 오늘날의 세계를 형성하고 지배합니다.

과거와 마찬가지로 지금도 거대 기업들은 효과적인 경쟁을 위해 국가의 지원이 필요합니다. 오늘날 미국과 유럽연합은 항공기 생산을 둘러싸고 치열하게 대립하고 있습니다. 미국에는 항공회사 보잉이, 유럽연합에는 에어버스가 있습니다. 이 정치적 실체들, 즉 미국과 유럽연합은 자국의 항공회사를 지원하는 방식으로 싸움을 벌입니다.

한편, 국제 무대에서 다른 나라에 대항해 주도권을 행사할 수 있는 국가의 패권은 결정적으로 그들의 경제적 토대에 달려 있습니다. 현재 이것의 가장 적절한 사례는 중국입니다.

미국의 지배자들은 중국에 대한 태도를 결정하지 못하고 있습니다. 그들은 중국 투자로 얻는 막대한 이윤에 기뻐해야 할지, 아니면 중국 경제의 확장이 가져올 중국의 강력한 정치·경제 권력을 두려워해야 할지 고민하고 있습니다. 그래서 최근 미국과 유럽연합 사이에서 첨예한 논쟁이 불거졌습니다.

유럽연합은 1989년 6월 톈안먼 광장 학살 이후 시행된 대(對)중국 무기수출 금지조치를 풀고 싶어합니다. 현재 미국 정부와 정치인들은 유럽연합이 대중국 무기수출 금지를 해제하려는 데 반대하는 움직임을 보이고 있습니다. 미국 정부와 정치인들이 이것을 반대하는 이유는 매우 흥미롭습니다. 그들은 10년 내에 중국과 전쟁을 벌일지 모르기 때문에 유럽연합의 대중국 무기 수출을 원하지 않는다는 것이죠.

중국인들은 여기에 어떤 반응을 보일까요? 중동에 있는 나라를 막 침략한 세계 최강대국이 '우리는 아마 몇 년 안에 당신들과 전쟁을 벌여야 할지 모른다' 하고 말했을 때 말이죠.

제가 생각하기에, 최근 아시아태평양지역은 엄청나게 모순된 상황에 처해 있습니다. 중국의 급성장은 다국적기업들과 중국 정부 간 동맹의 결과입니다. 그 결과 매우 복잡한 경제적 연계망이 발전했습니다. 제가 어제 참석한 학술회의에서는 이 점을 매우 잘 보여 주는 논문이 발표됐습니다.

중국은 엄청나게 많은 저가(低價) 상품들을 미국과 유럽연합에 수출하고 있습니다. 제가 언급했던 월마트가 대표 사례일 겁니다. 일본과 한국 같은 나라들은 핵심 부품과 기술의 공급을 늘리는 방향으로 산업을 재편하고 있고, 중국은 그러한 수출들이 늘기를 원합니다. 또, 아프리카와 라틴아메리카에서는 갈수록 많은 나라들이 중국에 원자재를 공급하고 있습니다.

무엇보다 중요한 것은 중국이 미국에 상품을 수출해서 돈을 벌어들이고, 다시 그 돈을 미국에 빌려줘, 미국이 중국 상품을 계속 구매할 수 있도록 한다는 사실입니다.

미국은 자국 경제의 6퍼센트에 달하는 엄청난 경상수지 적자를 안고 있습니다. 미국의 부채는 일본·중국·한국, 그 밖의 동아시아 나라들의 중앙은행에서 빌린 것이죠. 따라서 세계경제에서 중국이 하는 구실, 더 광범하게 동아시아가 하는 구실은 세계경제의 부양에 일조하는 것입니다. 제 생각에, 만일 중국의 경제 호황이 없었다면 우리는 지난 몇 년 동안 심각한 경기후퇴를 겪었을 것입니다.

그러나, 동아시아는 또한 지정학적으로 세계에서 가장 위험한 지역입니다. 심지어 중동보다 더 위험하다고도 할 수 있을 겁니다. 한편으로 중국이, 다른 한편으로 미국과 일본이 있습니다.

중국과 일본 사이의 적대가 단지 일본 정부가 과거에 한국뿐 아니라 중국에서도 저지른 악행에 개의치 않기 때문만은 아니라는 점을 이해하는 것이 매우 중요합니다. 중국과 일본 사이의 적대는 아시아태평양지역에서 미국 지배에 대한 중국의 도전을 방지하기 위해 미국과 일본이 중국을 고립시키고 견제할 목적으로 맺고 있는 동맹에서 비롯한 것입니다. 이 긴장의 결과는 매우 위험합니다.

많은 전문가들은 대만에서 미국과 중국이 전쟁을 벌일 수 있다고 봅니다. 만일 이 전쟁이 벌어진다면 그것은 현재 이라크에서 진행 중인 끔찍한 전쟁보다 훨씬 더 심각할 것입니다. 왜냐하면 그 전쟁은 과거 역사에서 볼 수 없었던, 핵무기 보유국들 사이에 벌어지는 최초의 전쟁일 것이기 때문입니다.

바로 이 점이 전쟁 반대 행동이 정치적으로 중요한 핵심적 이유입니다. 한반도에서 발생하는 전쟁 위기 일체에 반대하는 것이 중요한 이유이기도 합니다.

만일 핵무기를 개발하는 것이 진정 북한 정권의 정책이라면, 저는 그 정책을 옹호하고 싶지는 않습니다. 바그다드가 함락된 이후, 세계 도처의 많은 정권들은 사담 후세인이 바보였고, 그는 대량살상무기를 포기하지 말았어야 했으며, 미국의 침략을 막기 위해서는 핵무기를 보유해야 한다고 믿게 됐죠.

미국의 이라크 점령에 지속적으로 반대하는 것도 매우 중요합니다. 한국과 영국처럼 미국의 점령에 동참하고 있는 나라에서는 점령 반대 행동이 특별히 중요합니다. 왜냐하면 이라크의 사례는 단지 이라크인들의 자결권을 부정하는 것만을 뜻하진 않기 때문이죠. 그것은 분명 중동뿐 아니라 국제적으로 미국의 패권을 선언하는 것이었습니다.

미국이 이라크를 침략했을 때, 그들은 중국에, 그리고 전 세계 모든 국가에 "미국의 지배에 도전하려 하지 말라"는 메시지를 전달한 것입니다.

특정 전쟁에 반대하는 것이나 부시 정부의 전쟁몰이에 반대하는 것만으로는 부족합니다. 왜냐하면 미국과 중국의 관계를 예로 들어 제가 설명하고자 하는 것은 체제로서 제국주의의 논리이기 때문입니다.

제국주의는 경제적 경쟁의 논리와 지정학적 경쟁의 논리를 연결시켜 추진되는 체제이고, 전 세계가 인류 파멸의 끔찍한 전쟁에 이르도록 끊임없이 위협하는 논리입니다.

이라크는 세계화 시대에 자본주의의 현실이 제국주의를 낳는다는 것을 우리에게 가르쳐 주었습니다. 오늘날의 자본주의가 제국주의라면, 그 체제 자체에 도전할 수 있는 힘은 어디에서 나올까요?

저와 '다함께'가 지지하는 고전적 마르크스주의 전통에서는, 자본주의를 변혁할 수 있는 힘이 노동계급에게 있다고 말합니다. 그러나 심지어 좌파에 속하는 많은 사람들조차 오늘날 노동계급은 사회세력으로서 그 수명을 다했다고 말합니다.

안토니오 네그리는 '다중'이 자본에 도전하는 새로운 혁명 주체라고 말합니다. '다중'은 자본주의 사회에서 지배받는 사람 모두를 뜻합니다. 그리고 그는 전통적 형태의 노동이 계속 사라지고 있으며 노동은 갈수록 비물질화하고 있다는 매우 모호한 일련의 주장들을 쏟아냅니다.

제가 보기에는, 온갖 혼란이 이 주장과 연관돼 있습니다. 그 혼란 가운데 일부는 사람들이 노동계급을 말할 때 흔히, 순전히 공장에서 일하며 물질적 제품을 생산하는 사람들의 이미지만을 떠올리는 데에도 있습니다. 그러나 그것은 결코 마르크스가 노동계급을 이해했던 방식이 아닙니다.

마르크스는 노동계급을 재산이 적어서 겪는 가난 때문에 착취받는 조건으로 노동력을 팔 수밖에 없는 존재로 보았습니다. 착취는 물질적 제품을 생산하는 것만을 의미하지 않습니다. 착취는 고된 육체노동을 하는 것만을 의미하지도 않습니다. 노동자들은 제철소와 광산에서만이 아니라 콜센터·수퍼마켓·사무실에서도 착취받습니다.

그리고 한국과 영국, 미국에서 공장이 사라진다고 해서 그것이 더는 아무도 물질적 제품을 생산하지 않음을 뜻하지는 않는다는 점도 우리는 기억해야 합니다.

포스트모더니스트들이 비물질적이고 불확실한 세계, 파편화 등등을 말할 때, 때때로 그들은 사람들이 먹고 입는 것을 그만둔다고 말하는 듯합니다. 세계의 어떤 지역에서 공장이 사라지거나 감소할 때, 중국의 주강(江) 삼각주 같은 곳에서는 공장이 확대되고 있습니다.

때때로, 전통적 임금노동을 다양한 비정규 노동이 대체하고 있다고들 합니다. 이렇게 말하는 사람들은 노동조합에 가입한 정규직 노동자들이 특권적 소수["귀족"]라고 말합니다.

우리가 전 세계적으로 노동을 변화시키는 자본주의 구조조정의 시기에 살고 있다는 것은 사실입니다. 구조조정을 노동계급이 물리치지 못하고, 이 때문에 잘 조직된 정규직 노동자들도 해체되곤 하는 것도 사실입니다. 예를 들어 영국의 광부들이나 한국의 삼성 노동자들처럼 말이죠.

그리고 종종 사용자들이 공장에서 노동조합에 가입된 정규직 노동자들보다 훨씬 열악한 조건에서 일하는 임시·비정규직에 더욱 많이 의존하는 것이 더 유용하다는 사실을 알고 있는 것도 사실입니다.

그러나 이러한 변화들도 비율에 맞게 유지된다는 사실은 중요합니다. 한 세대 전과 비교했을 때 세계적 차원에서나 개별 사회 차원에서나 훨씬 더 많은 사람들이 임금노동에 종사하고 있습니다. 예컨대, 강력한 여성운동은 노동시장에 커다란 사회·경제적 변화를 일으키고 있으며, 이것은 임금노동이 사람들의 삶에서 전보다 더 결정적 요인이 됐음을 뜻합니다.

조금 전에 한 이주 노동자 대표가 우리에게 말한 것처럼, 이주 노동자들과 비정규 노동자들의 투쟁이 현재 매우 중요하다는 것은 사실입니다. 그런데 그 투쟁이 더 효과적이려면, 잘 조직된 정규직 노동자들을 지지하고 그들과 연대해야 합니다.

한국의 노무현 대통령은 정규직 노동자들이 비정규 노동자들을 착취하는 일종의 '귀족', 즉 특권층이라며 비난한다고 들었습니다. 이것은 매우 재미난 것인데, 왜냐하면 저는 정규직 노동자들이 패배해서 일자리를 잃었을 때, 그 패배에서 생겨난 돈이 비정규 노동자들의 처우 개선에 사용되는 사례를 본 적이 없기 때문입니다.

한국에서 삼성 재벌들이 노동조합을 공격할 때, 또는 영국에서 사장들이 광부들을 공격할 때 누가 그로부터 득을 보겠습니까? 당연히 사용자들입니다. 우리는 노동자들을 분열·지배하려는 모든 이데올로기에 맞서 싸워야 합니다. 그런 이데올로기는 착취자들에 대항한 모든 노동자들의 단결을 약화시킵니다.

지난 수십 년 동안 자본주의는 거대하게 확대되고 변해 왔습니다. 그러나 그것은 무자비하고 파괴적인 과정이었습니다.

하지만 더 중요한 것은, 자본주의가 약점을 갖고 있는 체제라는 점입니다. 왜냐하면 자본주의는 자신의 이윤을 임금노동자에게 의지하고 있기 때문이죠.

전 세계의 노동자들은 다양한 인종과 다양한 종교와 다양한 배경을 갖고 있습니다. 이 노동자들은 세계를 변혁할 힘을 갖고 있습니다.

그렇다면, 이제 중요한 문제는 어떻게 하면 한국의 노동자들과 전 세계의 노동자들이 자신들을 동일한 이해관계를 가진 하나의 계급, 국제적 노동계급의 일부로 인식하게 할 것인가 하는 점입니다. 단지 정규직과 비정규직 사이의 분리만이 아니라 인종·종교·국적의 분리를 뛰어넘어서 말이죠.

저는 우리가 여전히 새로운 종류의 노동계급 운동을 창출하는 초기 국면에 있다고 생각합니다. 이 운동은 최근 야만적인 제국주의적 자본주의에 도전하기 위해 단지 개개 나라 안에서가 아니라 국제적 차원에서 벌어지고 있습니다. 저는 이 운동이 성장하는 과정에서 정치가 매우 중요할 것이라고 생각합니다.

위대한 정치 운동이 있었던 지난 몇 년 동안 2003년 초 몇 달 동안 3천5백만 명 이상을 거리로 불러모은 이라크 전쟁 반대 운동과 '다른 세계는 가능하다'는 구호로 알려진 저항을 조직하기 위해 전 세계 사람들을 한데 모은 자본주의 세계화 반대 운동은 사람들이 현재의 자본주의 체제가 아닌 또 다른 세계를 상상하도록 고무했습니다.

저는 우리가 직면한 위험들, 즉 파괴적인 전쟁과 증대된 자본주의 착취의 결과로 맞게 될 기후 변화는 우리가 자본주의 하에서는 통제할 수 없는 것이기 때문에, 국제적으로 사회 정의에 기초한 세계를 건설해야 한다고 확신합니다.

그러나 그것은 여기 모인 분들과 같은 사람들에게 달려 있습니다. 오늘 오후 우리는 한국에서, 그리고 전 세계에서 벌어지고 있는 많은 투쟁들을 경청했습니다. 여러분 스스로 전쟁과 자본주의 세계화에 반대하는 위대한 운동의 일부가 되십시오.

토론 정리 발언

토론 과정에서 제기된 몇 가지 질문에 답하면서 오늘의 토론을 정리해야 할 것 같군요.

최근 안토니오 네그리가 유럽연합 헌법을 지지한 것에 대해 어떻게 생각하는지 묻는 질문이 있었습니다.

새로 제안된 유럽연합 헌법을 두고 유럽에서는 치열한 논쟁이 벌어지고 있죠. 유럽 좌파는 일반으로 유럽연합 헌법에 반대합니다. 부분적으로, 그것이 유럽연합의 군사력 증강을 촉진하고, 유럽연합의 정치·경제 구조에 신자유주의 정책을 영속적으로 구축하는 것이기 때문입니다.

다음 주 프랑스에서는 유럽연합 헌법에 대한 국민투표가 있습니다. 프랑스 국민들을 상대로 한 여론조사를 보면, 좌파가 주도하고 있는 유럽연합 헌법 반대 운동이 승리할 것 듯합니다.

그런데 네그리는 그 운동에 개입해 유럽연합 헌법을 지지했습니다. 제가 보기에 네그리의 입장은 완전한 잘못인데, 그가 내세운 근거들이 매우 재미있습니다. 네그리는 유럽연합이 국가 간 경계를 넘어 조직된 것이기 때문에 미국보다 훨씬 진보적이라고 말합니다. 따라서 유럽연합을 지지해야 한다는 것이죠.

이 주장은 두 가지 점에서 문제가 있습니다. 우선, 미국 지배계급의 중요한 일부는 세계를 단속하기 위해, 더욱 강력해진 유럽연합을 자신들의 하위 파트너로 삼고 싶어합니다.

둘째로, 이것이 훨씬 중요한 문제인데, 제가 보기에 이 주장은 자본의 일부가 다른 자본보다 더 진보적이라고 말하는 잘못을 범하고 있습니다. 어떤 착취자가 다른 착취자에 비해 더 낫다고 할 이유는 없습니다.

이것은 한국 경제의 일부를 차지하고 있는 외국계 투기자본에 관한 질문에도 적절한 답변이 될 수 있을 겁니다. 저는 최근 이 문제가 한국의 중요한 정치적 이슈가 된 것을 십분 이해합니다. 당연히 우리는 자신들의 이윤을 증대시키기 위해 회사를 문닫고 노동자들을 해고하는 금융투기꾼들에 반대해야 합니다.

그러나 영국의 반자본주의 운동이 한국의 금융 투기에는 반대하지 않고 영국의 금융 투기에만 반대한다고 말하는 것은 터무니없는 얘기입니다. 이것을 입증하는 전형적인 예는 금융 투기 반대 운동이 토빈세를 요구한다는 사실입니다.

토빈세가 시행되면 세계 도처의 금융 투기에 세금이 부과될 것이고, 이를 통해 조성된 기금은 남반구[제3세계 — 옮긴이]의 빈곤을 줄이거나 완화하는 데 쓰여야 한다는 것이 이 주장의 요지입니다.

또한 투기에 반대하는 주장은 때때로 외국 자본가들은 나쁘고 민족 자본가들은 괜찮다는 식의 주장으로 연결되기도 합니다. 저는 영국이나 미국의 다국적기업을 옹호하려는 것이 아닙니다.

그러나 오늘 한 한국 노동자의 발언에서 알 수 있듯이, 현대나 삼성 같은 한국 기업이 예컨대 네덜란드에서 매우 훌륭한 기업이 될 것이고, 그 곳의 노동자들을 굉장히 잘 배려해줄 것이라는 말을 그대로 믿기는 매우 어렵습니다.

자본가들의 문제는 그들이 주머니에 넣고 다니는 여권이 아니라 그들이 몸담고 있는 체제에서 비롯하는 것입니다.

남반구를 어떻게 개선할 수 있을지에 대한 물음으로 옮겨가 봅시다. 저는 다국적기업들이 주로 미국과 서유럽에 수출할 상품을 생산하는 지역으로 중국을 묘사했습니다.

그 과정에서 중국의 평범한 사람들은 가난과 고통, 착취에 시달려야 했고, 중국의 경제 호황은 바로 이것에 기초하고 있습니다. 중국의 사례를 보며 드는 생각은 오늘날의 세계화가 고통의 세계화라는 것입니다.

작년에 영국 북부 지역에서는 중국의 가장 가난한 지역에서 온 이주노동자들이 해안을 따라 조개 줍는 일을 하고 있었습니다. 그들은 그들의 안전 따위는 안중에도 없는 불법적이고 부패한 사용자들에 의해 착취당하고 있었지요. 어느 날 예상치 못한 밀물 때문에 그 노동자들 가운데 23명이 익사했습니다. 그 23명 가운데 한 명은 익사하기 전에 아내에게 핸드폰으로 전화를 걸어 "나는 이제 세상을 뜨오. 잘 사시오." 하고 말했답니다.

많은 사람들에게 세계화가 의미하는 것은 지구의 한쪽 끝에서 다른 한쪽으로 밀려나는 것이고, 그 과정에서 가장 끔찍하게 고통받는 것입니다. 그리고 여러분은 죽기 직전, 사랑하는 사람에게 안녕이라고 말할 수 있도록 삼성이나 노키아로부터 핸드폰을 공급받은 것을 위안으로 삼아야겠지요.

저는 이것이 지역화에 대한 질문의 답변일 될 수 있을 거라고 봅니다. 우리 모두를 갈갈이 찢어놓는 세계경제의 관계들로부터 과거로 돌아가기란 불가능합니다. 우리가 직면한 문제들은 국제적으로 해결할 수밖에 없습니다. 기후 변화는 이것을 가장 분명히 보여 줍니다.

기후 변화에 대한 지역적 해결책은 없습니다. 여러분이 살고 있는 지역을 중세로 되돌린다 할지라도 다른 지역에서 유해물질을 계속 대기로 쏟아낸다면 기후 변화는 해결되지 않을 것입니다.

우리에게는 민주적으로 통제되는 사회가 필요합니다. 이것을 사회주의적 언어로 표현한다면, 우리에게는 세계적 규모로 계획되는 경제가 필요하다는 것입니다.

민주적으로 통제되는 사회로 가기 위해서는 기존 권력구조에 맞선 혁명이 필요합니다. 혁명은 총칼을 뜻하는 것이 아닙니다. 사실, 혁명은 기존에 세계를 통제하던 국제 기업과 정부로부터 권력을 빼앗아 올 태세가 돼 있고, 민주적으로 조직된 국제적 운동을 뜻합니다.

우리가 물어야 할 질문은 다음과 같은 것입니다. 여러분은 그 운동의 일부가 되고 싶습니까? 여러분은 단지 그런 상태를 사실상 용인하거나 그 문제의 일부가 되시겠습니까? 아니면, 현재 성장하고 있는, 세계를 변화시키는 운동 속에 적극적으로 뛰어들어 그 해답의 일부가 되시겠습니까?

21세기에도 노동계급은
사회 변혁의 핵심 주체인가

지난 1년 사이에 명백히 드러났듯이, 자본주의는 경제 위기를 거듭해서 불러오는 체제입니다. 자본주의는 또한 전쟁을 양산합니다. 이라크, 아프가니스탄, 소말리아 등지에서 그런 것처럼 말이죠. 자본주의는 기후 변화도 초래하고 있습니다. 자본주의가 한 세기만

크리스 하먼. 〈레프트21〉 22호, 2009년 12월 31일. https://wspaper.org/article/7429. 이 글은 故 크리스 하먼이 2009년 7월 다함께가 주최한 진보 포럼 '맑시즘2009'에서 연설한 것을 옮긴 것이다. 크리스 하먼은 사회주의노동자당SWP 중앙위원이자 영국의 좌파 이론지 《인터내셔널 소셜리즘》의 편집자였고, 그 전 20여 년 동안 좌파 주간지 〈소셜리스트 워커〉의 편집자로 일했다. 2009년 카이로에서 이집트 시민사회단체들이 개최한 포럼에 연사로 참가하던 중 심장마비로 사망했다. 국내에 번역된 저서로는 대학생 단체들의 2009년 대학생 추천도서 50선에 꼽힌 《민중의 세계사》(책갈피)를 비롯해 《21세기 대공황과 마르크스주의》(책갈피, 공저), 《오늘의 세계경제 : 위기와 전망》(갈무리), 《신자유주의 경제학 비판》(책갈피), 《패배한 혁명 : 1918~1923년 독일》(풀무질) 등 10여 권이 있다. 미국의 유명 록밴드 RATM이 2집 앨범 〈악의 제국 Evil Empire〉 재킷에서 《세계를 뒤흔든 1968》(책갈피)을 포함한 크리스 하먼의 책들을 추천하기도 했다.

더 지속되면 정말로 인류가 멸망할지도 모를 일입니다. 그렇기 때문에 '자본주의를 어떻게 타도하느냐'는 문제가 중요합니다. '자본주의를 타도할 주체가 누구냐'는 물음이 중요합니다. 오늘날 세상을 바꾸려는 사람이라면 누구도 이 물음을 피해 갈 수 없습니다. 1백50년 전에 살았던 카를 마르크스에게 답은 간단했습니다. 그는 자본주의 자체가 자본주의를 종식시킬 거대한 계급을 만들어 낸다고 봤습니다. 마르크스가 노동계급에 주목한 것은 노동계급이 딱히 고결하다거나 초인적인 능력이 있다고 생각해서가 아니었습니다. 그렇다기보다는, 자본주의가 이윤을 창출하려고 생산을 조직하는 과정에서 수많은 사람들을 하나의 거대한 계급으로 끌어 모은다고 봤기 때문입니다. 자본주의는 수많은 농촌 인구를 도시의 공장, 사무실, 항만 등으로 끌어 모읍니다.

자본주의 이전의 계급사회에서도 대다수 사람들은 착취당했습니다. 그러나 그들은 농민으로서 착취당했습니다. 농민들은 각자 자기 땅에 묶여 있었고 서로 고립돼 있었습니다. 그래서 농민들의 세계관은 매우 협소하고 국지적이었습니다. 농민들이 단합해서 집단행동을 하기란 대단히 어려웠습니다. 농민들은 글을 읽고 쓸 필요가 없었고 산수를 못해도 됐습니다. 반면 자본주의는 지리적으로 집중된 피착취 계급을 만들어 냈습니다. 거대한 작업장에 집중돼 있는 노동자들은 개인적인 이익을 관철시키기 위해서라도 집단적으로 행동해야만 합니다. 또한 자본주의가 최첨단 기술을 이용해 노동자들을 착취한다는 바로 그 점 때문에 노동계급은 문자 해독 능력이나 여타 지적·문화적 능력 면에서 과거의 어떤 피착취 계급보다 뛰어나며, 심지어 과거의 어떤 지배계급보다도 뛰어납니다. 그뿐 아니라, 비록 자본주의가 노동자들을 분열시키기도 하지만, 자본가들 사이의 이윤 경쟁은 노동자들의 생활수준을 압박하면서 노동계급의 동질성을 강화합니다. 그리고 마르크스는 자본주의가 경제 위기나 전쟁으로 치달을 때마다 노동자들은 옛 삶의 방식을 지키기 위해서라도 체제에 맞서 싸워야 하는 처지로 내몰린다고 봤습니다.

마르크스는 착취당하는 존재 그 자체로서의 노동자 계급을 즉자적 계급이라고 불렀습니다. 그러나 마르크스는 노동자들이 착취에 맞서 저항할 때, 그리고 그 과정에서 계급으로서 자기 존재를 자각할 때, 그 계급을 대자적 계급이라고 불렀습니다. 또한 자본주의가 발전하면서 노동계급이 사회의 대다수가 되고, 자본주의를 타도할 역량을 갖게 될 것이라고 봤습니다. 그리고 자본주의에 맞선 집단적 투쟁을 통해 노동자들은 자본주의의 가치관들을 뛰어넘는 새로운 가치관을 스스로 만들어 가게 된다고 마르크스는 말했습니다.

노동계급이 줄었다?

마르크스의 이 같은 관점은 항상 비판 받아 왔습니다. 사회학자들은 노동계급이 규모가 확대되기는커녕 축소됐다고 말합니다. 노동자들이 집단으로서 싸우기는커녕 저마다 혼자 싸우며, 자본주의 정신을 자기 것으로 받아들인다고도 합니다. 불행히도 우파뿐 아니라 좌파 가운데 상당수도 이런 주장들을 수용합니다. 가장 최근에는 이탈리아의 좌파들인 하트와 네그리가 노동계급은 더는 사회변혁의 주연이 될 수 없다고 주장했습니다. 비록 노동계급이 완전히 사라지지는 않았지만 사회변혁 세력으로서 예전보다는 훨씬 덜 중요해졌다는 것이 그들의 주장입니다.

이에 대해 우리가 제기할 첫 번째 반론은, 어떤 통계를 봐도 노동계급이 작아지기는커녕 과거 어느 때보다 커졌다는 사실입니다. 데인 필머라는 학자가 15년 전쯤 세계 노동계급에 대한 방대한 통계학적 조사를 벌였습니다. 그 결과 전 세계 노동력 규모가 25억 명이라는 사실을 발견했습니다. 그중 4억 명이 생산직, 8억 명이 서비스직, 10억 명이 농업에 종사하고 있었습니다. 이 수치들은 그 자체로 매우 중요합니다. 인류 역사상 처음으로 과반수의 노동력이 농업이 아닌 부문에 종사하고 있음을 보여 줬기 때문입니다. 한 세기 전이었다면 세계 인구의 4분의 3이 농업에 종사하고 있었을 것입니다. 마르크스가 예견한대로 자본주의는 농촌 인구를 도시로 유입시키고 땅에서 일하던 사람들을 임금 노동자로 만들어 세상을 바꿔 놓은 것입니다. 물론 도시에 사는 사람들이 모두 임금 노동자는 아닙니다. 소수는 자영업자거나 영세 사업가들입니다. 더욱이 가난한 나라에서는 도시 인구의 상당 부분이 일정한 임금 소득 없이 구두닦이나 성냥팔이 등으로 연명하고 있습니다. 전 세계 도시 인구의 4분의 1가량이 이런 식으로 살아 가고 있습니다. 그러나 이를 감안하더라도 전 세계 인구에서 임금 노동자 비중은 40퍼센트가 됩니다. 또한 오늘날 농업 인구 중 50퍼센트는 모종의 임금 노동을 병행합니다. 즉, 오늘날에는 세계 인구의 과반수가 생계의 전부 또는 대부분을 임금 노동에 의존하고 있는 것입니다. 달리 말하면 살기 위해 고용주에게 자신의 노동력을 팔아야 하는 사람들이 이제 인류의 과반수라는 것입니다. 숫자로 표현하면, 마르크스가 말한 즉자적 노동계급의 규모가 20억 명에 이른다는 말입니다. 또한 이들과 마찬가지로 자본의 논리에 삶이 종속된 인구가 20억 명 더 있습니다.

오늘날 노동자들이 마르크스가 살던 시대의 노동자들과 똑같은 일을 하고 있는 것은 아닙니다. 마르크스가 살던 시대에는 컴퓨터도 없었고 컴퓨터를 만드는 노동자들도 없었습니다. 하지만 노동자들을 짓누르는 압력은 그때나 지금이나 같습니다. 1840년대 섬유 공장 노동자나 오늘날 컴퓨터 공장 노동자나 똑같이 자기 회사에 이윤을 벌어 줘야 하는 압력에 시달립니다.

마르크스의 주장에 대한 또 하나 흔해 빠진 반론은, 마르크스가 살던 시대에는 노동자들이 대부분 산업 노동자들이었지만 오늘날 노동자들은 대부분 서비스 노동자들이라는 것입니다. 이는 실없는 주장입니다. 산업 부문과 서비스 부문은 서로 칼같이 나뉘는 것이 아닙니다. 햄버거 패티를 만들어서 깡통에 넣는 사람은 산업 노동자인 반면 맥도날드에서 똑같은 패티를 빵 두 조각 사이에 끼워 넣는 사람은 서비스 노동자로 분류됩니다. 그렇다고 해서 햄버거 맛이 다른 것도 아니고, 영양가도 별 차이가 없을 것입니다. 더 중요한 점은 맥도날드 매장이나 공장이나 노동 환경이 거의 비슷하다는 것입니다. 어디서 일하든 덥고, 땀이 뻘뻘 나고, 항상 긴장해야 하고, 지치고, 윗사람은 혐오스럽고, 집에 오면 쓰레기 같은 TV 프로를 멍하니 보는 것 외에 아무것도 하기 싫고, 열심히 일해서 회사 이윤을 불려 줘야 하고, 그렇습니다.

마르크스는 노동자를 자본 간 경쟁에 의해 삶이 좌우되는 사람으로 정의했습니다. 이 정의에 따르면 맥도날드 직원은 두말할 것 없이 노동자입니다. 하나 덧붙이자면, 맥도날드 노동자들은 소규모 작업장에서 일하지 않습니다. 맥도날드는 지점당 평균 80명의 직원을 고용합니다. 이 80명이 노조를 결성하면 80명을 고용하는 공장의 노조와 똑같은 힘을 발휘할 수 있습니다.

산업 부문과 서비스 부문의 차이 운운하는 사람들은 서비스 부문 종사자들이 모두 중산층인 것처럼 생각하는 경향이 종종 있습니다. 그러나 서비스 부문에는 온갖 직종이 다 포함되며, 그 중에는 전통적인 육체 노동을 하는 직종도 많습니다. 예를 들어 항만의 하역 노동자, 트럭 기사, 쓰레기 수거원도 다 서비스 노동자입니다. 영국에서는 2000년도에 남성 노동자의 51퍼센트가 육체 노동자들이었습니다. 여성 노동자들의 38퍼센트도 비슷한 직업을 갖고 있었습니다. 또 여성 노동자의 50퍼센트는 육체 노동자는 아니더라도 타이피스트나 비서 같은 하급 사무직에 종사하고 있었습니다. 이 모든 일자리는 고된 업무, 피로와 스트레스, 천대와 멸시, 그리고 평생 일하는 것 외에 아무런 전망이 안 보이는 것을 특징으로 합니다.

그러나 이것이 전부가 아닙니다. 오늘날 많은 노동자들이 마르크스가 살던 시대의 노동자들과 비슷한 처지에 있는 것도 사실이지만, 마르크스가 살던 시대 이후 많은 직종들이 커다란 변천을 겪은 것 또한 사실입니다. 그러나 이 직종들은 노동계급 일자리에서 중간계급 일자리로 변한 것이 아니라 원래 중간계급 직종이었다가 점차 노동계급화한 것들입니다. 가령 교사들이 그렇습니다. 마르크스가 살던 시대에 교사들은 특권층이었고, 대다수 노동자들보다 훨씬 나은 소득과 대우를 누렸습니다. 스스로도 대다수 노동자들과 다르다고 생각했습니다. 그러나 오늘날 거의 모든 선진국의 교사들은 갈수록 육체노동자들과 다를 바 없는 대우를 받고 있습니다. 이제 교사들은 기껏해야 다음 세대 노동자들을 길러 내는 노동자 정도로 취급받습니다. 그리고 사실 자본가들에게 착취당할 다음 세대의 노동자들을 이렇게 재생산하는 것이 자본주의 하에서 교사들에게 주어진 임무입니다. 이 같은 재생산을 자본주의는 최대한 값싸게 해결하려 합니다. 그래서 교사들에게도 공장 노동자들에게 가하는 것과 똑같은 압력을 가하는 것입니다. 그래서 현재 영국에서는 교사 월급에 성과급제가 도입되고 있습니다. 교사들은 수업 능력을 끊임없이 평가받습니다. 이런 식으로 교사들도 다른 노동자들과 점점 똑같은 대우를 받고 있습니다.

교사들에게 해당되는 얘기는 보건의료 노동자들에게도 해당됩니다. 선진 자본주의 국가에서는 대체로 인구의 40퍼센트가 전통적인 육체 노동에 종사하고 있고 20퍼센트가 하급 화이트칼라 직종에, 15퍼센트가 교육과 보건의료 분야에서 종사하고 있습니다. 이렇게 보면 인구의 약 75퍼센트가 노동계급이라고 할 수 있습니다. 때로 사람들을 혼란스럽게 하는 것은 노동자 계급 바로 위에 존재하는 관리자 계층입니다. 관리자 또는 준(semi)관리자 급에 해당하는 이 사람들은 자본과 국가의 편에서 노동자들을 통제·관리하는 대가로 일반 노동자들보다 더 많은 봉급을 받습니다. 일부 마르크스주의자들은 이들을 '신중간계급'이라 부릅니다. 이들이 전체 인구에서 차지하는 비중은 10~15퍼센트에 불과합니다. 대규모 파업 등이 없는 일상 시기에 대중매체는 이 신중간계급의 삶만을 보여 줍니다. 그래서 대부분의 시기에 노동자들의 존재는 거의 잊혀집니다. 아침 8시부터 저녁 5~6시까지 직장에 갇혀 있는 노동자들은 눈에 보이지 않는 존재들입니다. 출퇴근 시간에는 잠시 그들을 볼 수 있지만 그 사이 시간대에 TV에서 볼 수 있는 것은 온통 신중간계급들 뿐입니다. 그러다가 계급투쟁이 분출하면 그때서야 비로소 노동자들이 얼마나 사회에서 다수이고, 얼마나 위대한 존재인지 분명히 드러납니다.

노동계급은 싸울 능력을 잃었다?

노동계급에 대한 또 한 가지 신화가 있는데, 기업들이 하룻밤 사이에 시설을 한 국가에서 다른 국가로 이전할 수 있기 때문에 노동자들은 더는 싸울 힘이 없다는 것입니다. 예컨대 미국과 영국에서는 '제조업이 모두 중국으로 이전했기 때문에 미국과 영국에는 더는 노동계급이 없다'는 주장을 하는 사람들이 있습니다. 물론 중국 노동계급의 성장은 대단히 중요합니다. 그것은 세계 노동계급의 성장이라는 그림의 한 부분입니다. 그러나 그 때문에 다른 나라의 노동계급이 사라진 것은 아닙니다. 2009년 현재에도 세계 최대의 제조업 국가는 중국이 아닌 미국입니다. 또 세계 최대의 수출국은 중국이 아닌 독일입니다. 중국에서 일부 산업이 성장하고 있는 것은 사실이지만 다른 나라에 있는 산업들도 여전히 비중이 큽니다. 시중에서 여러분이 구입할 수 있는 컴퓨터는 아마도 중국에서 조립됐을 것입니다. 그러나 컴퓨터 부품은 중국 이외의 동아시아 국가에서 만들었을 것입니다. 비행기도 중국산은 사지 않습니다. 미국산 보잉 항공기나 유럽산 에어버스를 살 것입니다. 한국에서도 중국산 자동차를 사는 사람은 없을 것입니다. 일제, 미제, 독일제, 또는 한국제를 사겠죠. 요컨대 중국 노동계급의 성장이 다른 나라 노동계급을 사라지게 한 것이 아니라, 다른 나라 자본가들로 하여금 자국 노동자들의 생활 수준을 공격하도록 하는 압력을 가중시킨 것입니다.

더욱이, 자본가들이 하룻밤 사이에 공장을 다른 나라로 이전할 수 있다는 주장은 완전히 헛소리입니다. 버튼 하나를 눌러서 거액의 돈을 눈 깜짝할 사이에 다른 나라로 옮길 수는 있습니다. 그러나 하룻밤 사이에 시설 하나가 통째로 한 나라에서 다른 나라로 이전할 수 있는 순간이동 기술은 아직 개발되지 않았습니다. 공장 하나를 짓는 데는 오랜 시간과 비용이 들어가며, 이전하는 데도 오랜 시간이 걸립니다. 물론 자본가들은 언제나 공장을 이전하겠다는 협박을 통해 노동자들이 더 열악한 조건을 수용하게 만들려고 합니다. 미국에서 실시한 어느 조사에 따르면 임금 문제를 둘러싼 노사 분규가 일어날 때마다 사측에서는 공장을 해외로 이전하겠다며 노동자들을 위협했다고 합니다. 그런데 실제로 공장을 이전한 경우는 고작 열에 하나꼴이었습니다. 이는 투쟁하는 노동자들에게 힘이 있음을 보여 줍니다. 조금 전 개막식에서 탈라트 아흐메드 동지는 영국의 비스테온 노동자들의 사례를 소개했습니다. 비스테온 노동자들이 공장을 점거했을 때 사측에서는 '어차피 당신들이 만드는 물건을 아무도 구입하지 않는다'고 했습니다. 비스테온은 포드 자동차에 부품을 납품하던 업체입니다. 그런데 노동자들이 공장을 점거하고 부품 재고분의 반출을 막자 포드사는 갑자기 어디서 돈이 나왔는지 노동자들에게 지급해야 할 돈을 모두 지급하겠다고 했습니다.

이와 연관해서, 노동자들의 힘이 약해졌다고 하는 또 다른 주장이 있습니다. 사회학자들과 영국의 일부 좌파들은 모든 일자리가 불안정해졌다고 말합니다. 이들이 말하는 '불안정성'의 함의인즉, 사장들이 어떤 일자리든 다른 곳으로 옮길 수 있으므로 노동자들은 더는 조직화할 수 없고 반격할 수 없다는 것입니다. 조금 전에 말씀드렸듯이, 사측은 언제나 노동자들에게 '우리는 당신들이 필요 없다'는 인상을 심어 주려 합니다. 노동자들에게서 법적 권리를 차례로 빼앗아 간 각국 정부들도 이런 자본가들에게 도움이 됐습니다. 노동자들에게 법률적 권리가 없다 보니 노동자들에게 아예 반격할 능력이 없다는 인상을 사람들이 받기가 쉬워졌습니다. 그러나 실제로 노동자들의 반격 능력은 법률적 권리에서 비롯하는 것이 아니라 생산을 멈추고 이윤에 타격을 가할 수 있는 힘에서 비롯합니다. 영국에서는 특이하게도 1960년대까지도 노동자들에게 아무런 법적 권리가 없었습니다. 그렇다고 해서 사장들이 원하면 아무때나 노동자들을 해고할 수 있었던 것은 아닙니다. 노동자들이 파업을 통해 일자리를 지켜 냈기 때문입니다. 요즘도 영국에는 단기 계약직들이 많은데, 결국 고용주들이 그들을 필요로 하기 때문에 매년 계약을 갱신하는 것을 볼 수 있습니다. 저들은 노동자들이 힘이 없다는 환상을 조장하지만 노동자들은 조직화해서 싸움에 나설 때 그것이 사실이 아님을 발견하게 됩니다.

이 모든 것을 종합해 봤을 때 나타나는 그림은 결코 노동계급의 소멸 또는 약화가 아닙니다. 우리가 보고 있는 것은 노동계급의 연이은 변화입니다. 먼저 노동계급의 규모가 변했습니다. 마르크스가 《공산당 선언》을 썼을 당시 전 세계 노동계급보다 오늘날 남한의 노동계급이 더 크다는 사실을 기억할 필요가 있습니다. 마르크스가 노동계급을 논했을 때 그는 주로 섬유 노동자들을 염두에 두고 있었습니다. 그러나 레닌, 로자 룩셈부르크, 트로츠키 시대에 사람들은 '노동자' 하면 대개 금속 노동자나 탄광 노동자들을 떠올렸습니다. 1960년대에는 자동차 공장 노동자들이 노동자의 전형처럼 여겨졌습니다. 오늘날의 전형적인 노동자는 패스트푸드점 직원일 수도 있고, 자동차 공장 노동자일 수도 있고, 컴퓨터 회사 직원일 수도 있겠지만 어쨌든 이들 모두의 처지가 자본주의의 압력 하에 동질화하는 경향이 있습니다. 세계 각지를 돌아다니다 보면 어느 나라를 가도 노동자들의 옷차림이 서로 엇비슷한 것이 참 신기합니다. 그들과 얘기를 나눠 보면 고민거리도 대체로 비슷하다는 것을 알 수 있습니다. 프랑스 사람들은 노동에 관한 좌우명이 하나 있습니다. '노동자의 인생은 출퇴근, 일, 잠, 이 세 가지가 전부다.' 오늘날 제철소, 자동차 공장, 섬유 공장, 패스트푸드점, 학교 등에서 일하는 노동자들의 삶을 이보다 잘 보여 주는 말은 없을 것입니다.

종합하자면, 오늘날 노동계급은 사라지기는커녕 과거보다 훨씬 커졌습니다. 그런데 노동계급이 인류의 대다수가 되고 보니 나머지 인구와 딱히 두드러지게 구별되지 않는 것뿐입니다. 문제는 노동계급이 단지 객관적으로 존재하기만 하는 계급으로 남아 있을 것이냐, 아니면 세상을 바꾸려고 투쟁하는 자의식적 계급이 될 수 있느냐입니다.

역사를 되돌아보건대 노동계급의 투쟁과 의식성이 아무런 굴곡 없이 직선 코스로 발전해 온 것은 분명 아닙니다. 어떤 시기에는 소수의 노동자들이 시작한 투쟁이 다른 부문 노동자들의 자신감을 고무하면서 사회 전체로 확산하는 현상이 나타납니다. 그런 시기에는 갑자기 모든 사람들이 노동계급의 존재에 눈뜨게 됩니다. 영국은 1840년대가 그런 시기였습니다. 모든 소설가들이 노동계급의 문제를 다뤘습니다. 제1차세계대전 무렵에도 그랬고, 1960년대에도 그랬습니다. 아마 한국에서는 1987년과 88년이 그런 시기가 아니었을까 싶습니다. 그러나 어떤 시기에는 노동자 투쟁이 패배하기도 합니다. 그런 시기에는 많은 사람들이 집단적 해결책을 포기하고 개인적인 해결책으로 눈을 돌립니다. 노동계급이 엄연히 존재한다는 신념도 점점 희미해집니다. 이런 기회를 틈타 사용자들은 산업 구조조정을 단행합니다. 낡은 산업은 쇠퇴하고 새로운 산업이 떠오릅니다. 그 과정에서 노동계급은 무늬가 바뀌고 사람들은 바뀐 무늬를 보고 노동계급이 사라졌다는 결론에 이릅니다. 따지고 보면 그것은 환상입니다. 자본은 이윤 없이는 존재할 수 없고 이윤은 착취당하는 노동계급 없이는 획득될 수 없기 때문입니다. 어쨌든 이런 상황이 계속되다가 어느 순간부터 다시 투쟁의 상승기가 도래하면서 계급의식도 전 사회로 확산하는 사이클이 반복됩니다.

1960~70년대에도 세계적으로 거대한 투쟁의 파고가 일어났습니

다. 그러나 그것이 패배로 끝나자 노동계급은 큰 사기 저하를 겪었습니다. 그러한 분위기가 좌파 지식인들에게도 영향을 미쳐, 일부는 노동계급이 더 이상 존재하지 않는다는 결론으로 이끌렸습니다. 자본주의의 성격이 근본적으로 변했다고 하는 온갖 이론들이 난무했고, 포스트모더니스트들과 포스트구조주의자들은 계급이 더는 의미 없다고 주장했습니다. 그러나 오늘날 우리는 새로운 위기의 시대에 돌입했습니다. 계급이 무의미하다고 주장했던 포스트모더니스트 지식인들도 요즘에는 대학에서 자기 일자리를 지키려고 노동자로서 싸워야 하는 기구한 처지에 놓여 있습니다.

현실에서 노동계급은 과거 어느 때보다 더 큽니다. 단지 전에 없던 새로운 집단들이 노동계급에 편입했기 때문에 과거의 노동계급과 달라 보이는 것뿐입니다. 새로 편입한 집단들도 21세기에 노동자로서 자기 권리를 지키려면 노동계급의 오랜 투쟁과 연대의 전통을 학습해야 합니다. 노동계급 내에서 소수인 혁명가들은 이 새로운 집단의 학습 과정에서 중요한 구실을 할 수 있습니다. 혁명가들은 '그래, 당신들은 노동자가 맞고, 따라서 당신들의 권익을 지키고 자본주의가 세상을 파괴하는 것을 막으려면 동료 노동자들과 연대하는 것 외에 다른 방법이 없다'고 주장해야 합니다. 그렇기 때문에 개막식에서 자동차 노동자, 언론 노동자, 그리고 교육 노동자가 함께 연단에 선 것은 매우 뜻 깊었습니다. 새로운 노동계급의 전투성을 보여 주는 것 같았습니다. 물론 이것은 시작일 뿐입니다. 노동계급에는 그들 외에도 섬유 노동자, 극도로 가난한 여성 노동자, 극도의 악조건에 처한 수많은 다른 노동자들이 있습니다. 새로운 노동계급 운동에는 이런 노동자들이 동참해야 합니다. 운동을 조직할 시간과 능력과 열정이 좀더 남아도는 노동자들이 그들을 끌어들여야 합니다. 이러한 운동을 건설하려면 노동계급이 존재한다는 것을 이해해야 합니다. 노동계급을 두려워하는 사람들이 가장 좋아하는 주장은 노동계급이 존재하지 않는다는 주장입니다. 영국 지배자들은 우리가 모두 중산층이라고 말하는데, 재미 있게도 그들은 경제 위기를 해결한답시고 기를 쓰고 모든 사람들의 생활수준을 '중산층' 이하로 떨어뜨리려 하고 있습니다.

질의에 대한 답변

기후변화에 대한 시장주의적 해결책도 있지 않느냐는 질문이 있었습니다. 이 문제를 깊이 논하자면 2시간은 족히 필요할 테니 짤막하게만 답하겠습니다. 온실 가스가 기후 변화를 초래하고 있고 그로 인해 인류에게만 피해가 가는 것이 아니라 자본주의에도 피해가 간다는 것을 전 세계 지배자들이 알아차렸다는 점에는 의심의 여지가 없습니다. 그래서 그들은 이 문제에 대처하려는 노력을 하고 있습니다. 그러나 관련한 어떤 수치를 보더라도 그들이 취하고 있는 조처들은 기후 변화를 막기에 턱없이 부족합니다. 그 이유는 자본주의가 단일 자본이 아닌 다수의 상호 경쟁하는 자본으로 존재하기 때문입니다. 그래서 많은 기업들이 기후변화 대책을 지지한다고 말하다가도 이윤에 타격이 될 거라는 이유로 반대합니다. 이번 경제 위기가 처음 터졌을 때 많은 사람들은 경제 위기가 대안적인 생산 방식으로 전환하는 기회가 될 것이라고 생각했습니다. 그런데 실제로는 녹색 기술에 대한 투자가 늘기는커녕 줄어들고 있습니다. 경제 위기 속에서 개별 기업들은 이윤을 벌어들여야만 생존할 수 있습니다. 녹색 기술이 이윤에 타격이 된다면 그들로서는 그것을 폐기할 수밖에 없습니다. 사실상 자본가들은 '누군가가 해야 할 일이지만 나는 안 하겠다'고 하고 있습니다. 우리가 타고 있는 버스가 절벽으로 돌진하고 있는데 운전기사는 브레이크를 살짝만 밟고 있는 상황입니다. 저는 물론 자본주의를 끝장내고 싶지만 자본주의가 세상을 파괴하길 스스로 멈춘다면 그것만으로도 고맙겠습니다. 하지만 현실을 냉정히 보자면 이대로는 자본주의가 정말로 세상을 파괴하고 말 것이 뻔합니다.

기계화·자동화로 인해 노동계급이 사라지는 것이 아니냐는 질문이 있었습니다. 그러나 현재로서는 새로운 기계를 도입할 때마다 그 기계를 조작할 사람이 필요한 것이 현실입니다. 자동차 공장들은 30년 전에 비해 더 적은 수의 노동자를 고용하지만, 그 노동자들이 파업을 하면 30년 전과 마찬가지 효과를 냅니다. 그와 동시에, 더 적은 수의 노동자를 고용하는 공장들도 다른 곳에서 일하는 노동자들의 노동에 그만큼 더 많이 의존하게 됐습니다. 거의 컴퓨터만으로 가동되는 공장이 있다 해도 그 컴퓨터를 만들 노동자들이 필요합니다. 또한 컴퓨터를 만드는 노동자들은 읽고 쓸 줄 알고 수학을 잘해야 하는데, 그런 노동자들을 양성하려면 교사들이 그만큼 더 필요해지는 것입니다. 게다가 이렇게 값비싼 노동력이 병에 걸리기라도 하면 자본가들은 마치 기계를 수리하듯이 노동자들을 수리해 줄 병원이 필요합니다. 그렇기 때문에 50년 전이나 1백년 전보다 오늘날 기계화가 훨씬 더 진척됐지만 노동계급은 계속 성장하고 있는 것입니다.

제 생각에 가장 중요한 질문은 노동계급과 계급의식에 관한 질문이었습니다. 어떤 분이 영국 노동자들은 왜 귀족들과 왕실의 존재를 용인하느냐고 질문하셨습니다. 저로서도 구역질 나는 일입니다. 그러나 더 구체적으로 들어가서, 노동자들의 의식이 균등하지 않다는 것을 봐야 합니다. 자본주의 하에서 노동자들이 처한 상황은 모순적입니다. 자본주의 사회에서 나고 자란 노동자들은 자본주의 이외의 대안을 체험한 적이 없고, 따라서 생애 대부분 동안은 자본주의적 사상을 수용합니다. 여기 계신 분들도 오랜 세월 동안 자본주의 하에서 보고 들은 것들을 당연시하며 살아오셨을 것입니다. 그러나 자본주의는 또한 주기적으로 노동자들을 투쟁할 수밖에 없는 처지로 몰아가며, 그러한 투쟁 속에서 노동자들은 새로운 사상들을 발전시킵니다. 그래서 노동계급 내에는 두 종류의 사상이 공존합니다. 한편에는 지배계급의 사상이 있고 다른 한편에는 투쟁 속에서 발전한 사상들이 있습니다. 이러한 사상들은 노동계급 전체에 퍼져 있지만 불균등한 배합으로 퍼져 있습니다. 그래서 어느 작업장에나 지배계급의 사상을 무비판적으로 받아들이는 소수가 있는가 하면 본능적으로 자본주의를 거부하는 소수가 있고, 그 밖의 사람들은 자본주의적 사상도 일부 수용하고 반자본주의적 사상도 일부 수용합니다. 이탈리아 마르크스주의자 안토니오 그람시는 이를 모순적 의식이라고 불렀습니다. 모순적 의식이란, 기존 질서 내에서 자란 계급이 기존 질서의 사상을 받아들이는 동시에 거기에 의문을 던지는 것을 말합니다. 노동자 계급뿐 아니라 봉건제 후기의 부르주아지도 모순적 의식을 갖고 있었습니다. 부르주아지는 봉건적 사상에 도전하는 한편, 자기 딸들을 봉건 귀족에게 시집 보내고 싶어 했습니다. 마찬가지로 노동자 계급도 자본주의적 사상을 받아들이는 동시에 거기에 도전합니다. 유럽의 사회민주당이나 노동당도 자본주의에 맞선 저항을 표방하는 동시에 자본주의 체제를 인정합니다.

이런 모순 때문에 때로는 [노동자들의 의식이 도대체 어떤 상태인지] 혼란스러울 수 있습니다. 많은 노동자들이 표면적으로는 자본주의에 순응하는 것 같아도 그들과 깊이 대화해 보면 기저에 면면히 흐르는 반자본주의적 전통을 발견할 수 있습니다. 그들이 자본주의에 도전할 때는 집단적 해결책, 상호부조, 연대 등을 이야기합니다. 그러나 이 같은 반자본주의적 관념들이 대다수 노동자들에게 설득력 있게 다가오는 것은 오직 투쟁의 경험 속에서입니다. 투쟁에 당장 동참하지 않고 있는 노동자들은 얼핏 보기에 지배계급의 모든 사상을 수용하고 있는 것처럼 보일 수 있습니다. 그러나 똑같은 노동자들이 투쟁에 동참하는 순간 단결과 연대와 호혜주의를 얘기하기 시작하고 당면한 투쟁에서 승리할 힘뿐 아니라 세상을 바꿀 힘이 자신들에게 있음을 자각하는 것을 볼 수 있습니다. 이렇게 반자본주의 전통은 노동계급에게 체화해 있습니다.

그러나 모든 노동자 집단에게 균등하게 체화해 있는 것은 아닙니다. 그렇기 때문에 우리에게는 노동자들의 혁명 조직이 필요한 것입니다. 그러한 혁명 조직을 만들려면 이 강의실에 모인 사람들만으로는 부족합니다. 한국의 모든 일터에 존재하는, 본능적으로 자본주의를 거부하는 소수를 규합해야 합니다. 이들은 일상적으로 직장 동료들과의 대화 속에서 자본주의의 논리에 의문을 던지는 사람들일 것입니다. 어느 작업장에나 체제에 맞선 투쟁 본능이 있는 노동자들이 꼭 있습니다. 어느 학교에나 그런 학생들이 소수는 있습니다. 거대한 투쟁이 분출할 때는 바로 이런 사람들이 운동을 전진시키려 하는 거리의 지도자들로 떠오를 것입니다. 노동자가 주인 되는 세상을 위해 싸우려 할 것입니다. 그러나 거대한 투쟁에서는 항상 기존 질서를 뛰어넘으려 하는 사람들과 기존 질서의 틀 속에 운동을 가두려 하는 사람들 사이에 논쟁이 벌어지기 마련입니다. 그런 논쟁에서 자본주의 언론들은 항상 후자를 편들고 조직합니다. 영국에서는 오늘날 이 점이 분명히 드러납니다. 경제 위기 때마다 주요 영국 언론들은 이민자들을 속죄양 삼으려 합니다. 반면 우리는 산업 자본가들과 금융 자본가들에게 책임을 돌립니다. 영국의 모든 작업장에도 이민자들이 아니라 산업 자본가들과 금융권이 경제 위기의 원흉임을 알고 있는 유럽계[비이민자] 영국인 노동자들이 소수는 있을 것입니다. 우리가 원하는 것은 그러한 소수의 노동자들을 규합해서 이민자들을 속죄양 삼는 주장에 맞서 싸워 승리하는 것입니다.

물론 이는 이데올로기적 논쟁에 그치지 않고, 실천적 함의가 있습니다. 충분히 많은 사람들이 이민자 책임론을 받아들인다면 결국 노동자들끼리 싸우게 될 것이고 자본가들이 승리할 것입니다. 그러나 경제 위기의 책임이 자본가들에게 있다는 주장을 받아들인다면 노동자들이 단결해서 공장 점거와 파업과 시위를 해야 한다는 결론이 나옵니다. 그러한 투쟁을 벌이는 과정에서 노동자 대중의 의식은 바뀝니다. 영국에서는 강력한 파업이 벌어지면 거기에 참여하는 노동자들이 참으로 오랜만에 활짝 웃고 행복해 하는 것을 볼 수 있습니다. 1년 전에는 교사들의 하루 파업이 있었는데 모든 교사들이 춤추고 노래하고 좌파적 구호를 외치고 난리가 났습니다. 단 하루라도 윗사람들에게서 해방된 것이 그렇게 행복할 수가 없었던 것입니다. 사회주의자들의 사명은 그러한 자신감을 더욱 키우는 것입니다. 하루 동안 그렇게 해방감을 맛보았던 교사들도 다음 날 학교에 돌아가면 다시 의기소침해지고, 체제에 맞서 싸우기보다는 동료 교사들이나 학생들에게 분풀이를 하기 쉽기 때문입니다.

즉자적 계급에서 대자적 계급으로 발전하는 과정은 투쟁의 과정이기도 하지만, 그 속에서 논쟁을 벌여야 하는 과정이기도 합니다. 그렇기에 한국에서 지금 벌어지고 있는 투쟁들은 매우 중요합니다. 쌍용차 노동자들이 정부에 맞서 승리하고 언론노조도 승리한다면 모든 노동자들이 경제 위기 시대에 싸울 수 있는 자신감을 약간이라도 더 얻을 것입니다. 반면 자본가들로서는 자기들의 사상을 일반인들에게 전파하기가 그만큼 더 어려워질 것입니다. 그러나 쌍용차와 언론 노동자들이 패배한다면 한국 사회의 각계각층에서 '노동자들은 더는 싸울 힘이 없다'는 등의 얘기가 나올 것입니다. 특히 노동자들이 결정적 패배를 당했을 때는 자신감을 회복하는 데 수 년, 심지어 십수 년이 걸리기도 한다는 것을 기억해야 합니다. 또 하나 우리가 기억해야 할 것이 있습니다. 부르주아지는 어느날 갑자기 들고 일어나서 봉건제를 무너뜨린 것이 아닙니다. 그 과정은 사오백 년이 걸렸습니다. 노동자들이 자본주의를 타도하는 데는 사오백 년이나 걸리지 않기를 바랄 뿐입니다. 인류에겐 그만한 시간이 남아 있지 않습니다. 그러나 우리가 몇 차례 난관에 빠진다 해서 좌절해서는 안 됩니다. 난관 이후에 무엇이 올지는 우리의 실천에 달려 있기 때문입니다.

노동계급의 혁명적 구실

오늘날 국제 반자본주의 운동에 널리 공감하고 체제의 변화를 바라는 사람들은 무수히 많아 아마 수억 명이 넘을 것이다. 이 사람들은 대체로 그런 변화가 어떻게 가능하고 누가 그런 변화를 일으킬 수 있는지 분명히 알고 있지 않다. NGO들이나 단일쟁점 운동들에 기대를 거는 사람들도 있고, 베네수엘라의 차베스나 볼리비아의 모랄레스 같은 진보적 정부들에 기대를 거는 사람들도 있다. 또, 아직까지 극소수기는 하지만 모종의 무장 투쟁을 지지하는 사람들도 있다.

마르크스 시대에도 급진주의자들의 견해는 다양했다. 마르크스가 본격적으로 활동하기 전인 1840년대에는 프랑스 대혁명에서 유래한 두 가지 경향이 좌파에서 득세했다.

첫째는 자코뱅에서 영감을 얻은 경향이었다. 그들은 소수의 계몽

존 몰리뉴. 〈맞불〉 3호, 2006년 7월 1일. https://wspaper.org/article/3229.

된 개인들이 음모를 이용해 권력을 장악한 뒤 법률들을 제정함으로써 대중을 대신해 정의로운 사회를 건설해야 한다고 생각했다. 그런 사회는 특권의 상속이 사라진 평등주의 공화국이겠지만, 그 사회에서도 사유 재산은 여전히 남아 있을 것이다.

둘째는 프랑스의 샤를 푸리에나 영국의 로버트 오언 같은 사람들이 주창한 공상적 사회주의 경향이었다. 그들은 사회주의(집단적 소유)가 자본주의보다 더 나은 사회 질서라고 확신했고, 합리적 주장과 이상적 공동체 건설 사례를 통해 사회주의를 실현하려 했다.

사회주의

다시 말해, 혁명가들은 사회주의자들이 아니었고 사회주의자들은 혁명가들이 아니었다.

마르크스는 이 두 가지 경향을 모두 거부하고 — 더 정확히 말하면 뛰어넘어 — 혁명적 사회주의의 토대를 놓았다. 혁명적 사회주의의 핵심은 노동계급, 즉 프롤레타리아를 사회 변화의 주체로 인정하는 것이었다.

마르크스가 말한 노동계급은 자신의 노동력을 팔아서 살아가는 사람들, 자본가들에게 고용돼 착취당하는 사람들이었다. 이 새로운 계급은 특히 산업혁명 이후, 맨체스터·버밍엄·런던 같은 도시들과 그보다 규모가 더 작기는 했지만 유럽, 특히 유럽 북서부 지역에서 등장하고 있었다.

음모가들과 공상가들은 변화가 위에서 일어날 것이라고 생각한 반면, 마르크스는 변화가 아래에서 일어날 것이라고, 노동자들 스스로 변화를 일으킬 것이라고 생각했다. 마르크스는 "노동계급의 해방은 노동계급 스스로 쟁취해야 한다"고 썼다.

마르크스가 노동계급에 기반을 두고 자기 정치를 정초했던 것은 노동계급이 고통받아서가 아니라 그들의 세력(힘) 때문이었다. 물론 노동계급이 겪는 고통과 착취는 끔찍했고, 그 때문에 노동자들이 체제에 도전할 동기와 관심을 갖게 된 것은 사실이었다. 그러나 노예들과 농노들도 수천 년 동안 고통에 시달렸고 착취당했다. 그들과 노동계급의 차이는 1) 노동계급이 자본주의를 실제로 파괴할 수 있는 세력을 갖고 있고, 2) 노동계급이 새 사회를 건설할 수 있다는 점이었다.

노동계급은 자본주의의 고유한 산물이다. 자본주의가 성장할수록 노동계급도 성장한다. 자본주의는 이런저런 전투에서 노동계급을 패배시킬 수 있고, 파업과 노동조합 들을 분쇄할 수 있고, 노동자들의 자유를 박탈할 수 있다. 그러나 노동계급이 없으면 자본주의는 이윤을 생산할 수 없다. 그래서 언제나 노동자들은 다시 투쟁에 나서게 된다.

자본주의는 노동자들을 대규모 작업장에 집결시키고, 국민적·국제적 산업들을 통해 그들을 서로 연결시키고, 그들을 대도시에 집중시킨다. 이 때문에 노동자들은 엄청난 정치적 잠재력을 갖게 된다.

노동자들의 노동이 없으면, 기차·버스·트럭도 움직일 수 없고, 석탄·철·석유도 채굴될 수 없고, 신문도 인쇄될 수 없고, TV 방송도 방영될 수 없고, 은행이나 학교도 문을 열 수 없다. 심지어 군대도 노동자들인 사병들에게 의존한다. 자본주의는 노동계급을 만들어내면서 역사상 가장 강력한 피억압 계급을 만들어낸 것이다.

잠재력

노동계급의 투쟁은 모름지기 집단적 투쟁이다. 노동자들은 19세기의 공장 소유주들에 맞서 싸우든 오늘날의 포드나 현대자동차에 맞서 싸우든 힘을 합쳐 함께 행동해야 한다. 노동자들은 포드나 현대자동차의 재산을 빼앗기 위해 공장을 자기들끼리 나눠가질 수 없다(농민들은 토지를 자기들끼리 나눠가졌다). 오히려 공장을 사회의 재산으로 전환해야 한다. 이 때문에 노동계급은 사회주의적 계급이다.

더욱이, 노동계급은 권력을 장악하더라도 여전히 생산자 계급으로 남아 있을 것이고, 노동계급의 발 아래에서 노동계급에게 착취당하거나 노동계급을 부양하는 다른 계급은 없을 것이다. 그리고 대규모 산업과 경제·정치 권력의 중심지인 대도시들에 집중돼 있는 노동계급은 자신들의 위에서 새로운 계급이 등장하는 것을 막을 수 있는 능력이 있다.

또, 노동계급은 생산뿐 아니라 통치도 할 수 있고, 따라서 진정으로 계급 없는 사회의 토대를 놓을 수 있을 것이다. 노동계급은 자신을 해방함으로써 인류를 해방한다.

노동계급의 이 혁명적 구실이 마르크스주의의 핵심이다. 마르크스의 철학·역사학·경제학·정치학이 모두 여기서 시작한다. 마르크스주의 '동조자'의 상당수를 포함해서 학자들과 논평가들이 가장 강력하게 거부한 마르크스의 주장이 바로 그것이다. "노동계급이 변했다"는 것은 그들의 낯익은 구호다.

노동계급이 변했다는 것, 그들의 직종·의복·봉급·국적·문화가 변했다는 것은 사실이다.

그러나 노동계급의 근본적 존재 조건은 변하지 않았다. 그들은 여전히 자본주의의 산물이고, 여전히 노동력을 팔아서 살아가고, 여전히 착취당하고 여전히 집단적으로 투쟁한다.

오히려 노동계급의 규모와 잠재적 능력은 엄청나게 성장했다. 마르크스 시대에 프롤레타리아는 대체로 서유럽에 국한돼 있었지만, 오늘날은 브라질에서 한국까지 전 세계에 존재하며 투쟁하고 있다. 바로 그들이 사회주의의 토대이며 인류의 희망이다.

노동자가 세상을 바꿀 수 있는 이유

노동계급이 세상을 바꿀 힘을 가졌다는 마르크스의 주장은 그가 사회주의 이론에 한 가장 중요한 기여다. 마르크스 이전에는 노동자를 기껏해야 체제의 희생자로 간주했고 보통은 문명을 위협하는 무리로 취급했다. 마르크스는 이런 생각들에 반대했고, 자유를 바라는 노동자의 집단적 투쟁이야말로 잠재적으로 자본주의에 맞선 사회주의적 대안을 제시한다고 주장했다.

오늘날 이런 주장은 곧 비판 받는다.

그러나 마르크스를 비판하는 주장들은 흔히 엉뚱한 곳을 겨냥한다. 마르크스의 계급 모델을 주류 사회학적 관점들(계급을 사회적 계층화, 다시 말해 수입·신분·직업·소비 행태에 따라 사람들을 구별하는 다양한 방식과 동일시하는 경향이 있다)에 견줘 거부하는 사

폴 블랙레지. 〈레프트21〉 72호, 2011년 12월 29일. https://wspaper.org/article/10673. 폴 블랙레지는 영국 사회주의노동자당(SWP) 활동가, 리즈메트로폴리탄대학 정치학과 교수다.

람들이 특히 그렇다. 이들은 대학 교육을 받은 교사, 공장 노동자, 저임금의 상점 점원 사이에 무슨 공통점이 있냐고 묻는다.

이런 관점에서 보면 계급 투쟁이라는 낡은 방식은 예전만큼 유효하지 않을 뿐 아니라, 노동계급 내부의 차이가 복잡해진 탓에 계급에 호소하는 것은 더 쓸모없게 된다.

그러나 이렇게 노동자 내부의 차이를 일면적으로 강조하는 경향은 계층화와 광범한 착취 과정을 따로 떼어 놓는다는 한계가 있다.

이와 반대로, 마르크스는 자본주의의 복잡한 착취 과정이 어떻게 노동자 안에 무수한 차이를 만들어내는지를 설명하면서도 동시에 수입·직업·신분 등의 차이를 넘어서는 공통의 관계가 어떻게 생겨났는지 보여 줬다. 계급을 계급으로 만드는 것은 바로 이런 공통의 관계들이다. 그러나 마르크스의 착취 모델이 마르크스주의자들로 하여금 노동계급 내부의 차이를 무시하도록 하는 게 아니다. 오히려 착취 모델은 이런 분열을 극복하는 연대를 형성할 물질적 기초가 무엇인지 알려 준다.

마르크스의 방법

마르크스의 계급 연구 방식을 잘 이해하려면 역사적으로 이해해야 한다.

인간을 다른 동물과 구분하는 것은 어떤 범주로도 가능할 테지만, 특히 마르크스는 우리 조상들이 자기 필요를 충족시키려고 자연을 변화시키려 한 사회적이고 목적의식적인 노동을 통해 자연 세계와 자신을 구분했다고 주장했다. 이 과정에서 매우 중요했던 것이 바로 신석기 혁명이다.

신석기 혁명은 지금으로부터 8천~1만 년 전에 일어났다. 이제까지 자연에서 식량을 채집하며 살아 온 여러 인간 집단들이 이때 비로소 오래된 생활 방식과 단절하고 작물을 재배하기 시작했다.

인간은 농부가 된 후 농사를 계속 짓기 위해 처음으로 잉여를 체계적으로 생산해야 했다. 예를 들어 흉년에 대비해 곡물을 보유해야 했다. 이것은 새로운 사회 문제를 낳았다. 누가 잉여를 통제할 것인가? 매우 긴 이행기를 거쳐 소수가 사회의 나머지 사람들이 생산한 잉여를 영구히 통제하게 됐을 때, 비로소 계급이 (국가, 여성 억압과 더불어) 나타났다.

이런 관점에서 보면, 계급은 인류 역사의 보편적인 특징이 아니다. 오히려 계급은 역사적으로 한 집단이 다른 사람들이 생산한 사회적 잉여를 통제할 권한을 획득한 특정한 관계가 나타난 시점에서 형성됐다.

이와 같은 계급 연구 방식은 세 가지 커다란 장점을 갖고 있다.

첫째, 마르크스는 지배 계급이 생산자로부터 잉여를 뽑아내는 여러 방식들을 조사·분석해 역사를 시대에 따라 구분할 수 있었다. 예를 들어 봉건 영주가 농민을 착취하는 방식은 자본가가 노동자를 착취하는 방식과 다르고, 이 때문에 봉건 사회와 자본주의 사회에서의 사회 갈등은 그 형태가 다르다.

둘째, 계급의 기원과 착취 방식에 대한 분석은 계급 철폐에 필요한 조건을 규명한다. 다시 말해 엘리트가 통제권을 쥐는 것을 허용할 만큼의 잉여는 존재하지만 이런 혜택을 모든 사람이 누리기에는 부족할 때 계급이 나타나고, 계급 분열을 극복할 가능성은 이런 혜택을 일반화할 수 있는 지점까지 잉여가 늘었을 때 형성된다는 것이다. 마르크스는 자본주의가 이미 그런 조건을 마련했음을 보여 줬다.

셋째, 마르크스는 잉여 생산을 계급 모델의 기초로 삼아 자본주의 경제 내부의 매우 다양한 기능들 사이의 본질적인 관계들을 설명했다.

실제로 자본주의적 계급 관계에 관한 마르크스의 개념은 그의 역동적인 자본 축적 모델에 입각할 때만 타당하다. 자본주의는 직접 생산자(농민)가 토지에 대한 통제권을 상실하고 '프롤레타리아', 다시 말해 노동시장에 자기의 노동 능력을 팔아 생계를 잇는 사람들이 됐을 때 나타난 새롭고도 매우 역동적인 생산양식이다.

이런 사회적 관계의 변화는 매우 중요하다. 왜냐하면 그러한 변화를 통해 자본주의가 역사상 가장 역동적이면서도 가장 통제 불가능한(마르크스는 이를 '소외'라고 불렀다) 사회 체제가 된 조건이 만들어졌기 때문이다.

농민 생산

농민 생산이 상대적으로 안정적이었던 것은 농부들이 토지를 실질적으로 통제한 덕분이었다. 다시 말해 농부들은 대부분 자급자족을 했고(일부는 영주한테 세금으로 바쳤다) 그 외 필요한 것들은 소량의 물물교환과 시장 거래를 통해 보충했다.

이와 대조적으로 임금노동에 기반을 둔 체제에서 노동자는 일자리를 구할 수 있는 곳이라면 어디든 찾아 나서야 한다. 임금노동의 이런 특성 덕분에 자본가는 수익이 낮은 부문에서 수익이 높은 부문으로 노동을 재분배할 수 있다(한 부문에서는 정리해고를 하면서도 다른 부문에서는 고용을 늘리는 식으로).

더욱이 시장에 내다 팔려고 생산하는 자본가들은 끊임없이 혁신해야 한다는 압력을 받는다. 그래서 노동은 가장 생산성 혁신을 잘하는 자본가에게 이동하게 되곤 한다. 그러므로 자본주의 하에서 임금노동은 노동 생산성이 증대되는 경향을 강화한다.

비록 마르크스가 임금노동과 자본주의 체제의 역동성 사이의 관계를 상당히 많이 다루긴 했지만, 그는 《자본론》 3권에서 계급을 본격적으로 정의하려 한 부분을 마치지 못했다. 그래도 마르크스는 계급 모델을 재구성할 충분한 재료를 남겼다.

레닌도 그런 작업에 뛰어들어 중요한 기여를 했다. 레닌은 계급을 관계로 규정했다. 다시 말해 노동자는 자신의 노동 능력을 팔고 자본가는 그 능력을 산다는 것이다. 이런 설명의 가장 큰 장점은 겉보기에 서로 다른 직업들 사이에 유사성이 있음을 보여 준다는 점이다.

불행히도 그것은 완전히 만족스러운 모델은 아니다. 예를 들어 현대 자본주의는 노동자처럼 흔히 자신의 노동 능력을 팔지만, 노동자와 달리 착취당하지 않는(사실 타인을 착취하는 데 핵심적인 구실을 하는) 상급 관리자들의 도움을 받아 운영된다. 또 중간 관리자들이나 특정 전문 직업인 등 생활 조건이 위로는 자본가들과 겹치고 아래로는 노동자들과 겹치는 다른 집단도 존재한다.

자본주의적 노동 과정의 복잡성이 증가한 것을 반영하는 이런 '신중간계급'은 주로 노동자에 대한 착취를 돕지만 동시에 노동자들이 겪는 것과 부분적으로 유사한 압력을 받기도 한다.

사회적 착취 과정의 복잡성과 발전이라는 측면에서 마르크스의 계급 이론을 가장 정교하게 재구성했던 것은 《고대 그리스의 계급 투쟁》이라는 역작을 쓴 제프리 디스티 크로익스다.

"계급은(본질적으로는 일종의 관계인) 착취라는 사실의 집단적인 사회적 표현이자, 사회 구조 내부에 착취가 구현되는 방식이다. … 계급은 … 공동체 내부에서 사회적 생산 체제에서 동일한 위치를 차지하는 개인들의 집합이다."

착취

일단 계급을 복합적인 착취 과정으로 이해하고, 또 자본주의를 아주 역동적인 생산양식으로 보면, 노동 생산성의 증대가 어떻게 노동계급 구조의 끊임없는 변화를 낳는지 이해할 수 있다.

먼저, 제조업의 사례를 보자. 영국에서 제조업 노동자들은 예전만한 사회적 비중을 갖고 있지는 않다. 그러나 제조업 일자리가 감소했음에도 노동 생산성이 증대하자, 2007년 영국의 제조업 생산량은 역대 최고 수준을 기록했다.

이것은 제조업 노동자들의 절대적 숫자가 비록 감소했다 하더라도 그들이 객관적으로는 더 큰 힘을 가지게 됐다는 뜻이다. 뿐만 아니라, 새로운 기술의 도입으로 현대의 노동자들이 이전 시대 노동자들보다 더 고도의 숙련 기술을 익혀야 한다는 의미이기도 하다.

이런 변화가 낳은 결과 가운데 하나는 현대 노동자가 받는 정규 교육의 수준이 과거의 노동자가 받았던 것과는 매우 다르다는 것이다.

옛 교육이 엘리트 계층을 보호하려는 목적이었다면, 오늘날 정규 교육은 거의 모든 일자리에 필수 전제 조건이 됐다. 기본적인 읽고 쓰기와 계산 기술을 가르치는 것이 최소한의 목적이지만, 점점 더 많은 사람이 대학 수준의 교육을 받고 있다. 이런 과정은 두 가지 결과를 낳았다.

첫째, 노동자들이 이전 어느 때보다 더 많은 교육을 받고 있다. 실제로 과거의 대다수 지배자들이 받았던 것보다 훨씬 훌륭한 교육을 현대의 노동자 대다수가 받고 있다. 이런 교육 덕택에 노동자들은 전체 사회를 민주적으로 통제할 역량을 기를 수 있게 됐다.

둘째, 교육 제도를 자본 축적 과정의 관점에서 바라보면, 교육자들이 어떻게 다른 노동자들과 관련되는지 알 수 있다. 산업이 교육받은 노동자들을 필요로 하므로 교육자들도 필요하다. 더구나 대중 교육은 (본질적으로) 다음 세대의 노동자를 생산하려고 고안된 과정이다. 따라서 그것은 엘리트들이 지배하는 기술을 획득하고 자신감을 기르는 데 초점을 두는 과거의 교육 형태와 질적으로 다른 기능을 한다.

오늘날 대부분의 교사는 교육받은 노동자들을 생산 과정에 내보내는 일에 종사하고 있으며, 그들도 다른 노동자들과 마찬가지로 자신의 노동력을 파는 임금노동자로서 이 일을 수행하고 있다.

이것은 교사들과 다른 노동자들의 생활 경험을 갈수록 비슷하게 만들고 있다. 다시 말해 교사들은 효율성을 높여 더 낮은 비용으로 더 많은 학생을 교육하라는 압력을 끊임없이 받는다.

보건이나 사회 복지 시스템과 관련해서도 똑같은 얘기를 할 수 있다. 교육받은 노동자는 (자본주의의 관점에서 보자면) 비싼 자원이므로, 질병 따위 때문에 그들이 노동시장에서 쫓겨나도록 그냥 두는 것은 낭비다.

그러므로 교육 시스템과 마찬가지로 보건과 사회 복지 제도들도 착취 과정에 매우 필수적이라고 이해해야 한다. 따라서 자본 축적 과정을 유지하는 데서 이런 제도들이 하는 구실을 고려할 때, 이 분야에서 일하는 간호사·사회복지사·행정 직원 등도 노동계급의 일부라고 이해해야 한다.

이렇게 말한다고 해서 보건 시스템이나 교육 제도가 순전히 자본의 필요를 충족할 뿐이라고 말하는 것은 아니다. 사회 운동은 이런 제도들이 자신의 기능을 확대해야 하고 수익성 신장에만 몰두하는 자본의 협소한 관심사에서 벗어나야 한다고 요구해 왔다.

그럼에도, 이런 구조들은 본질적으로 자본의 필요에 맞춰 성장했으므로 이 분야에서 일하는 대다수 사람들은 마르크스가 불렀듯이 '집합적 노동자'로 이해해야 한다.

공통의 이해 관계

이런 관점을 일반화하면, 노동자들이 엄청나게 다양한 직종에서 일하고, 각자 직위가 다르고 임금 수준이 다름에도, 그들 모두 착취받는 집합적 노동자의 일부고 생산성을 늘려야 한다는 동일한 압력을 받고 있음을 알 수 있다. 노동계급에게는 (집단적으로) 자본주의적 착취에 저항하고 착취 자체를 없앨 민주적 대안을 요구해야 할 공통의 이해 관계가 존재하는 것이다.

그와 반대로 자본가들은 그런 착취 과정의 꼭대기에 앉아 있는 자들이고, 착취 조건을 유지하기 위해 활동하는 관료들(경영자·법관·보수 언론·경찰·군대 등)로 겹겹이 둘러 쌓여 있는 자들이다.

그러나 자본가가 착취 과정을 장악하고 있다고 하더라도, 이들은 시장을 위한 생산 과정에서 노동자들과 마찬가지로 소외된다. 왜냐하면 경쟁 자본들 사이의 맹목적이고 무계획적인 경쟁이 지배하는 체제를 자본가들이 완전히 통제하지는 못하기 때문이다.

비록 자본주의가 모든 사람을 소외시킨다곤 하지만, 자본가들은 착취 과정을 통제하며 혜택을 누릴 뿐 아니라 소외 과정을 자유와 자기 실현의 과정으로 경험한다. 그와 반대로 노동자들은 착취받고 소외를 겪으면서 굴욕감을 느낀다.

이런 차이는 적대적 관계를 낳는다. 이것은 자본주의를 단순히 계급 분열(계층화)로만 이해할 것이 아니라, 계급 투쟁의 체제로 이해해야 한다는 뜻이다.

사회적 과정으로서의 착취는 집합적 노동자의 일부인 다양한 노동자들 사이에 객관적인 유대 관계를 만들지만, 자본가들과 그들이 체제를 순조롭게 운영하기 위해 의지하는 자들, 다시 말해 러시아의 마르크스주의자인 부하린이 '집합적 착취자'(물론 조금 맥락은 다르지만)라고 부른 자들과 [노동자들 사이에는] 적대적 관계를 만들어 낸다.

일단 착취 관계에서 기원하는 계급 투쟁이 자본주의 체제의 근본에 자리잡고 있음을 인정하면, 노동자들이 자본주의 내에서 특별한 힘을 갖고 있음을 쉽게 이해할 수 있다. 이 체제가 임금노동에 대한 착취에 의존하고 있기 때문에 노동자들이야말로 그 체제를 무너뜨릴 잠재력을 갖고 있는 것이다.

왜 노동계급인가?

우리는 노동자들이 천사라는 환상을 갖고 있지 않다. 그러나 우리는 노동자들이 이윤 생산을 중단시킬 전략적 힘을 갖고 있다고 이해한다. 이런 집합적 노동자들이 출현한 덕분에 생산자들이 소외된 시장 관계를 생산과 사회적 잉여의 분배에 대한 민주적 통제로, 다시 말해 사회주의로 바꿀 가능성이 나타난 것이다.

우리는 노동자를 낭만적 대상으로 그리는 것을 거부하는 한편으로, 노동자들이 자본주의에 저항하고 궁극적으로는 자본주의를 전복하는 데 반드시 필요한 집단적 조직을 발전시키려면 자기 대열 내부의 분열을 극복해야 한다고 생각한다.

노동계급은 다양한 형태의 계층화를 극복할 연대를 구축하려고 분투해야 할 뿐만 아니라, 억압의 결과로 나타난 무수한 분열들, 다시 말해 인종차별주의·성차별주의·동성애 혐오 등을 극복하려고 애써야 한다. 노동계급이 흔히 이런 것들 때문에 분열하기 때문이다.

계급에 대해 사회학자들이 그랬던 것처럼, 현대 문화 이론가들은 다양한 피억압 집단 사이의 차이를 고정된 것으로 보는 경향이 있다. 그러나 이런 집단들의 거의 모든 구성원이 사실 어떤 방식으로든 자본주의적 착취 과정에 통합돼 있음을 인정한다면, 보편적 해방을 위한 토대도 인식할 수 있다.

억압을 단지 차이로만 생각하는 사람들과는 반대로, 우리는 노동계급에 (넓은 의미의) 착취 과정 속에 있는 모든 사람들이 포함돼야 한다고 생각한다. 이렇게 함으로써 노동계급 안에 다양한 형태의 노동자들뿐 아니라, 실업 상태의 '산업 예비군'과 노동력 재생산을 돕기 위해 아이와 함께 집에 머물고 있는 무임 노동자들은 물론 모든 억압받는 집단 출신의 노동자들을 포함시킬 수 있다.

이런 관점에서 보면, 노동자 연대는 다양한 집단들을 분열시키는 모든 억압에 끊임없이 맞설 때만 획득될 수 있는 것이다. 레닌이 사회주의자는 노동조합 위원장이 아니라 '인민의 호민관'으로 활동해야 한다고 강조했던 것은 바로 이런 이유 때문이다. 그것은 또한 마르크스가 현대 노동계급을 '보편 계급'으로 부른 이유이기도 하다.

마르크스는 노동자들이 자유를 얻으려면 집단적으로 진정한 민주주의를 위해 싸워야 한다고 봤다. 또 마르크스는 계급을 광의의 의미로 이해했기 때문에, 노동자들이 자본가 계급에 맞선 투쟁 속에서 자기 해방을 얻을 것이지만, 그 해방은 동시에 인류의 보편적 해방 과정 속에서만 완성될 수 있다고 봤던 것이다.

저항의 귀환

사회주의적 대안의 가능성은 집합적 노동자들이 매일매일 수행하는 연대에 뿌리를 두고 있다. 그럼에도 이것이 자본주의의 대안이 될 수 있다는 생각이 지지를 잃은 것은 노동자 운동이 1980년대 이래 후퇴했기 때문이다.

최근 이집트에서 시작한 대중 파업이 그리스, 영국에까지 도달하면서 이런 상황을 되돌릴 가능성이 창출됐다. 반자본주의자들은 노동자 운동과 연계함으로써 이런 과정을 도울 수 있다.

그리고 이 글은 반자본주의자들이 왜 그래야 하는지에 관해 조금이나마 답했다. 노동자 연대는 자본주의를 전복할 잠재력을 가졌을 뿐만 아니라 그것을 민주적인 사회주의적 대안으로 바꿀 잠재력도 갖고 있다.

노동자권력을 위한 투쟁

노동자 권력이란 무엇인가?

모든 인간이 품위 있는 삶을 누릴 수 있는 가능성이 과거 어느 때보다 더욱 커졌다.

몇 천 년 동안 인류는 물질적인 결핍을 극복하기 위해 싸워 왔다. 흉작과 원시적인 기술 수준은 모든 사람들에게 식량, 충분한 의복, 적당한 주거지를 보장할 충분한 자원을 만들어 낼 수 없었다.

오늘날에는 인위적인 결핍만이 존재한다. 인간이 겪는 고통과 결핍은 세계의 자원을 이용하는 방식에서 오고 있으며 또한 자본주의가 주기적으로 '처치할 수 없이 많은' 자원을 파괴하기 때문에 발생한다.

———

이 글은 영국 사회주의노동자당(SWP)의 찰리 킴버(Charlie Kimber)가 1991년에 쓴 것이다.

몇 백만의 사람들에게 철강 제품들이 필요한데도 세계 철강 생산은 1990년에 약 2% 줄어들었다. 세계시장을 장악하고 있는 거대 철강회사들이 충분한 이윤이 보장되지 않아 투자를 꺼리기 때문이다. 그래서 세계 여러 나라의 철강 공장 노동자들은 대량으로 해고되었고 공장도 폐쇄되었다.

세계 식량생산은 세계 인구증가율의 거의 두 배 정도 비율로 계속 증가하고 있으나 2천7백만 아프리카 민중은 굶주리고 있다.

어느 누구도 굶주릴 필요가 없고 생활필수품을 보장받을 수 있는 세상은 지금도 얼마든지 가능하다. 세계 모든 나라의 사람들은 지금보다 훨씬 적은 시간 일을 하고 향상된 생활수준을 누리며 자신들의 가능성들을 발견할 수 있는 것이다.

이것이 바로 노동자 권력이다. 생산하는 사람들이 생산품을 장악하여, 얼마 안 되는 극소수 자본가들의 이윤을 위해 이용되는 것이 아니라 절대 다수의 필요에 따라 이용되는 진정한 민주주의 사회가 바로 이것이다.

노동자들이 운영하는 사회는 전세계 사람들이 서로 협동하는 사회이며, 현재 전쟁을 벌이는 나라들의 지배자들이 이들을 죽음의 전쟁터로 몰아넣는 그런 사회가 아니다.

이러한 사회를 건설하기 위해서는 지금 사회를 지배하고 있는 지배계급의 억압을 끝장내야 한다.

몇 백만의 사람들을 기아 상태로 몰아넣고 인간이 만든 생산물을 죽음의 무기 제조에 동원하는 현 체제는 억압하는 계급과 억압당하는 계급으로 나뉘어 있다.

상품과 서비스를 생산하는 수단에 대한 사람들의 관계에서 계급이 발생한다. 사회의 극소수에 불과한 지배계급은 공장·사무실·학교·병원을 장악하고 있다. 저들은 경제력을 이용해서 정부·군대·경찰을 통해 정치권력을 장악하고 있다.

그들은 또한 교육제도·텔레비전·신문을 통해 모든 사람의 생각까지도 지배하고 있다. 그러나 지배계급은 인류 전체를 해방시킬 능력을 가지고 있는 노동자 계급을 만들어 낸다.

노동자 계급은 자본주의 하에서 생산물을 만들어 내면서도 이것의 종류, 생산방식, 분배 등에 대한 통제력을 가지고 있지 못하다. 여기에는 광산 노동자·기계공·섬유 노동자뿐 아니라 비서·점원·간호원·교사 등이 있다.

노동자 계급은 여성과 남성, 백인과 흑인이다. 일정 기간 동안 고용주가 착취하지 않기로 한 노동자가 바로 실업자이다. 이윤을 빼내기에는 너무 늙었기 때문에 쥐꼬리만한 돈으로 근근이 먹고 살도록 버려진 노동자들이 바로 정년퇴직자와 연금생활자들이다.

물론 노동자 계급의 구성은 변화한다. 광부와 부두 노동자는 과거보다 지금 많이 줄었다. 그러나 완력을 사용하는 것만이 노동자 계급인 것은 아니다. 우리가 사는 체제는 보통 사람들이 생산하는 물건이 보통 사람들에 의해 통제되지 않는 사회관계인 것이다. 노동자 계급을 이렇게 사회관계 속에서 본다면 노동자의 숫자는 과거 어느 때보다도 많다.

노동자 계급은 과거의 어떤 계급도 할 수 없었던 방식으로 사회를 변화시킬 수 있다.

몇 백 년 동안 사람들은 좀더 평등한 세상을 만들기 위해 싸워 왔다. 이들은 봉건영주와 잔인한 왕들을 파멸시키기 위해 싸우면서 죽었다. 영주들의 저택에 불을 지르고 이들을 목매달아 죽였으나, 농민들은 자신들의 생활방식 때문에 사회를 운영하지 못하였다.

이들은 조그마한 땅뙈기에서 대개 자신들의 힘으로 일했다. 일단 봉기가 성공한 후에도 그들은 다시 자신들의 땅으로 돌아가 농사를 지었다. 농민들은 잠시 해방을 만끽했으나 곧 도시에서 군인들이 들이닥쳐 얼굴은 다르지만 매한가지로 잔악한 지주를 세웠다. 소수 특권층이 다시 사회를 장악한 것이다.

농민반란이 사회를 정말로 변화시킨 경우도 있었다. 1789년의 프랑스, 1917년의 러시아, 1949년의 중국에서 일어난 혁명에서 농민봉기는 대세를 결정할 정도였다. 그러나 이것도 다른 계급이 지배계급에 동시에 대항하였기 때문이었다.

농민들은 투쟁으로 조직될 수 있었으나 다른 계급이 권력을 장악하는 것을 도울 수 있을 뿐이었다. 혁명이 봉건사회를 무너뜨렸을 때 나라를 지배하게 된 것은 사업가와 은행가로 이루어진 새로운 착취계급이었다.

노동자 계급은 농민과 아주 다르기 때문에 물질적인 결핍과 독재가 없는 사회주의 사회를 건설할 수 있다.

현재 전세계에는 수억 명의 노동자들이 있으며 숫자는 점점 늘어가고 있다. 자본주의가 국제적인 체제이기 때문에 계속 자신의 영역을 확대하면서 어느 날 자신의 무덤을 파게 될 노동자들을 만들어 내는 것이다.

생산력 발전에 따라서 잉여 노동력이 늘어나고 경기가 침체함에 따라서 실업자 대열이 늘었는데도 산업 노동자의 수는 1980년대 36개 주요 국가에서 매일 6천 명씩 늘어났다. 세계적으로 보면 노동자 계급은 몇 천만 명이나 증가하였다.

그러나 대부분의 나라에서 대다수의 인구는 아직도 자신이 소유하고 있거나 남에게 빌린 땅에서 식량을 생산하는 농민들이다.

그리고 노동자 계급은 가장 고통을 당하는 계급도 아니다. 산업 노동자들이 열악한 노동조건과 잔인한 착취에 시달리고 있지만 실업자나 농민들보다는 나은 조건에 있다.

노동자들은 지배계급이 부추기는 성차별과 지역 편견과 인종차별로부터도 자유롭지 못하다. 많은 노동자들이 〈조선일보〉를 보고 있으며 김영삼 정부를 지지하고 민자당 국회의원들에게 표를 던지기도 한다. 노동자들이 지배계급의 생각들을 어쩔 수 없이 받아들이는 상황만 아니라면 사회주의 혁명은 쉬울 것이다.

세계를 변화시킬 수 있는 노동자들의 특유한 능력은 이들이 자본주의 내에서 차지하는 위치에서 나온다.

자본주의가 발전하면서 농촌 사람들이 도시의 대공장으로 몰려든다. 시골에서 가족과 몇몇 이웃의 도움으로 농사를 짓지 않고 이들은 몇 십만 명이 일하는 생산과정의 일부분이 된다. 각자의 노동은 다른 노동자들의 도움이 있어야 가능하다.

생활 및 노동조건을 조금이라도 향상시키려면 노동자들은 동료들과 집단으로 행동해야 한다.

농민은 개인적인 해방을 꿈꿀 수 있다. 과감하게 봉기를 일으켜 지주를 목매달고 이들이 소유했던 농토를 나누어 가지면 몇 마지기라도 더 자신의 몫으로 돌아온다. 그러면 만사는 해결된다. 그러나 전산실에 근무하는 노동자(오퍼레이터)는 사무실을 동료들과 나누어 가지고 그의 자판기를 집으로 가지고 가는 것을 꿈꾸지는 않는다. 동료들을 조직하는 것을 통해서 더 나은 임금을 받을 수 있으며 더 좋은 노동조건 속에서 일할 수 있다.

물론 노동자들은 종종 분열되기도 하고 고용주에 대항해서 동료들과 함께 투쟁하는 것을 못마땅해 할 수도 있다. 어떤 노동자는 파업에서 이탈하여 동료 노동자들을 배신하기도 한다. 그러나 아주 사소한 변화라도 이루기 위해서는 단결할 수밖에 없다. 좋든 싫든 고용주와 정부에 대항하여 서로 연대하는 것만이 승리할 수 있는 유일한 길인 것이다.

자본주의 하에서 노동자들이 자신들의 엄청난 잠재력을 발휘하기 위해서는 이 방법밖에 없다. 노동자들은 생산과정의 한가운데에 있다. 노동자가 일손을 멈추면 모든 것이 마비된다. 고용주에게 가는 이윤의 몫이 쪼그라들고 더 큰 규모로 이것이 확대되면 지배계급 전체가 위협을 받게 된다.

노동자가 갖는 엄청난 힘의 크기에 대해서는 더 말할 필요가 없다. 1990년 영국에서는 1만5천 명의 노동자들이 파업을 함으로써 백만 명의 기계공들이 주간 노동시간을 크게 단축했다. 이 결과 다른 부문의 노동자들도 주간 노동시간의 단축을 위해 투쟁하게 되었다.

사회 전체로 볼 때 노동자가 전체 인구의 소수를 차지한다고 하더라도 이들은 지배계급에게 가장 강력한 저항을 행사하는 세력이다.

아프리카 대륙 전체는 무기력하게 당하는 끝없는 고통의 지옥으로 자주 묘사된다. 그러나 이곳에서도 노동자들은 강력한 힘을 발휘하면서 압제자들에 대항해서 싸우고 있다.

니제르는 세계에서 가장 가난한 나라에 속한다. 그러나 1990년 7백만 인구 중 8만 명의 노동자가 5일 동안 총파업을 감행했다. 이들의 행동은 주요한 우라늄 광산의 생산을 중지시켰고 수도를 마비시켰으며 항공노선을 차단했다. 15년 동안 무자비하게 지배해 온 군사독재 정권은 주요한 양보조치들을 취하지 않을 수 없었다.

노동자의 엄청난 잠재력은 다른 측면에서도 주목할 만하다. 집단으로 힘이 행사되어야 하기 때문에 노동자 투쟁은 새로이 건설될 사회의 모습을 구체화한다. 집단적 힘이 모든 사람들의 이익을 위해 사용될 것이기 때문이다.

이러한 힘에 바탕을 둔 세계를 건설하고자 하는 투쟁을 통해 또한 사람들은 그들이 갖고 있는 자기 자신과 세계에 대한 생각들을 바꾸어 나간다.

계급투쟁

계급들 사이의 투쟁은 자본주의 현상의 일부이다. 노동자들은 현대 사회의 모든 놀라운 것들과 과거에는 꿈도 꾸지 못했던 모든 종류의 것들과 풍요를 만들어 낸다.

그러나 이들은 자신들이 만든 것들의 혜택을 받지 못한다. 받는 것이라고는 기껏해야 변함없이 일터에 나와 끊임없이 노동력을 제공하지 않으면 안 될 정도의 봉급뿐이다.

그래서 일을 열심히 하지만 얻는 것이 없는 노동자와 일은 안 하면서 점점 부자가 되는 자본가들 사이에 싸움이 일어날 소지가 항상 존재하게 된다. 사회의 밑바닥을 이루고 있는 사람들이 그들의 땀으로 이윤을 취하는 극소수 지배계급을 오랫동안 참고 인정한 경우는 거의 없었다. 가장 어려운 상황 속에서도 이들은 항상 저항하였다.

그래서 고대 로마와 이집트에서는 노예들의 반란이 있었다. 고대 그리스와 중세 유럽에서는 봉기가 내전으로 발전했다.

제국주의 영국이 전세계를 돌아다니면서 피비린내 나는 약탈을 했을 때, 끈질긴 저항이 항상 있었고 이 가운데 가끔 성공한 예들도 있었다. 아시아와 아프리카인들이 제국주의 지배를 거부하면서 저항했을 때 영국 군대는 굴욕적인 패배를 맛보아야 했다.

최근 동유럽 스탈린주의 국가들에서 노동자들은 난공불락인 것처럼 보였던 정부를 타도했다. 남아프리카공화국 흑인 노동자들의 투쟁은 극악한 인종분리 정권들로부터 양보조치들을 이끌어 냈다.

더 낮은 차원에서 보자면, 체제에 도전하지는 않더라도 노동자들과 고용주 사이에는 일의 강도, 노동조건, 노동규율, 임금수준 등의 문제로 끊임없는 마찰이 있다.

아주 오랫동안 '투쟁'은 휴식시간에 회사에 대해 불평하는 것 또는 월요일 출근 때 풀이 죽은 모습으로만 나타나기도 한다. 때때로 노동자들은 기업주에게 너무도 비참한 패배를 당해 그저 이를 질끈 깨물고 참거나 고용주가 끔찍한 사고를 당해서 죽는 것을 상상하는 데에 그치는 경우도 있다.

어떤 경우는 자본가측이 커다란 양보조치들을 취해서 커다란 싸움이 미연에 방지되고 소소한 사안들이 해결을 보는 경우도 있다.

그러나 자본주의는 결코 단 한시도 그대로 머물러 있지 않는다. 국내나 국외에서 치열한 경쟁자들을 물리치고 살아남기 위해서 자본가는 작업방식을 끊임없이 현대화해야 한다. 새로운 기계가 도입되어야 하고 더 많은 작업량이 개개 노동자들에게 강요되어야 하고 새로운 작업방법들이 개발되어야 한다.

가장 적은 수의 노동자에게 가장 적은 임금을 주고 가장 많은 것을 만들어 내야 하는 자본가의 시도는 노동자들에게 심각한 도전이 된다. 마침내 그나마 순탄했던 노동자와 고용주의 관계는 날카로운 대결로 산산조각이 난다. 어떤 것에 대해서도 문제 삼지 않았던 노동자들은 갑자기 자신들의 힘을 발견하게 된다.

그러나 대부분의 경우 노동자들은 이와 정반대로 느끼면서 산다. 중요한 사안들은 고사하고 가장 사소한 사안들에 대해서도 압력을 가하지 못한 채 무기력하게 지낸다. 그러나 일손을 멈출 때 터져 나오는 반대의 아우성 소리가 갑작스럽게 노동자의 강력한 힘을 보여준다. 주위로부터 별볼일없는 놈들이라고 늘상 핀잔이나 들어 왔던 노동자들은 자신들이 없으면 고용주들의 세상이 돌아갈 수 없어 엉망이 된다는 것을 발견하게 된다.

모든 공장은 기업주가 없어도 돌아간다. 그러나 노동자가 없이는 어떤 공장도 물건을 만들어 낼 수 없다.

함께 단결하여 투쟁하는 것을 통해 노동자들은 자신들이 현 체제를 거꾸로 돌게 할 수도 있다는 사실을 알게 된다. 기업주의 '최종 제안'도 협상할 수 있는 것으로 되며 '어쩔 수 없이' 해고된다고 하는 동료 노동자들도 새로운 시야에서 판단된다. 정부가 온갖 물리력과 여론을 주무를 언론기관들을 가지고 있더라도 노동자들의 결연한 파업투쟁은 이것을 뒷걸음질치게 할 수 있다.

1970년대 영국 보수당은 노동조합 규제법들을 완전히 포기해야 했다. 노동자들이 이 법에도 불구하고 파업을 감행했으며 감옥에 갇힌 노동자들과 함께 대대적인 연대투쟁을 벌였기 때문이었다. 노동자들의 위력이 가장 잘 발휘되는, 생산 현장 노동자의 기본 조직인 노동조합이 중요한 이유가 바로 여기에 있다.

노동조합 투쟁이 협소하고 근시안적이며 임금인상처럼 제한된 사안에만 머물러 있다고 얕잡아 보는 주장이 좌익의 일각에서 유행하고 있다.

그러나 노동자들의 자신감, 조직 그리고 지배계급에 대해 저항하고자 하는 의식은 오직 실제적인 투쟁 경험을 통해서만 발전한다.

물론 노동자들이 임금문제로 파업을 해야만 성차별이나 주민세에 반대해서도 싸울 수 있다고 말하는 것은 아니다. 아주 종종, 특히 산업투쟁의 수위가 상대적으로 저하되어 있을 때 노동자들은 임금이나 노동조건 등과 관련된 사안들보다는 '정치적인' 사안들에 대해 더 민감하게 행동에 나설 수 있다.

노동자들을 조직하여 법원으로 몰려가 주민세를 내지 않아 재판정에 선 사람들을 응원하는 것은 노동조합으로서 당연히 할 수 있는 투쟁이다. 1990년 2월 영국에서는 병원 구급차 노동자들을 위해 많은 직장에서 노동자들이 15분간 연대투쟁을 했다. 임금이나 노동조건의 문제를 가지고 파업에 들어갈 자신감은 없었지만 이런 투쟁을 조직할 수 있었다.

그러나 가장 흔한 노동조합 투쟁은 임금, 노동시간, 작업장의 노동조건 등에 관련된 것들이다. 노동자들 다수가 자신들의 힘을 발견하는 것도 바로 이런 투쟁들을 통해서이다. 이런 투쟁들은 노동자들의 실생활에서 중요한 개선을 이루어 낸다.

지겨운 노동을 경험해 본 적이 없는 사람은 노동시간을 한 시간 단축하거나 휴식시간을 지키는 투쟁을 사소한 것으로 치부할 것이다. 그러나 사회운영에 대한 대안적인 방식을 노동자들 자신이 투쟁을 통해 창조할 수 있다는 의식을 갖는 것만큼 지속적인 이익을 이들에게 보장하는 것은 없다.

노동자들이 파업투쟁을 하고 있을 때 이들은 순수한 노동조합 관련 문제보다도 훨씬 범위가 넓은 사안들을 대하게 된다. 투쟁에서 승리하기 위해서는 동료 노동자들에게 작업을 중단하고 제품의 재고를 관리하며 파업규칙을 준수하라고 요구해야 한다. 이를 통해 생산물에 대한 통제력을 장악하고 있다는 의식을 갖게 된다. 그리고 금전적이고 물리적인 지원을 요청하는 과정을 통해 평상시 노동자들을 분열시키는 것들에 도전할 수 있다.

광산 노동자들은 점원 노동자들에게 모금을 요청해야 한다. 남성 노동자들은 여성 노동자들의 연대에 의존한다. 인종주의를 한치의 의심 없이 신봉하고 있던 부두 노동자는 흑인 노동자야말로 자신의 투쟁을 가장 열렬히 지지하는 동지라는 것을 알게 된다.

투쟁이 진행되는 동안 요구사항이 늘어날 수 있다. 1989년 러시아 광산 노동자들이 파업에 돌입했을 때 "행정당국의 비누 할당량에 대한 재검토"와 "1톤의 채탄량과 막장에서 터널 1미터 뚫은 것에 대한 고정 급여" 등과 같은 요구사항들을 내걸었다.

그러나 어떤 노동자들은 곧 "시의회의 임기 만료 전 선거"와 "'연대'라는 이름의 독립 노동조합 결성"을 요구사항으로 내걸었다.

빈번한 파업투쟁들을 통해서 노동자들은 법·경찰·언론의 정체를 알게 된다. 〈조선일보〉가 노동자들의 파업에 대해서 고용주들의 시각으로 보도를 하고 노동자들을 "놀고 먹자는 게으름뱅이들"이라고 매도할 때 언론이 중립을 지킨다는 평소의 믿음은 산산조각이 난다.

경찰이 파업 파괴 깡패들을 호위하고 파업 노동자 대열에 몽둥이를 휘두를 때 경찰이 중립이라는 생각도 단숨에 날아간다.

이러한 교훈들이 얼마나 오래 그리고 깊이 노동자의 뇌리에 남아 있는가 하는 것은 여러 가지 요인에 달려 있다. 파업의 지속 정도, 파업의 성공 여부, 조합 지도부의 전투성 또는 노동법에 대한 두려움으로 인한 투쟁기피증 여부, 노동자들의 특정한 투쟁 경험에서 일반적인 교훈을 끌어내면서 노동자들과 토론하는 사회주의자들의 존재여부 등등.

성공리에 끝난 전국적인 파업과 비참하게 패배한 소규모 파업의 결과는 아주 다를 것이다. 그러나 가장 사소한 투쟁에서조차도 노동자들은 "저들과 우리들"에 대해 인식한다. 패배한 가운데서도 노동자들은 승리한 고용주와 정부에 대해 새로이 복수의 칼을 갈게 된다. 이들은 누가 진정한 동지이고 누가 진정한 적인가를 뼈저리게 느긴다.

그리고 노동자 투쟁이 집단적으로 이루어지는 과정에서 개개 노동자들의 투쟁능력이 발전한다. 모든 대규모 파업 기간 중에 노동자들은 '살아 있다'는 느낌을 말한다. 학교에서 그리고 언론에 의해서 무지렁이라고 수없이 들어온 노동자들이 파업 유인물을 쓰고 몇 천 명의 사람들 앞에서 연설을 하고 기업주의 '세련된' 주장을 여지없이 묵사발 만드는 자신들을 발견하게 된다.

영국의 예를 하나 들어보자. 1990년 11월 관리자들의 성희롱에 항의하여 우편 노동자들이 파업을 하였다. 문제가 되었던 관리자를 몰아내기 위해 벌인 파업에 1천5백여 명의 남녀 노동자들이 참여했다. 결과는 노동조합의 힘을 강화하는 것에서 훨씬 더 나갔다.

어느 여성 노동자가 말했다. "모두를 가깝게 해 주는 계기가 되었고 그 동안 직장 내에 있었던 여성들에 대한 음담패설이나 편견이 없어졌어요." 트럭을 운전하는 어느 남성 노동자가 말했다. "스포츠신문에서 여자들이 어떻고 저떻고 하는 내용들을 보았는데 이것들이 결국 남성 노동자와 여성 노동자들을 분열시키려는 가진 자들의 술책임을 알았습니다."

이것은 6일 동안 진행된 파업투쟁의 결과였다. 이 노동자들이 남녀차별과 그 밖의 편견들에 대해서 계속 맹렬히 반대할지에 대해서는 보장할 수 없다. 파업의 결과 이들이 보스니아에 군대가 파견되는 것에 반대하고 메이저 정부가 이 전쟁에서 크로아티아를 지지하는 것에 대해 역겹게 생각할 것인지도 알 수 없다.

그러나 적은 수의 노동자들은 이러한 투쟁을 통해 확실히 변화해

나간다. 노동자들이 그들의 사회적 잠재력이나 사회주의에 대해서 열린 마음을 가질 수도 있을 것이다.

이런 투쟁을 통해 이들 노동자들은 몇 년 동안의 토론도 해결하지 못할 지배계급의 이데올로기에 대해 이제 너무도 확실히 알게 된다.

노동자들은 투쟁을 통해 사회주의의 핵심적인 내용을 깨닫게 된다. 자본주의는 노동자들이 살아 남기 위해 투쟁하도록 강요한다. 투쟁 경험은 평생 가지고 있었던 사회 일반의 관념에 대해 의문을 갖게 만든다.

노동자들이 투쟁을 통해 기존의 생각들을 바꾼다는 사실은 아주 중요하다. 노동자의 힘은 사회 모든 분야 몇 백만 노동자들이 투쟁에 참여하는 것을 통해 나타나기 때문이다. 평범한 노동자들이 모든 것을 스스로의 힘으로 그리고 민주적인 방식으로 해결하는 능력을 발휘하게 된다.

대규모로 사회주의 사상이 전파되기 위해서는 사람들의 일상생활이 바뀌어야 한다. 그저 위에서 주어진 것을 수동적으로 받아들이는 관중이 아니라 사회의 변화를 달성하는 능동적인 주체가 되는 노동자가 되어야 하기 때문이다.

노동자 해방은 비밀스러운 음모, 좋은 의도를 가진 몇몇 사람들의 행동, 의회 의원단, 무장 게릴라 등에 의해서 노동자들에게 선사될 수 있는 것이 아니다. 사회주의 사회로의 변모는 오직 노동자 자신들의 투쟁을 통해서 가능한 것이다. 사회주의는 노동자 계급에 의한 '자기해방'의 과정이 되어야 한다.

노동자들은 투쟁 과정에서 스스로가 변화하고 동시에 주위 환경을 변화시켜야 한다. 마르크스가 말했듯이, "지배계급을 끝장내는 유일한 방법이기 때문에만 혁명이 필요한 것은 아니다. 오직 혁명을 통해서만 피억압 계급은 몇 천 년의 관습이 자신에게 들씌운 노예근성을 제거하고 사회를 새로이 건설할 능력을 가질 수 있기 때문이다."

혁명의 씨앗

어느 시점에서 노동자들은 단위 작업장 고용주와 싸우는 것을 넘어서서 자본가 계급 전체와 정부에 대항하여 파업을 벌이게 된다.

이러한 총파업이나 대중파업은 우리가 학교에서 배운 것보다 훨씬 자주 일어났다. 영국에서 맨 처음 일어난 총파업은 1842년의 "플러그 폭동"이라 불리는 것으로 랭커셔와 요크셔 지방을 휩쓸었다.

1840년대 이후 몇 십 년 동안 간간이 있었지만 20세기에 와서 총파업은 더욱 빈번하게 일어났다. 1905년에는 러시아에서, 1907년에는 아일랜드 벨파스트에서, 1917년에는 스페인에서 일어났다. 1917년 10월 러시아 혁명은 전세계 노동자들이 사회를 변화시킬 수 있는 막강한 힘을 가지고 있음을 보여 주었다. 이러한 노동자들의 자신감은 1919년 바르셀로나, 벨파스트, 독일, 시애틀, 위니펙, 밴쿠버 등지의 총파업으로 나타났다.

그리고 1920년 독일, 1920년대 중반 홍콩과 상하이, 1926년 영국, 1936년 프랑스, 1953년 동독, 1956년 헝가리, 1961년 벨기에,

1968년 프랑스, 1980년 폴란드, 1987년 남한 그리고 1993년 인도와 방글라데시에서 전국을 뒤덮은 총파업이 있었다.

이러한 대중파업의 증가는 자본주의의 발전을 반영했다. 20세기 전에만 해도 주로 소규모 공장들만 존재했다. 따라서 특정 공장이나 작업장에서의 파업은 인근 몇 개 작업장에 영향을 미치는 정도였다.

정부는 작은 규모의 노동자 투쟁에 끌려들어오지 않았다. 물론 노동조합 활동가들에게 엄격하게 법을 적용하고 파업이 확산되면 언제라도 경찰과 군대를 투입할 준비는 하고 있었다.

그러나 대규모 독점회사들이 각 나라의 경제를 장악하고 국가의 지원을 받는 상황이 되자 파업은 정치적인 색채를 띠며 그 규모에서도 개별 고용주와의 투쟁을 넘어서 전국적이 되는 경우들이 많게 되었다.

한 산업에서의 투쟁은 다른 산업들에도 커다란 영향을 미쳤다. 1850년 같았으면 특정 철강공장의 파업이 나라 전체의 경제에 커다란 파급력을 미칠 수 없었을 것이다. 그러나 오늘날 남한의 경우 철강공장이 포항종합제철과 같이 하나밖에 없는 상황에서 이 공장에서 일어나는 파업은 전국 모든 관련회사들과 정부에 막대한 타격이 될 것이다.

그래서 노동조합이나 자본가들이나 과거의 투쟁방식에서 벗어날 수밖에 없게 되었다. 노동자들은 정부의 지원을 받는 다수의 자본가들과 싸워야 한다. 한편 자본가들도 여러 산업에 걸쳐 동시다발로 발생하는 노동자들의 연대투쟁에 어쩔 줄 모르게 된다.

어느 하나의 파업이 훨씬 심각한 투쟁으로 발전하는 것을 보장하는 경제적 요인들이 딱히 정해져 있는 것은 아니다.

역사적 전통, 노동자의 의식과 조직 수준, 다른 나라 노동자들의 투쟁으로부터 얻은 교훈, 노동운동 지도부의 전투성과 지도력 여부, 해당 나라의 정치발전 수준 등이 다양하게 결합되면서 특정 파업이 전국을 뒤덮는 대중파업으로 번지게 된다.

일반적으로 경제가 호황을 누릴 때 노동조합은 커다란 투쟁을 하지 않고도 높은 수위의 자신감과 조직력을 갖게 된다. 자본가들은 상대적으로 쉽게 이윤을 벌어들일 수 있으므로 생산을 중단시킬 노동자 투쟁을 잠재우기 위해서 이윤의 일부를 내놓아 양보조치들을 취할 준비가 되어 있다. 이 때 노동조합의 위력이 모든 사람들에게 명백하게 드러난다. 노동자들이 단결된 조직을 가지고만 있어도 자본가들은 이것을 인정할 수밖에 없는 것이다.

커다란 규모의 투쟁 없이도 자본가들은 쉽게 양보하여 노동자들의 권익은 보장된다. 파업이 있기는 하지만 보통 오래가지는 않는다.

이 때는 노동자 계급을 전부 가담시키는 투쟁 거리도 없고 단위 작업장의 투쟁을 자본주의 체제의 타도로 연결시키는 정치적 위기도 존재하지 않는다.

그러나 경기침체와 불황은 파업투쟁을 훨씬 격렬하게 만든다. 자본가들은 노동자의 임금을 깎고 해고 조치를 취하면서 다른 자본가들과의 경쟁에서 살아 남으려고 애쓴다. 또 정부의 지원을 요청하기도 한다.

이 때 노동자들은 노동조건과 임금수준을 아주 적은 수준에서 개선하거나 과거의 투쟁 성과를 단지 보존하기 위해서라도 더 가열차게 그리고 더 광범위한 연대를 이루면서 싸워야 한다.

불황의 시기에는 투쟁에서 커다란 승리를 따낼 수 있는 가능성이 훨씬 크다. 그러나 또 한편으로는 노동자의 사기를 완전히 저하시키는 비참한 패배를 당할 가능성도 그만큼 크다. 이 때 폭발하는 대규모 투쟁은 두 가지 요소를 결합하게 된다. 즉 체제에 대한 증오심과 투쟁에 승리할 수 있다는 자신감이다. 때때로 경제상황의 변화는 이 두 요인을 모두 만들어 낸다.

경기가 좋아지고 실업이 줄어들게 되면 노동자들은 실업자로 전락할 수 있다는 두려움을 떨쳐 버리고 임금과 노동조건을 보존하는데 자신감과 확신을 갖게 된다. 1930년대 중반 미국에서는 경기가 약간 회복되었는데도 파업과 공장점거의 물결이 대륙을 휩쓸었고 철강 및 자동차 산업에서 노동조합들이 건설되었다.

어떤 경우에는 정치 위기가 불씨를 던져 파업 물결이 나라 전체를 뒤덮기도 한다. 1960년대 프랑스에서는 우익이 정권을 장악하면서 노동자와 일반 민중의 생활수준이 크게 떨어졌다. 이 때 1968년 5월 학생들이 투쟁에 나서 진압경찰들을 무력화시켰다. 이후 며칠 사이에 1천만 노동자들이 총파업을 일으켜 지배계급을 벌벌 떨게 했다.

이유야 어떻든 대중파업은 노동자 권력을 향한 투쟁에서 반드시 필요한 요소이다. 노동자들이 자신의 경제적 힘을 동원하기만 하면 엄청난 파급효과를 불러온다.

이란의 팔레비왕은 1978년 다음과 같이 자신 있게 주장할 수 있었다. "어느 누구도 나를 타도하지 못한다. 70만 명의 군대와 국민 대다수와 노동자들이 나를 지지하고 있다." 그는 노동자들의 투쟁이 새로운 국면에 들어서고 정치적인 요구들이 막 터져 나오기 시작할 때 이렇게 말했다.

이 말이 떨어진 직후 며칠 만에 다른 부문의 노동자들이 파업에 동참하였고 마침내 노동자 계급 전체가 대중파업에 가담하였다. 1979년 1월 "절대로 도전할 수 없는 존재"였던 이란 왕은 나라 밖으로 줄행랑을 놓을 수밖에 없었다.

몇 백만 노동자가 가담하는 대중파업은 인종주의, 성차별, 적자생존의 원리 등 기존 사회의 온갖 관념들에 도전한다. 가장 선진적인 노동자도 여러 해가 걸려야 이해하는 정치적인 교훈들이 전국적인 투쟁이 며칠만 벌어지면 모든 사람들에게 뻔한 사실이 되어 버린다.

대중파업은 각기 다른 산업부문의 노동자들을 하나의 이해관계로 묶어버린다. 남성과 여성, 동성애자와 그렇지 않은 사람, 흑인과 백인 등 평소에는 별종의 인간이라고 서로를 쳐다보던 사람들을 모두 투쟁 대열로 단결시킨다.

그리고 경제와 정치가 하나로 된다. 1905년 러시아에서 일어난 경제적 대중파업에서 경찰과 군대가 동원되었다. 임금과 노동시간 문제들에 대해 투쟁했던 노동자들이 이런 상황이 벌어지자 정부의 억압, 정부의 정통성 등에 대해 문제를 제기하는 정치적 요구들을 내세우게 되었다.

가장 전투적인 노동자들이 정부의 퇴진을 요구한 반면 자신감이 약간 없는 노동자들은 순수한 경제적 요구를 들고 싸움에 나섰다. 그 동안 고용주에 대해서 아무런 요구사항도 '감히' 내걸 수 없었던 노동자들은 노동조합을 건설하고 임금인상과 노동조건 개선을 요구했다.

경제파업이 정도를 더해 가면서 정치 위기를 심화시키자 지배자들의 타도를 요구했던 노동자들은 새로운 힘을 얻게 되었다. 가장 후진적인 노동자들이 가장 전투성을 발휘하기도 했다.

위대한 독일의 혁명가 로자 룩셈부르크는 다음과 같이 말했다. "운동은 경제투쟁에서 정치투쟁으로만 진행하지 않는다. 그 반대의 경우도 얼마든지 있다. 대중의 중요한 정치행동은 절정에 다다르면 모든 경우 경제적 대중파업의 물결을 조성한다. 정치투쟁이 치솟으면서 새로운 상황을 조성하여 몇 천의 경제투쟁이 싹튼다."

모든 대중파업에서 경제투쟁과 정치투쟁은 하나가 된다. 노동조합 지도부에 의해 확실하게 통제되는 파업도 정치적 요구들을 제기하는 정치투쟁으로 터져 나올 수 있다.

대중파업은 투쟁의 목표를 아주 높이 설정하게 된다. 그리고 투쟁 지도부의 지도 능력이 시험대에 오른다. 이 때 노동자들은 고용주와 정부에 대한 투쟁에서 노동조합 상급단체 지도자들이 자주 장애물로 등장한다는 사실을 알게 된다.

이런 현상은 노동조합이 자본주의 체제를 인정하는 틀 안에서 투쟁하기 때문이다. 노동조합 지도부는 노동자의 노동력 가격에 대해 고용주와 협상하고 이 과정에서 타결안을 작성한다. 이들은 고용주에 대항하여 자신들의 지위를 든든히 할 정도의 투쟁만을 원한다. 통제권을 벗어나는 평조합원들의 투쟁은 자신들의 권위를 해치는 일이므로 무슨 수를 써서라도 막으려고 한다. 고용주도 이 사실을 잘 알고 있기 때문에 이들을 매수하여 노동자들의 투쟁을 잠재우려고 애쓴다.

대중파업은 자본주의 체제에 도전한다. 그것은 노동자의 경제력 전체를 자본가 국가에 대한 타격으로 동원한다. 이 때 직장 내 노동자와 고용주의 관계도 별볼일없게 된다. 따라서 노동조합 지도자들은 이런 상황에서 필연적으로 보수적이 되어 어떻게 하든 투쟁을 잠재우려고 고용주만큼이나 애쓰게 된다.

1926년에 일어났던 영국의 총파업에서 노동조합 지도자들은 이 투쟁이 광산 노동자들의 임금과 관련된 순수 산업투쟁에 불과하다고 주장하면서 기존 체제에 대한 자신들의 충성을 선언하였다.

그러나 당시 집권 보수당은 이 파업이 국가권력을 상대로 하고 있다는 점을 알고 있었다. 그래서 투쟁이 정치적으로 되는 것을 두려워하는 노동조합 지도자들을 이용하여 파업을 슬그머니 무마시켰다.

1968년 프랑스의 대중파업에서 공산당이 장악한 노동조합총연맹(CGT)은 노동자들에게 임금협상안에 서명을 해 달라고 구걸하였다. 투쟁에 참가한 평조합원들은 이 호소를 들은 척도 하지 않았다. 그들은 임금인상보다 더 많은 것을 요구하고 있었던 것이다.

그러나 공장에 기반을 둔 전투적인 투쟁 지도부가 달리 없음으로 해서 마침내 이들 노동조합 간부들이 노동자들을 설득하여 파업을 끝나게 했다.

대중파업은 혁명의 씨앗을 간직하고 있다. 노동자들의 엄청난 경제적 힘을 끌어낼 뿐 아니라 이 투쟁의 과정에서 노동자들의 평소 생각들을 크게 바꾸기 때문이다.

소규모 투쟁 과정에서 나타나는 조그마한 의식의 변화들이 1천

배나 확대되어 나타난다. 평소에 자신을 중산층이라고 생각하는 사람들조차 투쟁에 빨려 들어가면서 높은 수위의 운동에 가담하게 된다. 이 운동이 더 나은 세상을 가지고 올 것이라고 확신한다.

그래서 1968년 프랑스의 총파업은 기상대 요원, 프로축구 선수, 장의사, 가수, 연예인, 핵물리학 연구원, 대학원 과학자 들도 가담시켰다.

그러나 대중파업은 혁명이 아니다. 이것을 통해 지배계급의 경제력에 도전하지만 이것을 타도하기 위해서는 다른 것이 있어야 한다. 즉, 자본가 국가라는 자본가 정치조직에 도전할 자신의 정치조직이 있어야 한다.

노동조합은 이 역할을 수행할 수 없다. 그러나 총파업 기간 동안 경제 전체가 마비되었을 때 노동자 파업위원회는 필수적인 업무들을 수행할 책임을 맡게 된다. 구급차를 준비하고 투쟁하는 노동자들에게 식량이 제대로 분배되도록 해야 한다. 노동자 조직들이 평소 국가가 하던 일을 무리 없이 수행하게 된다.

이러한 조직을 통하여 새로운 사회를 운영할 새로운 권력이 등장할 수 있다.

노동자들이 정치권력을 장악할 때

노동자 국가는 1871년 프랑스에서 처음 등장하였다. 이것이 바로 파리코뮌이었다. 노동자들은 자신들의 정부를 구성하였고 직업군대와 경찰을 없애버렸다.

모든 공직자들은 선출되었고 이들은 노동자가 받던 수준의 임금을 보수로 받았다. 노동자들은 모든 의사결정기구에 보낼 대표들을 선출하였다. 오늘날의 자본가 의회와는 달리 이 대표들은 즉시 소환될 수 있었다. 이들의 행동이 맘에 들지 않으면 해임할 수도 있었다.

프랑스의 당시 자본가 정부는 파리코뮌을 무력으로 진압했고 여기에 가담했던 2만 명의 사람들을 도살했다. 그러나 이미 노동자 국가의 모델은 이로써 마련된 것이었다.

노동자 국가를 건설하기 위한 운동은 1905년 러시아에서 크게 진전되었다. 혁명은 작업장을 장악하고 있는 노동자들의 힘에 바탕을 둔 조직을 탄생시켰다. 소비에트, 즉 노동자 평의회가 바로 이것이었다.

구두점을 식자하는 경우에도 보수가 지불되어야 한다는 요구를 내걸고 당시 인쇄 노동자들이 파업을 하였다. 이 투쟁 과정에서 결성된 파업위원회가 노동자 소비에트로 발전하고 도시의 모든 노동자들을 대표하는 조직이 되었다. 노동자들의 투쟁을 통해 자연적으로 발생한 이 조직이 당시 지배계급의 국가권력에 도전하게 된다.

1905년 혁명은 진압되었다. 그러나 1917년 2월혁명 당시 차르 니콜라이 2세를 타도하는 과정에서 소비에트들이 다시 대규모로 등장했다. 이번에는 노동자들뿐 아니라 제1차세계대전에 러시아가 참전하는 것에 반대해 반란을 일으킨 몇 백만 병사들도 이런 조직을 만들었다.

평의회는 국가권력을 최종적으로 떠받치고 있던 군대에 직접적으로 대항하였다.

차르를 대체한 자본가 정부는 실질적인 노동자 정부인 소비에트와 대치하게 되었다. 이중권력의 상황은 불안정한 것이었다. 자본가 계급이 노동자 평의회를 물리치고 국가권력을 되찾든가 노동자 평의회가 국가를 전복하고 스스로 정치권력을 장악하든가 둘 중의 하나였다. 사생결단의 시기였다. 이 때 1917년 10월 노동자 평의회는 볼셰비키 당의 지도에 힘입어 무기를 들고 자본가 정부를 공격했다. 그리고 권력을 노동자의 손에 움켜쥐는 데 성공했다.

소규모 파업은 투쟁하는 노동자로 하여금 지배계급이 퍼뜨리는 생각들에 대해 의문을 갖게 한다. 대중파업은 사회 전체를 변화시킨다. 혁명은 몇 백만의 사람들이 사회를 변화시키는 과정이며 이 와중에서 자신들도 변화해 간다. 미국의 혁명가 존 리드는 혁명 러시아의 심장부였던 페테르부르그를 다음과 같이 묘사하였다.

"밤마다 집회가 열렸고 하루 종일 끝없는 토론이 전개되었다. 땅거미가 지는 저녁이 되면 거리에 군중들이 여기저기서 몰려들어 볼셰비키 당이 발행한 신문을 얻어 보기 위해서 아우성쳤다."

반혁명 군대가 노동자 국가를 분쇄하려고 했을 때, "회색 지평선 사방에서 공장 호각들이 소리를 내었다. 몇 만 명의 남자, 여자, 어린애들이 소총, 곡괭이, 삽, 철사줄 뭉치, 탄띠들을 작업복 위에 걸치고 몰려 나왔다. 도시에서 이렇게 엄청난 사람들이 몰려 나오는 것을 과거에는 본 적이 없다!"

"이것은 그들의 세상을 방어하기 위한 그들의 전투였다. 명령하는 장교들은 그들에 의해 선출되었다."

리드는 마침내 전투에서 승리한 노동자들과 다시 도시로 돌아왔다. "지평선 주위로 도시의 번쩍이는 불빛이 퍼졌다. 차량을 몰고 가던 늙은 노동자가 한 손으로 핸들을 잡고 환호하는 듯한 몸짓을 한 채 멀리서 빛을 발하는 수도를 향해 다른 한 손을 휘저었다. '내거야.' 그는 외쳤다. 그의 얼굴은 기쁨으로 환히 타올랐다. '이제는 모두 내거야! 나의 페테르부르그!'"

자신들의 국가를 위해 전투를 치렀고 자신들의 삶을 운영하는 자신들의 능력을 처음으로 맛본 이들 노동자들은 오늘날의 노동자들과 근본에서 다르지 않다. 혁명이 있기 몇 년 전에 러시아를 방문했던 사람은 누구나 지배자들이 퍼뜨린 생각들을 그대로 받아들였던 노동자들을 발견했을 것이다.

차르가 즉위했을 때 군중들이 그의 옷자락을 만져 보기 위해 몰려들었다가 이 과정에서 2백 명이 깔려 죽었다.

그들의 혁명은 이제 그들을 바꾸어 놓았다. 그리고 몇 백만 명을 더 변화시키는 데 도움이 되었다. 러시아 혁명은 유럽의 한 쪽 끝에서 다른 쪽 끝까지 뒤흔들었던 투쟁의 물결에서 가장 높은 지점에 해당했다.

독일의 노동자 평의회는 황제를 권좌에서 끌어내리고 독일 병사들을 전쟁터에서 철수시켰다. 이탈리아는 2년 동안 치열한 계급투쟁으로 요동쳤고 1920년 몇 십만의 노동자들이 공장들을 장악했을 때 그 절정에 도달하였다.

두 나라에서의 혁명은 패배했지만 노동자 평의회는 노동자들이 지배자들을 타도하고 새 사회를 건설하기 시작할 때마다 항상 다시 나타났다. 1936년 스페인 혁명에서 바르셀로나가 노동자의 통제하에 들어갔다.

영국의 소설가 조지 오웰은 다음과 같이 감동적으로 이 순간들을 묘사하였다. "노동자들이 통치력을 장악한 도시에 가 보기는 이번이 처음이었다. 거의 모든 건물을 노동자들이 점령하였고 사회주의의 붉은 깃발 또는 무정부주의자들의 붉고 검은 깃발이 둘러쳐져 있었다. 건물의 모든 벽에는 망치와 낫 그리고 혁명정당들의 머리글자(이니셜)가 휘갈겨 있었다. 거의 모든 교회는 내부와 성상들이 불타 없어졌다."

"모든 상점과 카페에는 그것들이 집단화되었음을 알리는 글이 새겨 있었다. 심지어는 구두닦이들도 집단화되었고 그들의 구두 닦는 상자는 붉고 검은 색으로 칠해 있었다. 웨이터와 점원들은 손님들의 얼굴을 과거와는 달리 똑바로 쳐다보았고 자신들과 동등한 인간으로 대우했다. 서비스와 의례적인 말투조차 잠시 없어졌다. 팁을 주는 것은 법으로 금지되어 있었다."

헝가리의 노동자들이 러시아와 헝가리 꼭두각시 국가의 무자비한 지배에 맞서서 들고 일어난 1956년, 이 노동자 평의회는 다시 나타났다.

비교적 최근인 1974년, 노동자 평의회는 50년간의 우익 독재를 끝장낸 포르투갈 혁명에서도 조직되어 서구 유럽의 혁명 가능성을 엿보게 했다.

1980년 폴란드에서 탄생한 연대노조 운동은 순수한 노동조합의 범위를 훨씬 넘어 진행되어 당시 지배계급의 정권과 그 배후세력인 러시아 지배계급의 권력에 직접 도전하였다. 당분간 정권은 노동자 운동의 승리를 인정할 수밖에 없었다.

그러나 연대노조는 지배계급의 국가를 타도하거나 자신이 타도되는 수밖에 없었다. 그러나 이 운동은 혁명적 지도부를 가지고 있지 못했기 때문에 지하로 잠적하는가 싶더니 결국 지배계급의 전술에 말려들었다. 한때 연대노조를 지도했던 레흐 바웬사는 지금 자본가 국가의 대통령이 되어 노동자의 생활수준을 악화시키는 일을 과감히 시행하고 있다.

그러나 노동자 평의회는 언제나 합리적이고 인간적인 사회 건설의 전망을 제시하였다. 모든 경우에 "피억압 민중의 축제"가 있었다. 평범한 노동자들이 모든 것을 알고 싶어 했으며 모든 것에 대해서 토론하였다. 러시아 노동자들은 그리스 연극에 대한 강의를 듣기 위해 떼로 모여 들었다. 포르투갈 노동자들은 문학과 시에 대해서 토론하였다.

평상시 노동자들은 자본가들의 착취와 억압 때문에 자신의 삶을 진정으로 자기 것으로 만들 수 없다. 노동자 평의회가 정치권력을 장악했을 때는 집단적 노동자 권력의 힘이 모든 사람들에게 자신들을 표현할 기회를 주었다.

투표는 그저 지배계급 정부나 의회의 명령을 받아들이는 삶의 일부분에 지나지 않았으나 노동자 평의회가 생기면서 상황은 달라졌다. 이제 투표 행위는 일상생활의 맥박이 되었다. 모든 공직은 일반 노동자들에 의해 선출된 대표로 채워졌으며 언제든지 일반 노동자들에 의해 면직되거나 소환되었다.

이것이 마르크스가 말한 "프롤레타리아 독재"였다. 과거 몇 백만 노동자 민중을 억압하고 착취했던 극소수 지배계급을 이제 절대 다수인 이들이 지배하는 것이다.

보통 사람들은 그들의 평생 가장 민주적인 순간을 만끽했다. 그러나 착취자에게는 아주 '비민주적' 체제였다. 그들의 재산과 특권이 위험에 처했기에 그들은 이 모든 불공평에 대해 비명을 질렀다.

1917년 러시아의 경우를 제외하면 구 지배자들은 노동자 평의회를 분쇄하고 권위주의 정권이나 자신들의 이해를 보호하는 의회를 노동자들에게 강요했다. 저들은 영국 노동당 같은 정당들을 통해 민중을 자신들의 이익에 봉사하도록 동원했다. 이런 정당들은 노동자 권력은 비민주적이며 의회만이 진정한 진보를 의미한다고 주장했다.

러시아에서는 몇 년 동안 노동자 평의회가 사회를 운영하면서 과거나 이후의 어떤 경우보다도 훨씬 우월한 민주주의를 확립하였다. 이 혁명은 목이 졸리고 분쇄당했다. 스탈린주의 관료는 노동자 국가를 파괴하고 억압적인 지배계급이 되었다.

그러나 노동자 평의회라는 모델은 노동자들이 새로운 사회를 건설할 때마다 다시 나타날 것이다.

노동자들이 사회를 운영할 수 있는가?

노동자들이 이 복잡한 현대 사회를 운영할 수 있을까? 19세기에는 가능했는지 몰라도 지금은 결코 그럴 수 없다고 좌익의 많은 사람들이 주장한다.

이들은 시장만이 세계를 운영하는 오직 하나의 방법이며 요즘처럼 복잡한 경제 체제를 계획하는 것은 불가능하거나 폭압으로 이어질 것이라고 말한다.

'자유시장'에 대한 모든 허황된 미사여구가 없더라도 우리는 이미 과거 어떤 때보다 고도로 계획된 사회에서 살고 있다. 그러나 이것은 민중의 필요를 만족시키는 것이 아니라 최고의 이윤을 얻는 데에만 혈안이 된 계획경제이다.

아주 적은 수의 회사들이 경제의 모든 부문을 지배하고 있다. 유나이티드 프루트(미국 과일회사)와 같은 거대 농업기업들이 농업을 지배하고 있으며 포드, 제너럴 모터스, 폭스바겐, 닛산, 혼다 등의 몇 개 기업들이 자동차산업을 지배하고 있다.

영국에서는 테스코·샌스베리·세이프웨이·애스더·게이트웨이 등이 식품 도매시장의 3분의 2를 장악하고 있다.

남한에서는 현대·대우·삼성·선경 등 10대 재벌들이 전체 경제의 70% 이상을 장악하고 있다.

이러한 거대회사들은 몇 달 전이 아니라 몇 년 전에 이미 모든 생산 계획을 결정한다. 기계류·원자재·공장설비 등에 대한 거대한 투자는 오랜 기간에 걸쳐 계획된다.

어떤 정부도 시장이 제멋대로 작동하게 하지 않는다. 미국 정부는 시장의 힘을 가장 열성적으로 지지한다고 스스로 말하면서 미국의 저축 및 대부 부문이 붕괴하자 은행 체제를 유지하기 위해 무려 6천억 달러나 되는 돈을 쏟아 부었다.

서방 정부들은 항공 산업을 구출하는 방도를 마련하기 위해 서로 협력하고 있다. 국가의 개입이 없다면 항공 산업의 많은 기업들이 파산할 것이다.

심지어는 우익 정부들도 규제받지 않는 시장은 혼란 그 자체라는 사실을 알고 있다. 페르시아만에 대대적인 군대와 전쟁물자를 이동시키는 것만큼 치밀하게 계획된 것도 없을 것이다.

동구의 계획경제는 서구에서 실패하고 있는 계획경제와 똑같은 이유로 실패했다. 즉, 절대 다수 민중의 필요를 만족시키는 것에 기반한 합리적인 체제가 아니라 경제위기를 겪기 마련인 매우 경쟁적인 체제를 통제하는 극소수 부자들의 이해관계에 이바지하는 체제이기 때문에 망할 수밖에 없는 것이다.

아래로부터의 진정한 계획경제는 우리가 직면하고 있는 환경오염, 실업, 기아 등 모든 문제들을 해결할 기초를 마련할 수 있다. 생산을 통제하고 계획하는 노동자들이 사회의 기본이 될 것이다. 그러나 노동자 정부가 일반 민중의 일상생활을 개선하기 위해 즉시 취할 조치들이 더 많이 있을 것이다.

부자들이 가지고 있는 별장·궁전·대저택 등이 현재 잠과 아침식사만 겨우 해결할 수 있는 "닭장 맨션"이나 좁은 서민 아파트에 거주하고 있는 사람들에게 양도될 수 있을 것이다. 사치스런 승용차를 만드는 기술로 튼튼하고 편안한 버스와 안전한 철도를 만들 수 있을 것이다.

노동자 정부는 여성들의 무거운 육아 부담을 덜기 위해 유치원·탁아소·식당·세탁소를 지역 사정에 맞게 조직할 수 있을 것이다. 그리고 대학과 각급 학교를 실제 주인인 학생들의 통제에 맡길 수 있을 것이다.

그리고 고용주들의 엄청난 봉급, 메르세데스 벤츠 승용차, 연회, 사치 등에 드는 낭비를 없애고 온갖 겉치레 행사에 드는 막대한 비용을 노동자의 진정한 필요에 따라서 사용할 수 있을 것이다. 영국의 경우 왕실기차를 운영하는 데 드는 비용으로 일주일마다 25명의 집 없는 가정들에게 영구적인 집을 마련해 줄 수 있을 것이다.

노동자들에게 무장력을 갖추게 하고 노동자 민병대를 창설하여 노동자 국가는 반혁명으로부터 자신을 방어할 수 있을 것이다. 그러나 혁명이 국내외의 자본가들을 패배시키면서 이런 위협이 사라지면 국가의 억압적인 기능은 소멸할 것이다.

군비 지출과 페르시아만 전쟁 따위에 드는 엄청난 낭비가 더 이상 존재하지 않을 것이다.

유엔아동기금에 따르면 일년에 2백 억 달러만 있으면 어린이 사망률을 3분의 1로 줄이고 출산 사망률, 영양실조 사망률을 2분의 1로 줄이고 모든 나라에서 문맹을 퇴치할 수 있다. 그리고 이 정도의 돈이면 모든 어린이들을 위해 기본적인 교육, 안전한 식수, 적절한 위생을 제공할 수 있을 것이다.

2백 억 달러는 세계 지배계급이 10일마다 군비에 지출하는 금액이다. 이 금액은 미국 정부가 이라크를 공습하기도 전 중동에 개입하기 위해 허비한 돈이다.

사회 전체가 어떤 대가를 치르든 개의치 않고 이윤을 무자비하게 추구하면서 거대기업들이 현재 자행하고 있는 환경 파괴를 노동자 국가는 막을 수 있을 것이다.

노동자 계급은 작업장에서 환경오염의 피해를 직접 겪고 있다. 또한 이들은 도시의 가장 밀집된 지역에 몰려 있으며 가장 형편없는 공공교통 수단을 이용하고 있다. 그리고 해로운 첨가물이 가장 많이 들어 있는 가공 식품을 먹고 있다.

50억 인구가 자본주의에 의해 경쟁에 내몰리는 것이 아니라 서로 협동하는 세상이라면 인구 과밀이 해소될 것이며 안전하고 품위 있는 수송수단을 제공하고 좋은 음식물을 생산할 수 있을 것이다.

그리고 세계의 엄청난 생산력에 이미 존재하고 있는 공해방지 기술을 적용하고 개선하면 환경을 파괴하지 않고도 모든 사람들이 필요로 하는 것들을 제공할 수 있을 것이다.

노동자 국가는 국제적으로 혁명을 확산시켜야 할 것이다. 한 나라에서의 사회주의는 조만간 세계 자본주의 체제의 군사력에 의해 전복되거나 러시아에서와 같이 변질될 것이기 때문이다.

고립된 20년대 러시아의 경제는 국제 자본주의 체제가 강요한 조건에 따라 세계시장에서 경쟁할 것을 강요당했다. 이 결과는 자본주의로의 복귀였다. 스탈린이 서방과 경쟁하기 위해 산업을 새로이 건설하는 과정에서 러시아 노동자들은 혹독하게 착취당했다.

오늘날 세계경제는 1917년보다 상호의존도가 훨씬 높다. 어느 한 지역에서 혁명을 가능하게 한 조건들은 다른 곳에서도 곧 혁명을 가능하게 할 것이다. 더욱이 한 나라에서의 혁명은 세계 나머지 지역에 새로운 변화에 대한 더욱 강력한 동기를 제공할 것이다. 사회주의 체제의 타당성을 계속 증명할 것이고 지배계급이 타도될 수 있다는 것을 보여 줄 것이다.

남한에서 의회주의 정당을 만들기 위해 분주하게 움직이는 조직들이나 영국의 노동당은 사회의 근본적인 변화에 이미 등을 돌렸다. 이들은 노동자 평의회의 전통뿐 아니라 노동자 권력의 사상을 완전히 거부하고 있다. 그러나 노동자 평의회 전통이야말로 우리에게 불황·가난·기아·전쟁을 가져다 주는 자본주의 체제에서 탈출할 수 있는 유일한 길을 가리키고 있다.

노동자 권력의 필요성은 과거 어느 때보다 지금 더욱 절실하다. 우리는 이것을 위해서 투쟁할 조직이 필요하다.

국제주의 전통 자료집

I-2. 마르크스주의의 기초와 그 고전적 전통

지은이 | 알렉스 캘리니코스, 크리스 하먼 외 지음
엮은이 | 이정구

펴낸곳 | 도서출판 책갈피
등록 | 1992년 2월 14일(제2014-000019호)
주소 | 서울 성동구 무학봉15길 12 2층
전화 | 02) 2265-6354
팩스 | 02) 2265-6395
이메일 | bookmarx@naver.com
홈페이지 | http://chaekgalpi.com

첫 번째 찍은 날 2018년 8월 27일
네 번째 찍은 날 2019년 9월 20일

값 12,500원
ISBN 978-89-7966-140-8 04300
ISBN 978-89-7966-155-2 (세트)

잘못된 책은 바꿔 드립니다.